경희대학교 아프리카연구소 트랜스아프리카 총서 3

TRANS AFRICA

연결하는 아프리카

사람·언어·문화의 네트워크

오정숙 외

돌샘 아딘크라

서문

경희대학교 아프리카연구소는 2009년 개소 이후 한국에서 아프리카 연구의 범위를 넓히고, 학술 성과를 대중과 공유하기 위한 노력을 꾸준히 이어왔다. 일반 대중들이 보다 쉽고 재미있게 아프리카 문화의 역동성과 주체성을 발견할 수 있게끔 기획하게 된 것이 바로 '트랜스아프리카' 총서이다.

'트랜스'라는 말은 트랜스컬쳐, 트랜스내셔널, 트랜스휴먼 등과 같이 현대의 탈공간적, 탈시간적, 탈경계적 사회·인간·문화를 지칭하는 데 두루 쓰이고 있다. 트랜스 담론은 시공간을 초월하는 수평적 공시적 개념으로, 국가, 민족, 문화적 경계를 넘는 '초월', 문화적 다양성과 혼종성을 포괄하는 '횡단', 문화의 상호적 교류와 역동적 생성을 포착하는 '이행', 새로운 문화를 생성하고 확산시키는 '변화'의 의미를 모두 담고 있는 폭넓은 개념이다. '트랜스아프리카' 총서는 아프리카와 세계가 주고받는 역동적인 문화 횡단과 전용, 변화의 과정을 포착하고 싶다는 의도에서 기획되었다.

총서의 첫 번째 권인 『횡단하는 아프리카』는 문화의 이동과 교차를 통해 대륙과 지구를 횡단하는 아프리카의 역동성을 소개하며 첫 문을 열었다. 두 번째 권인 『뒤집어본 아프리카』는 서구 중심의 관점을 뒤집어보고 전복시키며 아프리카의 내재적인 시각으로 문화의 주체성을 조망해 보았다.

그리고 이제 출간되는 이 책은 총서를 구성하는 세 번째 권으로서, 아프리카를 사람의 이동, 언어의 흐름, 문화의 생성이라는 더 넓은 네트워크 안에서 조명하고자 한다. 아프리카는 오래전부터 사람, 언어, 문화가 끝없이 흐르며 서로를 연결해온 대륙이다. 이 책의 제목 '연결하는 아프리카'는 바로 그러한 역사적 운동성과 상호작용성을 담아낸다. '연결'이라는 표현은 단순히 무엇을 이어붙이는 행위가 아니라, 사람들의 이동이 언어를 바꾸고, 언어의 변화가 문화의 생산을 이끌고, 문화의 생명력이 다시 새로운 인간 관계망을 만들어내는 과정 전체를 가리킨다. 이 책의 부제인 '사람, 언어, 문화의 네트워크'는 이러한 순환과 교차, 혼종을 중심에 두고 아프리카를 바라보고자 하는 문제의식에서 출발한다.

이 책은 크게 문화, 문학, 외교라는 세 개의 장으로 구성된다. 각 장을 구성하는 글들은 서로 다른 분야에서 출발했지만, 아프리카가 세계와 관계 맺어온 방식이 곧 사람의 이동, 언어의 흔적, 문화의 재창조라는 네트워크의 작동 방식이라는 점에서 긴밀히 연결된다.

제1장에는 문화의 영역에서 아프리카를 조명하는 세 편의 글이 수록되었다.

심지영은 서양 예술에서 흑인 여성의 육체가 어떻게 재현되어 왔는지 묻는다. 오랫동안 수많은 작품 속에서 흑인 여성은 백인의 부를 과시하는 소유물, 이국적 장식물, 혹은 미개하지만 매혹적인 성적 존재로 나타났으며, 그 육체는 순수함과 타락, 원시성과 관능성이 중첩된 욕망의 대상으로 소비되었다. 이러한 서양 미술사의 식민주의적 시선에 맞서, 코트디부아르의 조아나 슈말리와 카메룬 출신의 앙젤 에툰디 에쌈바는 사진 작업을 통해 흑인 여성의 존엄성과 정체성을 재현하며 탈식민적 전략을 제시한다. 슈말리는 전통적 아름다움과 정체성의 문제를 탐구하는 반면, 에쌈바는 서양 예술의 전유와 패러디를 통해 식민주의 미학을 전복하고자 한다. 두 작가의 사진 작업은 역사적으로 '서발턴'으로 주변화되었던 흑인 여성들이 직접 목소리를 내고 자신을 드러내는 공간을 확장하며, 흑인 여성의 자기 재현이 예술적 '예외'가 아닌 예술사의 새로운 규범이 되는 길을 열고 있다.

윤유석은 미국 국적의 나이지리아계 패션 디자이너이자 콘텐츠 창작자인 왈레 오예지데를 사례로, 영미권 디아스포라 아프리카인이 창출하고 있는 아프리카인에 대한 새로운 서사와 이미지, 콘텐츠를 스토리텔링 관점에서 소개하고 있다. 오예지데와 같은 디아스포라 창작자들은 스스로를 아프리카계 세계시민을 뜻하는 '아프로폴리탄'으로 규정하며, 정전화 된 세계 문화와 아프리카인을 새롭게 연결하는 자기 인식 방식을 제시한다. 이를 통해 아프리카에 뿌리를 두고 세계 각지에서 살아가는 이들이 자신들의 경험을 기반으로 한 새로운 이야기와 이미지를 창작하며 아프리카인의 재현 방식을 주체적으로 재구성하고 있음을 보여준다.

차지연은 포스트 아파르트헤이트 시대 남아프리카공화국이 어떤 가치 위에서 새 국가를 세워왔는지를 이해하는 것이 오늘날의 남아공을 파악하는 중요한 열쇠가 됨을 강조한다. 이 글은 집권 정당인 아프리카민족회의(ANC)가 내세운 핵심 가치, 특히 자유라는 이념이 박물관이라는 공적 공간에서 어떻게 사회적으로 공유되고 재구성되는지를 살피고 있다. 필자는 2025년 3월 직접 방문한 케이프타운의 이지코 노예사 박물관과 요하네스버그의 아파르트헤이트 박물관을 중심으로, 인종주의와 아파르트헤이트의 역사를 다루는 전시가 어떤 방식으로 관람객에게 메시지를 전달하는지 추적한다. 두 박물관의 상설 전시와 특별전시는 텍스트 구성부터 공간 배치까지 다양한 전시 전략을 활용해, 관람객이 해방을 향한 투쟁의 서사를 생생하게 체험하도록 설계되어 있었다. 이러한 체험은 인종 차별의 어두운 과거와 그것을 극복한 현재의 의미를 다시 인식하게 하며, 관람을 마치고 전시장을 나서는 순간 관람객으로 하여금 바로 그곳에 자유의 가치가 있었음을 새삼 깨닫게 한다.

제2부에서는 프랑스어권 아프리카 문학과 관련된 다섯 편의 글에서, 디아스포라 여성, 휴머니즘, 시적 연금술, 신화, 탈식민주의 등과 같은 키워드를 통해 사람·언어·문화가 교차하는 핵심적 주제를 심층적으로 다루고 있다.

김용현은 <검은 휴머니즘과 바스티유>라는 글에서 코트디부아르 문학의 아버지 베르나르 다디에의 휴머니즘 사상을 깊이 있게 조명하고 있다. 다디에는 코트디부아르 독립 직전인 1959년 출간된

『파리의 흑인』을 통해, 프랑스와 아프리카의 새로운 관계 맺기를 모색한다. 조국의 근대화를 염원했던 그는 제국주의를 비판하면서도, 프랑스라는 국가를 고유한 역사적 맥락 위에서 객관적으로 응시하고자 했다. 파리를 여행하는 주인공 탕오에 베르탱의 시선은 이중적이다. 그는 인권과 자유를 쟁취해 낸 프랑스 민중의 역사에 감탄하면서도, 동시에 돈과 경쟁에 지배당하는 현대 프랑스인들의 삶을 목격한다. 다디에는 아프리카와 서구 중 어느 한쪽의 우위를 논하는 이분법을 거부한다. 대신 국경과 체제를 넘어 인간을 억압하는 모든 폭력과 탐욕에 저항한다. 인간에 대한 근원적 신뢰에 뿌리를 둔 그의 휴머니즘은, 결국 우리 모두가 행복을 갈망하는 대등한 존재임을 역설한다.

김정은은 치마만다 응고지 아디치에의 『아메리카나』라는 소설을 '아프로폴리타니즘(Afropolitanism)'의 정치적 가능성 속에서 새롭게 읽고 있다. 이 글은 사랑 이야기의 외피 속에 인종, 젠더, 국가폭력, 감시 체제를 교차적으로 드러내는 작품이다. 주인공 이페멜루는 미국과 나이지리아를 오가며 경험하는 차별과 감시를 통해 국가폭력이 일상에 스며드는 방식을 보여주며, 블로그 글쓰기를 저항의 실천으로 전환한다. 이러한 행위는 감시 사회 속에서 침묵을 거부하고, 말하기의 윤리를 복원하는 정치적 수행으로 읽힐 수 있다. 필자는 『아메리카나』가 권력과 폭력의 구조에 맞서 싸우는 글로벌 시대의 디아스포라 여성 주체를 통해 아프로폴리타니즘을 단순한 정체성 담론이 아닌 비판적 세계 인식의 윤리로 확장시키고 있다는 점에 주목한다.

송홍진의 글은 차드 출신 시인 니므롯의 2020년 아폴리네르 상 수상작인 『자연 빛에 대한 작은 예찬』에서 보여주는 시적 미학을 탐구한다. 니므롯은 아프리카와 유럽을 잇는 시적 예찬의 전통을 새롭게 이어나가며, 랭보와 보들레르를 자신만의 방식으로 재해석한다. 시인은 자연을 바라보는 또 다른 시각을 제시하며, 긴 망명 속에서 유년기의 아프리카 풍경과 유럽의 낯선 자연을 감각적으로 결합한다. 태양, 구름, 바람 등 자연은 시인에게 변화 속에서도 보편적 지평을 열어주는 요소들이며, 니므롯은 자연에 대한 관조를 통해 상처를 치유하고 시적 언어의 근원을 탐색한다. 결국 그는 자연의 빛이 지닌 창조적 힘을 믿으며, '뿌리뽑힌 자'가 아니라 '걷는 나무'로 자신을 긍정하게 된다. 이는 아프리카 시문학의 전통을 현대적 감성으로 확장하는 시도의 일환이다.

오정숙의 글은 그리스의 이오 신화와 이집트의 이시스 신화를 비교해 유럽 문명의 뿌리에 아프리카 문명이 깊이 자리하고 있음을 밝힌다. 두 신화 모두 사랑, 시련, 방랑, 모성이라는 유사한 구조를 지니며, 페니키아의 뷔블로스 도시와 암소의 상징성 등 놀라운 공통점을 공유한다. 이오 신화가 이집트와 연결되고, 이시스 신화가 그리스 문학과 비교되면서 고대 문명 간의 깊은 교류가 드러난다. 이 글은 고대 그리스 문명의 순수성을 강조하는 오랜 유럽 중심주의에 균열을 내며, 아프리카 문명의 선행성과 영향력을 복원하려는 학계의 노력도 폭넓게 소개한다. 이는 사람의 이동이 언어와 신화, 종교적 상징을 어떻게 전파했는지를 보여주는 대표적 사례다.

최일성의 글은 이른바 '네그리튀드(Négritude)' 운동의 아버지라 불리는 에메 세제르(Aimé Césaire)의 탈식민주의 비평을 재검토한다. 지금까지 제시된 탈식민주의 비평의 주요 성과 가운데 하나는 피식민 사회의 정치적 해방이 해당 사회의 경제, 사회, 문화 등의 해방을 담보하지 못하고, 따라서 맑스주의, 민족주의, 여성주의, 해체주의 등과 같은 서구중심적 해방담론이 비서구 사회에 직접적으로 적용될 수 없다는 사실을 밝혀낸 데 있다. 하지만 탈식민적 해방을 위한 비평가들의 노력은 여러 서구중심적인 전통들과 결별하지 못한 채, 혹은 그것들과 연대하면서 진행되어 온 것도 사실이다. 세제르의 탈식민주의 비평 역시 탈식민주의를 주창하거나 제안하는 '화자(話者)'의 정체성 측면에서, 그러한 이데올로기를 담아내거나 표출하는 '언어(言語)'의 측면에서 그리고 식민주의의 폐해를 고발함과 동시에 탈식민적 미래를 모색하기 위해 동원하였던 '대항담론(對抗談論)'의 측면에서 어떻게든 서구와의 연을 이어갔다. 이 글은 이러한 측면이 세제르의 탈식민주의 비평을 재평가하는 데 어떠한 함의를 갖는지를 이론적으로 점검한다.

제3부에서는 외교의 장에서 현대 한국과 아프리카의 관계를 중심으로 사람·정책·국제질서의 네트워크를 살펴본다.

조준화의 글은 한국의 대아프리카 관계가 냉전기 남북한 외교 경쟁 속에서 출발해, 2000년대 이후 개발협력과 경제협력을 중심으로 재구성되어 온 과정을 조명한다. 아프리카의 인구 급증, 핵심광물 자원의 전략적 중요성, 역내 경제통합의 진전은 한국 외교에 새로운 기회와 과제를 동시에 제공하고 있다. 1990년대의 정체기 이후 한국은 ODA 확대, 정상외교, 다자협력 채널 구축을 통해 아프리카와의 협력 기반을 공고히 해왔다. 국제적 차원에서는 미·중 경쟁, 공급망 재편, AU의 G20 가입 등이 아프리카의 위상을 높이며 한국의 전략적 관여 필요성을 강화하고 있다. 또한 북한의 핵·미사일 문제는 한국이 아프리카 국가들과의 정치·안보 연계를 재평가하도록 만드는 중요한 변수로 작용한다. 이러한 맥락 속에서 양 지역 간 협력은 상호 이익 기반의 파트너십으로 심화되고 있다. 과거 빈곤·분쟁의 이미지로 대표되던 아프리카는 이제 글로벌 사우스 시대의 핵심 파트너로 자리잡고 있으며, 2024년 한-아프리카 정상회의는 이러한 변화를 상징적으로 드러낸다. 한국은 AU와의 다자 외교를 강화함과 동시에 중점협력국 중심의 양자 외교를 추진하며 경제, 농업, 광물, 보건, 치안, 교육 등 다양한 영역에서 협력 기반을 확대하고 있다. 이 글은 아프리카 국가들이 단순한 원조의 대상이 아니라, 기후변화 협력, 보건동반자, 광물·에너지 파트너, 문화·교육 교류의 중요한 주체로 부상하고 있음을 강조한다.

『연결하는 아프리카』는 아프리카를 단일한 '대륙 이미지'로 보던 관습적 시각을 넘어, 사람·언어·문화가 교차하며 만들어내는 복합적 네트워크로 바라보게 한다. 아프리카는 언제나 외부와 단절된 고립된 공간이 아니라 세계와 교섭하며 문명을 만들어온 중심이었다. 이 책은 문화·문학·외교의 각 층위에서 공통적으로 다음과 같은 점을 보여준다.

첫째, 아프리카는 세계 문화의 수용자이면서 동시에 생산자이다.

둘째, 디아스포라와 초국가적 이동은 새로운 사유와 문학, 예술을 탄생시킨다.

셋째, 현대 국제정치 속에서 아프리카는 한국을 포함한 세계 여러 지역과 새로운 파트너십을 형성하고 있다.

앞으로 '트랜스아프리카' 총서는 아프리카와 한국, 그리고 세계 시민의 삶을 연결하는 지적 네트워크로서 더욱 확장될 것이다. 사람의 이동, 언어의 흐름, 문화의 생성이라는 관점에서 아프리카를 바라보는 작업은 이제 시작일 뿐이다. 이 책이 그러한 여정에 함께하게 될 독자들에게 넓은 시야와 새로운 감각을 제공하기를, 그리고 세계와 연결되는 아프리카의 미래를 함께 그려나가는 출발점이 되기를 바란다.

2025년 12월,

경희대학교 아프리카연구소 소장 오정숙

목차

제1부 문화

제2부 문학

제3부 외교

제 1 부

문화

아프리카 여성 사진작가들은 흑인 여성의 이미지를 어떻게 탈식민화하는가?

심지영

서양미술사에서 홀대받았던 흑인 여성의 몸

흑인 여성은 문학과 미술에서 대부분 백인 남성 작가에 의해 재현되었다. 오랜 시기에 걸쳐 예술에서 노예로 등장했던 흑인 여성은 종종 동물과 다름없는 야만적 생명체이자 성적 판타지의 대상으로 등장하곤 했다. 유럽에서 이러한 이중적 대립은 매혹적이면서도 두려움을 주는 동물성의 이미지를 통해 드러났는데, 그 대표적인 사례가 '호텐토트 비너스'라는 별명으로 불렸던 사르키 바트만(Saartjie Baartman)이다. 바트만은 코이코이족 여성에게 비교적 흔한 체형적 특징으로 인해 엉덩이가 컸고, 유럽 관객과 연구자들은 이를 과장하고 왜곡해 호기심과 욕망의 대상으로 삼았다. 더 나아가 당시 유럽에서는 이른바 '호텐토트 앞치마'로 불린 소음순의 해부학적 변이를 사실 여부와 무관하게 선정적으로 소비하며, 바트만의 신체를 관찰, 측정, 노출, 해부의 대상으로 삼았다. 바트만의 죽음 이후에도 그의 신체를 해부학적 수집과 박물관 전시의 대상으로 삼아 폭력의 연속성을 드러냈고, 이는 근대 시각문화 전반에 각인되어 오늘날까지도 흑인 여성 이미지에 작동하는 편견과 고정관념의 뿌리를 보여준다. 결국 그의 삶과 죽음 이후의 처우는, 서구가 '지식, 오락, 예술'이라는 이름으로 흑인 여성을 타자화하고 동물화하여 소비하는 것을 당연시해 왔음을 선명히 보여준다.

사르키 바트만은 흑인 여성의 몸이 인종, 계급, 젠더가 교차하는 삼중의 억압을 보여주는 몸임을 증명한다. 2013년부터 세계 여러 대학의 연구자들이 함께 개최하고 있는 <흑인의 초상 Black portraiture(s)> 콘퍼런스에서도 흑인 여성의 육체는 인종주의와 성차별주의, 식민주의가 결합하는 여러 겹의 피해가 중첩된 장임을 보여주고 있다. 특히 여기서 여성의 재현이라고 하지 않고 여성 육체의 재현이라고 언급한 이유가 있는데, 흑인 여성은 오랜 시기 동안 인격이 없는 존재, 육체로서만 재현되어 왔기 때문이다.

<야만의 발명>이라는 파리 케브랑리 박물관의 전시 카탈로그 서문은 서구가 수 세기에 걸쳐 다른 문명의 인간 존재를 동물에 가깝게 인식했고, 그것이 얼마나 많은 매혹을 불러일으켰는지 이해하는 것이 쉽지 않다고 기술한다. 특히 당시 유럽인들이 미개하다고 여긴 인종들을 전시했던 '인간 동물원'의 시대는 서양에서 '타자'라는 말이 가리키는 지시 대상이 부재했던 시기와 일치한다고 말한다. 백인 남성 기독교인을 중심으로 하는 유럽을 기준으로 다양한 '타자'가 존재해 왔지만, 특히 그 가장 반대급부에 있는 원시적 부족사회의 흑인 여성은 전형적인 인간의 모습을 한 동물이었다. 흑인은 늘 동물성과 연결되어 인식되었고, 원시적이고 동물화된 세계가 흑인의 이미지에 동반되었다. 노예 제도가 흑인과 결부된 것은 이미

중세 시대 이전부터였는데, 중세에도 나체와 일부다처제로 설명되는 과도한 동물성과 성적 취향에 대한 두려움이 여러 문헌에 나타난다. 감각에 의해 지배되는 아프리카 흑인에 대한 고정관념으로 인해, 유럽인에게 흑인은 거대 유인원처럼 인식되었으며, 실제로 흑인과 유인원 사이의 교미에 관한 이야기는 18세기까지 유럽에서 흔하게 등장하는 주제였다고 한다.

〈여자 검둥이의 납치 Le Rapt de la négresse〉(1632)
크리티안 반 쿠웬베르그, 캔버스에 유화, 스트라스부르 미술관

서양미술사에서 흑인 여성의 몸이 어떻게 재현되었는지 간략히 살펴보자. 17세기의 한 회화 작품에서는 겁에 질린 알몸의 흑인 여성이 백인 남성들 속에서 성적 폭행에 저항하는 모습을 보여준다. 이 작품의 제목은 <여자 검둥이의 납치>로, 흑백의 극단적인 대조를 통해 극적인 느낌을 강조하고 있다. 흑인 여성의 몸에 털이 덮여

있는 것은 아닌지 의심하게 될 정도로, 여성의 육체는 동물에 가깝게 묘사되어 있는데, 자세히 살펴보면 검은 피부 속에서 겁에 질린 눈동자가 드러난다. 공포에 사로잡혀 경직되어 보이는 검은 육체는 여유롭게 웃고 있는 익살스러운 백인 남자들과 대조적인 모습을 보인다. 흑인 여성에 대한 강간을 표현하는 이 작품은 놀랍게도 '풍속화'로 분류되어 있는데, 이 작품이 화제가 된 것은 그림 속 여성에게 가해지고 있는 폭력 때문이 아니라 당시 부적절하다고 여겨졌던 인종 간 성관계를 표현했기 때문이었다고 한다. 서양미술사에서 흑인 여성의 육체가 가장 비인간적, 물질적으로 표현된 작품 중 하나로 여겨지며, 이 여성의 인간적인 면모는 앞으로 일어날 상황에 대한 공포심에서만 드러난다.

이후 서양미술사에서 회화가 발전했던 수 세기 동안, 흑인 모델은 단지 작품에 검은 터치가 필요했기 때문에, 혹은 주인의 소유물로서 그의 부유함을 강조하기 위해, 때로는 이국성을 표현하기 위해 작품에 그려졌다. 2019년 파리의 오르세 미술관은 프랑스 회화에 등장한 흑인 모델을 주인공으로 하는 특별전시를 개최했는데, 흑인의 몸을 다시 한번 구경거리로 만든다는 껄끄러운 비판을 감내하고 유럽 제국주의 시대에 흑인들이 겪었을 역사를 예술의 관점에서 조망하고자 했다.

〈여자 검둥이의 초상 Portrait d'une négresse〉(1800),
마리 기유민 브누이스트, 캔버스에 유화, 파리, 루브르 박물관

이 전시의 가장 상징적인 작품 중 하나는 바로 <마들렌의 초상> 이라는 이름으로도 알려져 있는 <여자 검둥이의 초상>이다. 제목의 '네그레스(négresse)'는 흑인 여자를 낮추어 부르는 말 혹은 흑인 여자 노예를 가리키는 말로, 작품의 모델은 프랑스에서 노예로 살고 있던 흑인 여성이었다. 화제를 일으킨 것은 작품의 주제와 재현 방식 때문이다. 귀족 부인의 초상화에 이용되었던 구도를 이용하여 우아하고 섬세하게 흑인 여자 노예를 그렸기 때문이다. 이 작품을 그린 사람은 노예제 폐지에 찬성하고 있던 여성 화가였다. 일반적으로 미술사에서 초상화의 구도, 특히 세로로 긴 프레임은 주로 인

물의 권위, 존재감, 그리고 개별성을 강조하는 데 사용됐다. 이는 단순히 기술적 선택 이상의 의미를 지니며, 특정한 문화적, 역사적, 심리적 의도를 반영했다고 알려져 있다. 초상화의 프레임은 인물의 표정, 신체적 디테일, 그리고 손의 위치와 같은 세부 사항에 더 큰 주의를 기울일 수 있도록 하며, 이를 통해 인물의 내면세계와 성격을 전달한다. 비록 상반신을 노출하고 있지만 흑인 노예는 측면을 향해 앉아 정면을 응시하는 전형적인 귀족의 초상화 구도로 재현되어 있으며, 눈빛과 표정에서 인물의 내면이 깊이 있게 드러난다.

그림이 그려졌을 때는 프랑스 혁명의 여파로 노예제가 잠시 폐지되었지만 실행되지는 않고 있는 시기였는데, 화가는 자신의 집에서 일하던 과들루프 출신의 해방된 노예를 우아한 초상화의 모델이 될 자격이 있는 개인으로 그렸으며, 화가와 작품은 당시 논란의 중심이 되었다. 이 작품이 발표되고 2년 후인 1802년 5월 20일 나폴레옹 보나파르트는 프랑스 식민지에서 노예 제도와 노예 무역을 재개했다. 오르세 전시에서는 여러 자료를 통해 모델의 정체를 밝혀 그 이름을 붙여주었는데, 이 작품의 주인공이 마들렌이라는 것이 밝혀지면서 <마들렌의 초상>이라는 제목으로 소개되었다. 노예였던 '여자 검둥이'는 200년이 훨씬 지나서야 자신의 이름으로 불리게 된 것이다.

노예 제도가 발전하고 식민지 백인과 아프리카 출신 여성 사이의 성관계가 빈번해지면서, 유럽에서는 흑인 여성의 관능미에 대해 새롭게 인식하게 되었다. 식민지에서는 혼혈아의 증가를 법적으로 막기 위해 노력했던 반면, 프랑스 본토에서는 흑인 여성이 피부색을 극복할 정도의 미모를 갖추었다면 백인 남성과의 연애가 용인되었다. 성매매 업소의 백인 남성 고객은 흑인 여성을 선호했다는 기록도 남아있다.

(좌) (중앙) 모두 〈"카이로의 노예 판매"를 위한 여성 모델 연구 Étude d'après un modèle féminin pour « À vendre, esclaves au Caire »〉(1872), 장레옹 제롬, 캔버스에 유채, 개인 소장품

19세기에 프랑스는 북아프리카의 마그레브 지역을 침략하기 시작했고, 이 시기 미술에서는 오리엔탈리즘이 유행하면서 당시 백인 남성들이 아랍-아프리카 지역 여성에 대해 갖고 있던 성적 판타지를 보여준다. 북아프리카 지역을 비롯해 아프리카 지역의 노예 매매는 19세기 오리엔탈리즘 회화에 자주 등장하는 주제로서, 할렘의 여자들이나 노예로 거래되는 알몸의 여성들이 작품에 그려졌다. 특

히 프랑스의 낭만주의 회화에는 당시 프랑스가 침략하고자 했던 마그레브 지역에 대한 지배의 욕망이 아랍 여성에 대한 욕망으로 투사되었다고 볼 수 있다. 마네의 올랭피아에서도 볼 수 있듯이, 누드의 아랍 여성과 함께 등장하는 흑인 노예는 19세기 회화에서 하나의 주제처럼 자주 다루어졌는데, 회화에서 검은 육체는 흰 육체에 색감의 조화를 부여하기도 하고, 흑인 여성의 관능미를 통해 이국성을 더해주기도 했다.

장레옹 제롬은 <카이로의 노예 판매>라는 대작을 준비하기 위한 습작으로, 흑인 모델을 섭외해 젊은 노예의 옆모습을 그렸다. 흑인 여성의 아름다움이 단순하면서 명확하게 표현되었는데, 측면을 바라봤을 때 두드러지는 얼굴의 곡선과 두상의 실루엣이 금속성의 노예 목걸이로 강조되었으며, 머리에 꽂은 붉은 꽃은 어두운 안색에 색감을 불어넣어 주고 있다. 19세기 회화에서는 이전에 비해 흑인 여성의 아름다움이 많이 부각 되었지만, 노예의 신분을 벗어난 흑인 여성을 찾기는 어렵다. 이는 19세기 말에서 20세기 초에 등장한 사진에서도 크게 다르지 않았다.

사진은 흑아프리카에서 매우 특별한 매체로서, 19세기 유럽에서 사진이 발명되자마자, 지배의 대상이었던 아프리카는 초기 사진의 피사체로 등장했으며 사진 기술은 아프리카에 급속도로 전파되었다. 아프리카 여성은 초기 사진의 주요 피사체로 등장했는데, 유럽인들의 아프리카에 대한 시선을 보여주는 욕망의 대상으로서 혹은 미개한 '하위주체'로서 재현되었다. 프랑스를 비롯한 유럽 열강들이 사하라 이남 아프리카 지역에서 식민지를 확장했던 20세기 초반,

사진의 발명과 함께 식민지에서 피사체로 등장하는 여성들의 이미지는 미개하고도 신기하면서, 매혹적인 성적 대상으로 재현되었다.

(상) 〈밤바리 미인 대회〉(1912), 콩고 중부, 현재 중앙아프리카 지역, 사진, 알부민 인쇄
(하) 〈"원하시는 대로 하세요" 지부티의 흑인 처녀들〉(1932), Voilà 잡지 표지, 1932년 1월 16일

프랑스의 역사학자 파스칼 블랑샤르는 식민지가 성적 지배의 영토였다고 주장하며, 식민지의 성은 아동에 대한 금기를 포함하여

어떤 금기로도 제약받지 않았다고 밝힌다. 지부티의 소녀들 사진에 붙은 "원하시는 대로 하세요"라는 제목이 말해주듯이, 당시에는 사춘기도 지나지 않은 식민지의 어린 소녀를 성적인 대상으로 간주해도 문제가 되지 않았으며, 피식민 여성에게 투사된 폭력적인 환상은 무한했다고 언급한다. '타자'로서 흑인 여성의 몸은 합법적인 규범의 장 밖에 놓여있었고, 인간보다는 동물이나 괴물에 더 가깝다고 인식했으며, 문화보다는 자연에 더 가까웠기 때문에 모든 종류의 성적 판타지와 지배가 가능할 수 있었다고 기술한다. 또한 흑인 여성의 몸은 원시성과 미개함을 바탕으로 하는 순수함의 상징이자 관능미와 동물성을 바탕으로 하는 타락의 상징이었다고 언급된다. 원주민 여성들은 백인을 '죄악' 혹은 '성적 타락'으로 이끄는 성적 순진함을 갖고 있다고 여겨졌으며, 이는 주인과 식민지 개척자의 정복적이고 지배적인 지위를 강화했다. 항상 음탕하다고 간주되는 이러한 '다른' 여성들의 존재는, 역으로 겸손하고 순결한 이상적인 백인 아내의 이미지가 구축되는 것을 가능하게 했다.

조아나 슈말리 : 전통과 현재를 연결하는 여성 존엄성 회복의 작업

흑인 여성 육체의 탈식민화 전략으로서 흑인 여성 주체 자신들이 스스로의 이미지를 재현하고 구축하는 것은 가장 효과적인 방편임이 틀림없다. 이것이 바로 흑인 여성에 대한 작업을 주제로 아프리카 여성 예술가들을 쉽게 찾아볼 수 있는 이유이기도 하다. 문학에서는 물론 음악이나 미술에서도 아프리카 여성 작가들은 저마다의 방식으로 아프리칸 페미니즘을 표현하고 있다고 해도 과언이 아니다.

자급자족적인 농경 사회의 원리와 가부장제를 근간으로 하고 있는 전통 아프리카 가족 구조에서 여성은 항상 피지배 계층에 속하며, 사회에서도 지배와 통제의 대상으로 존재했다. 많은 노동력이 요구되는 전통적 농경 사회는 여성과 아이들이 제공하는 노동력에 상당 부분 의존할 수밖에 없는 구조였고, 이는 필연적으로 대가족 제도를 선호하게 되며 일부다처제의 결혼 유형을 발전시켰다. 오늘날, 도시화, 근대화로 새로운 가족 유형이 탄생하며 도시 핵가족의 형태가 나타나고도 있으나, 일부 지역에서는 여전히 일부다처제를 관습적으로 허용하고 있다. 그뿐만 아니라, 아프리카 여성 인권 문제의 대표적인 사례인 여성 할례 시술은 여성들에게 심각한 고통을 안겨주는 관행이고, 오늘날 여성 할례의 문제점이 지적되고 반대하는 국제 사회의 목소리가 높아지며 아프리카 내에서도 이 관습을 없애고자 하는 움직임이 있으나 여전히 많은 나라들에서 자행되고 있다. 현대 아프리카의 여성들은 전통적인 가부장적 사회의 가치와 근대화로 인한 새로운 삶의 방식 사이에서 과도기적 어려움과 단절의 모순이라는 어려움을 겪고 있다.

코트디부아르 출신의 사진작가 조아나 슈말리는 서아프리카의 뉴욕이라 불리는 경제수도 아비장에 거주하면서, 자신의 전통을 모른 채 현대적인 삶을 살아가고 있는 도시의 젊은 여성들을 새로운 방식으로 작품에 담아냈다. 2014년 여성 초상 시리즈 <회복력이 있

는 사람들> 연작을 통해 조아나 슈말리는 세계적인 주목을 받았는데, 대도시에 사는 젊은 여성들이 잊고 있는 자신의 뿌리와 전통을 작품의 전략으로 이용하여, 마치 렘브란트 그림의 배경과 같은 색을 바탕으로 여성들의 우아함을 극대화시키는 아름다운 초상사진들을 완성할 수 있었다.

〈회복력이 있는 사람들〉 시리즈(2014) 중, 조아나 슈말리, 컬러사진

어린 시절의 조아나 슈말리는 시골에서 농사를 짓고 살았던 할머니를 만나기 위해 코트디부아르 남동쪽에 있는 작은 마을인 아다우(Adaou)로 가곤 했다. 그러나 그녀는 코트디부아르의 공식어인 프랑스어를 사용하지만, 전통 생활을 유지하며 부족 언어만을 구사하는 할머니와 사용 언어가 달라 소통할 수 없었고, 서로 삶의 경험

을 전혀 공유하지 못했기 때문에 문화적 단절감을 느꼈다고 한다. 할머니의 삶의 모습은 직접 볼 수 있었지만, 할머니의 내면에 대해서는 잘 모른다는 것을 깨달은 작가는 2001년 할머니가 돌아가신 후 가족사의 일부를 잃은 것에 대해 매우 슬퍼했다. 아프리카인으로서 자신의 정체성에 대해 질문을 던지며, 초상사진 시리즈를 기획하게 되었는데, 이 시리즈는 가족의 전통과 단절되어 살고 있는, 아비장의 젊은 여성을 대상으로 한다. 이 여성들의 사진을 찍기 위한 작가의 유일한 요구 사항은, 할머니 혹은 집안의 나이 많은 여성 친척이 입었던 전통의상을 입어야 한다는 것이었는데, 이는 과거와 현재 사이의 연관성을 강조하기 위한 것이었다.

CNN이 소개한 작가 인터뷰에 따르면, 왼쪽 사진의 모델은 아부레족의 수케냐라는 여학생으로, 컨버스 스니커즈와 미니스커트를 입고 스튜디오에 도착했다. 사실 수케냐는 코트디부아르의 그랑 바쌈(Grand Bassam) 왕족의 후손이었다. 현재의 그랑 바쌈 지역의 왕에게 허락을 구하고, 수케냐는 증조모의 옷과 보석을 빌렸으며, 작가는 수케냐의 조상이 17세였을 때의 초상사진을 보고 그와 유사하게 수케냐의 사진을 연출할 수 있었다.

이 시리즈의 제목 <회복력이 있는 사람들>의 원제는 ‘Resilients’으로, 이는 ‘회복 탄력성’을 강조하는 표현이다. 즉, 구부러지거나, 압축되거나, 손상된 후 원래 모양으로 돌아갈 수 있는 능력이 있음을 말한다. 역경에 직면해도 빠르게 회복할 수 있는 능력을 가진 아프리카 여성들은 수 세기에 걸쳐 모독되고 무시당했지만, 여전히 존엄함을 유지하며 살아가고 있음을 보여준다. 의상과 장신구로 표출되는 전통은 흑인 여성의 이미지 회복을 위한 수단이자, 그들의 아름다움을 극대화하는 장치로 활용되었다. 일반적으로 아프리카 여성에게 정의된 성 역할은 거주지가 도시인지 시골인지에 따라 달라졌다. 여성들은 도시에서 더 많은 자유를 느꼈기 때문에, 억압적인 가부장제의 시골 마을의 삶과 그 관습에서 탈출하려 했다. 그러나 전통과 단절하는 것이 여성을 해방시키는 것인가? 전통은 종말되어야 하는가? 이런 질문들은 아프리카 페미니즘 이론가들이 고민해 온 문제이기도 했다. <회복력이 있는 사람들> 시리즈는 혈통이 사라지지 않음을 보여준다. 어머니와 할머니의 장신구를 입은 여성들은 가문의 유산과 그 미적 전통을 드러낸다. 작가는 식민화로 인해 훼손된 전통을 복원하고, 그것을 자랑스러워하는 아프리카 여성들을 보여주고자 했다. 회복력이 강한 여성들은 아프리카의 과거를 전혀 잊지 않고 전통을 계속 이어가고 있음을 보여준다.

슈말리의 작업은 전통을 지키며 살고 있는 여성들에게도 주목한다. <흉터: 마지막 세대> 시리즈는 더욱 대담한 방식으로 전통을 다루는데, '반흔문신'이라고도 불리는 '스카리피케이션(scarification)', 즉 서아프리카 여러 지역의 여러 민족 집단과 관련된 의식적 흉터화를 견뎌낸 마지막 세대에 속하는 사람들의 초상을 담아낸 것이다. 이 시리즈에서 자신이 속한 부족의 전통의상을 입은 아프리카 여성들은 부족의 정체성을 나타내는 흉터로 만들어진 얼굴의 문양을 과감하게 드러낸다. 흉터는 조명을 받아 부각되어 있으며, 머리의 장식, 옷의 문양 등 전통적 아프리카의 정체성을 의미하는 겹겹의 기호가 중첩되어 있다. 초상화의 구도나 피사체의 시선 등 현대 사진의 미적, 형상적 전략들을 통해 이 시리즈에서도 작가는 여성들의 우아함을 강조했다.

〈흉터: 마지막 세대〉 (2014) 시리즈 중, 조아나 슈말리, 컬러사진

슈말리는 코트디부아르 전역에서 다양한 사회적 배경을 가진 사람들이 자랑스럽게 얼굴 흉터 장식을 보여주는 것에 매료되었지만 이 관행은 현재 사라지고 있으며, 2014년의 시리즈를 통해 흉터화된 아프리카인의 마지막 세대를 기록한다. '흉터'의 원제인 'Hââbré'는 '글쓰기', '표지판', '흉터 내기'를 의미하며, 이 단어는 부르키나파소의 언어인 Kõ로 세 가지 개념을 모두 나타낸다. 사진에 나온 대부분의 사람들은 오래전에 부르키나파소에서 코트디부아르로 이주했지만, 흉터는 그들에게 고국과 과거를 상기시킨다. 이

프로젝트는 그들의 증언을 수집하고 그들이 코트디부아르 사회에 통합되는 과정을 보여주고자 했다. 이 시리즈에서 모델들은 자존심, 모호함, 회피 등 흉터에 대한 다양한 반응을 보여주었다고 한다. 작가의 설명에 따르면, 이 초상은 아비장과 같은 도시 환경에서 전통의 역할에 대해 고찰하게 하고, 아름다움과 정체성의 본질이 변화할 수 있음을 보여준다.

앙젤 에툰디 에쌈바 : 위계를 전복시키는 강인한 여성 주체의 재현

앙젤 에툰디 에쌈바의 작품은 사진의 미적 전략을 최대한 활용하여 강인한 아프리카의 여성을 보여준다. 1962년 카메룬에서 태어난 작가는 10살에 아버지가 거주하는 파리로 이주했다. 이후 암스테르담의 예술학교를 졸업하고 사진작가가 되었으며, 암스테르담에 거주하지만 카메룬을 오가며 활발한 작품활동을 해왔다. 에쌈바는 사진작업을 통해 아프리카 여성의 정체성에 대해 성찰하고, 여성을 통해 세상을 관찰했다. 오랜 기간 서구에서 자랐고 현재에도 주로 암스테르담에서 생활하고 있지만, 흑인 여성으로서의 정체성 문제는 작가를 떠나지 않았던 것처럼 보인다. 흑인 여성으로서의 정체성, 자기 인식이 매우 강한 작가로서 작업에서도 선언적인 성격이 강하게 드러난다.

"흑인 여성은 내 예술적 표현의 핵심이다. 그녀들은 영감의 무한한 원천이며 전달자이자 수호자이다. 나는 자연스럽게 그녀들을 찬양하게 된다." (작가의 2008년 인터뷰)

인터뷰의 증언에서 알 수 있듯이 에쌈바의 작품 주제는 늘 흑인 여성이다. 그러나 작가의 렌즈에 포착된 여성들은 고통과 빈곤의 짐을 짊어지고 있는 비참한 존재가 아니다. 아프리카 여성에 대한 고정관념을 깨기 위해, 전통 속에서도 자신을 긍정하는 당당한 주체로서 존재하는 다양한 여성들, 아이를 키우며 생업에 나서는 강인한 어머니들, 큰 눈망울에 꿈이 가득한 소녀들과 같이 현대 아프리카 여성에 대한 새로운 해석을 제시한다.

"내 작업은 서구 언론에서 종종 복종적이고, 수동적이며, 의존적이고, 이국적이고, 특정 역할에 국한된 것으로 묘사되는 흑인 여성의 고정관념에 도전하고 그것을 깨뜨린다. 일상적인 도전에 맞서면서 사회에서 자신의 위치와 역할을 다하며, 자신의 서사를 책임지고 다시 쓰는 활동적이고 자랑스럽고 결단력 있는 여성들을 보여줌으로써 이러한 고정관념을 해체하고 깨뜨린다." (작가의 2008년 인터뷰)

〈흑인들〉 (2000) 시리즈 중, 앙젤 에툰디 에쌈바, 흑백사진

<흑인들 Noirs> 시리즈는 검은색 배경에 흑인 모델을 찍은 흑백 사진으로 구성되어 있다. 액세서리나 소품이 거의 없이, 오로지 검은색 배경 위에 검은색 대상에 초점을 맞추고 있다. 작가는 흑백 사진의 질감을 활용하여 흑인 피부를 있는 그대로 강조하고 디테일을 살려 피사체에 내재되어 있는 흑인 정체성을 강조한 듯이 보인다. 이 시리즈에서 피사체로서 인간은 어떠한 인위성도 없이 단순함, 순수함으로 깊이 있게 표현되었다. 작가에 따르면, 이 시리즈는 비참함과 슬픔, 이국적 대상으로서 흑인 여성에 대한 고정적 표현을 재고하고 해체하는 데에 목적이 있다. 상징적이고 미적인 차원에서 흑인 인물을 강조함으로써, 시간과 세대를 초월한 자부심, 힘, 희망, 회복에 대해 말하고자 했다.

> "실제로 나는 흑백과 더 깊고 친밀한 관계를 갖고 있으며, 약 20년 동안 흑백사진 작업을 해왔기 때문에 이를 잘 알고 있다. 흑백 이미지를 접할 때, 상상과 환상의 자유로운 여지가 남아있기 때문에 우리는 더 몰입하게 된다. 반면에 색상을 사용하면 모든 것이 고정된다. 빨간색은 빨간색, 녹색은 녹색, 파란색은 파란색이다. 그러나 흑백은 더욱더 극적이다. 흑백에는 컬러에서는 볼 수 없는 강인함과 깊이가 있다." (작가의 2008년 인터뷰)

1980년대 말부터 2000년대 작가는 강하고 자신의 존재를 자랑스럽게 여기는 여성을 흑백으로만 보여주기 위해 노력했다. 에쌈바의 작업은 실제로 고정관념을 뛰어넘는 아프리카 여성 이미지에 전념하겠다는 끊임없는 야망을 드러낸다. 흑인 여성의 이미지를 미학적이면서, 정치적, 사실적, 사회적으로 다루고자 하며, 사진 매체가 표현할 수 있는 기술적 효과(검은색, 대비, 반사)를 활용하여 기존 작품들의 한계를 뛰어넘고자 했다. 흑백 사진 속에서 여성들의 생생한 눈빛, 딴 머리의 윤기, 강인한 표정을 효과적으로 부각하면서, 피사체가 갖고 있는 영혼의 깊이를 담아내는 작업을 만들어 냈다.

이후 에쌈바는 잔지바르와 모리타니에서 느낀 미적 전통에서 영감을 받아, 강렬한 색채를 사용하는 시리즈를 제작하게 된다. 흑인 여성을 새롭게 표현하려는 작가의 의도에 맞추어, 색채의 대비를 이용해 미적인 효과를 강조하면서도, 관습, 자원, 고유한 이야기와 같은 아프리카 지역의 유산에 관심을 갖게 된다. 사진 매체의 미적인 효과에 집중했던 작가는 여성의 삶에 대한 인류학적인 접근으로 시야를 확장하게 된다.

〈베일과 베일벗기〉 (2008) 시리즈 중, 앙젤 에툰디 에쌈바, 컬러사진

이 시리즈는 여성의 베일을 복종, 감금, 억압, 폭력의 상징으로 축소 해석하는 서구의 고정관념에 도전하기 위해 기획되었다. 에쌈바

는 절대적인 나체가 반드시 자유를 상징하는 것은 아닌 것처럼, 베일은 쓰는 사람을 무력하고 억압받게 만들지 않는다고 주장한다. 작품이 보여주듯, 베일은 베일을 벗는 행위를 허가하기 때문에 과감하고 유혹적이다. 또한 베일을 벗지 않고도 베일을 투과하여 시선이 표현될 수 있음을 보여준다. 에쌈바가 재현하는 여성들은 품위 있고, 베일을 쓸지 말지를 자유롭게 선택한다. 작가에 따르면, 이 시리즈는 미적이고 신비로운 측면을 넘어, 우리가 베일을 바라보는 방식을 바꾸어 선입견과 편견을 깨고, 사회 시스템 내의 모든 형태의 배제에 대한 성찰을 자극하는 것을 목표로 한다.

아프리카 여성에 대한 인류학적인 접근이 더욱 두드러지는 것은 에너지, 건설, 상업, 농업 분야에서 일하는 여성의 삶을 사진으로 그려낸 <보이지 않는 것들> (2015) 및 <물의 여성들> (2013) 시리즈에서다. 특히 <물의 여성들> 시리즈는 굴 어업, 무역, 물품 운송에 종사하는 베냉의 간비에(Ganvié) 여성들의 일상생활을 그린 작품으로, 여성 특히 어머니로 살아가는 여성들이 아이를 돌보며 물을 이용하여 생활하는 강인한 모습을 보여주었다.

〈물의 여성들〉 (2013) 시리즈 중, 앙젤 에툰디 에쌈바, 컬러사진

베냉의 간비에 지역은 물을 이용하여 살아가야 하는 지역이지만, 아이러니하게도 식수 부족으로 어려움을 겪고 있는 곳이다. 배에 농작물 가판을 펼쳐놓은 여성들에게는 늘 어린 자녀가 함께한다. 알록달록한 빛깔의 농작물로 가득한 배, 그러나 많은 농작물은 아이를 업고 농작물을 수확했을 고단한 어머니의 노동을 상기시킨다.

2019년의 <르네상스> 시리즈에서 작가는 르네상스 시대를 상징하는 러프 칼라, 레이스, 부채, 자수 등에 영감을 받아, 르네상스의 화려함과 광채를 아프리카 여성에 접목시키고자 했다. 작가는 르네상스 시대의 섬세한 장식들을 보고 가족과 고향을 떠올렸으며, 어머니, 할머니, 이모들이 성대한 잔치 때 입었던 화려한 의상을 떠올렸다고 한다.

외모로 정체성이 정의되던 르네상스 시대에 옷은 인간의 신분을 규정했다. <르네상스> 시리즈는 이러한 장식적 위계에 의문을 제기하고, 우아함과 힘의 규범을 활용하여 고정관념 속의 위계를 전복시킨다. 작가는 네덜란드 황금기의 프리즘을 통해 흑인 여성의 이미지를 탐구하며, 이들을 주변부가 아닌 이미지의 중심적인 주체로 보여주고자 했다. 사진 속의 흑인 여성들은 아름다운 르네상스의 러프 칼라를 입고 당당한 포즈를 잡으며, 이 아름다움은 귀족만을 위한 것이 아닌 모두를 위한 것이라고 선언하는 듯이 보인다.

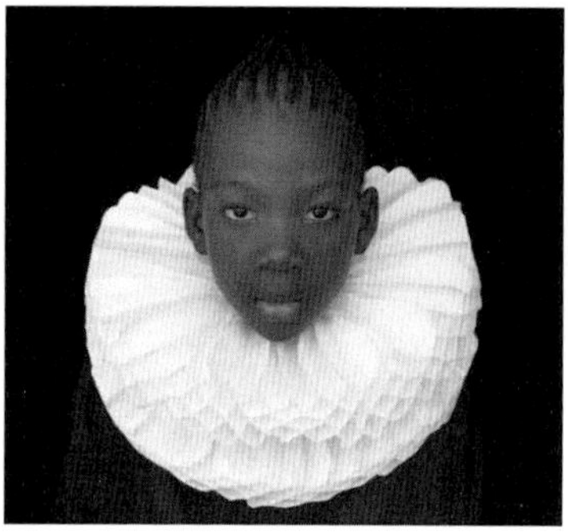

〈르네상스〉 (2019) 시리즈의 일부, 앙젤 에툰디 에쌈바, 흑백사진

<호박 귀걸이를 한 소녀>(2022-2023) 시리즈는 요하네스 페르메이르(Vermeer)의 상징적인 그림 <진주 귀걸이를 한 소녀>(1665)에서 영감을 받은 작품이다. 이 시리즈는 네덜란드의 황금기인 17세기를 배경으로 하는데, 이때 네덜란드는 세계를 선도하는 경제와 무역의 강국이 되었고 예술과 문화가 번성했다. 하지만 네덜란드

황금기의 모든 영광과 화려함은 식민지에서의 폭력, 불평등 및 착취에 기반을 두고 있었다. 흑인은 소유자의 높은 지위를 강조하기 위해 그림에 사물과 상품으로서 취급되어 재현되었던 시대였다.

진주 귀걸이 대신 호박 귀걸이를 한 현대의 흑인 소녀들은 페르메이르의 모델과 같이 포즈를 취하지만, 그들은 이제 백인의 소유물이 아닌 주인공이 된 듯이 보인다. 자신의 표현과 감정을 통해, 그리고 진주 대신 호박 귀걸이를 착용함으로써, 소녀들은 다를 권리, 빛날 권리, 존재할 권리를 주장한다. 소녀들은 정면을 바라보며 자랑스럽고 자신감 넘치는 모습으로 우리에게 과거를 비판적으로 바라보고 낡은 인식을 해체하며, 현대 세계에서 흑인 여성들의 위상을 재고할 것을 권유한다.

<호박 귀걸이를 한 소녀>와 같이 서구의 정전(正傳)을 비트는 전략은 현대 아프리카 현대 예술에서 많이 활용되어 왔다. 샬롯 브론테의 『제인 에어』를 다른 시각으로 고쳐 쓴 진 리스(Jean Rhys)의 『광막한 사르가소 바다』는 로체스터의 '미친 아내' 버사를 다시 해석하며 탈식민주의의 입장에서 식민지와 제국주의의 관계를 설득력 있게 그려냈고, 제인 에어와 대비되는 이 '다락방의 미친 여자'가 얼마나 매혹적인 흑인문화를 물려받은 크리올이었는지 보여주었다. 아프리카 작가들은 서구 고전의 패러디를 통해, 식민주의와 제국주의의 역사적 유산에 대한 비판적 성찰을 주장하며, 과거 식민주의에 의해 강요된 문화적 위계질서를 조롱하거나 해체한다. 서구 중심적 관점에 도전하며, 아프리카의 시각에서 역사를 재해석하고 주체성을 되찾으려는 시도로 볼 수 있다.

〈진주 귀걸이를 한 소녀〉(1665), 요하네스 페르메이르, 캔버스에 유화

〈호박 귀걸이를 한 소녀〉(2022-2023) 시리즈 중, 앙젤 에툰디 에쌈바, 컬러사진

사회, 젠더, 예술의 교차점에 놓여있는 에쌈바의 <호박 귀걸이를 한 소녀>는 아프리카적 정체성을 강조하고, 기존의 고정된 의미 체계를 해체하며 새로운 의미를 창출한다. 서구의 고전 작품이 원래 담고 있던 권위와 미학적 가치를 해체하고, 이를 새로운 문맥 속에서 재배치함으로써 다원적 미학을 제안하는 데에 성공하고 있다. 요컨대 에쌈바의 작업은 강인한 여성 주체의 역동적 에너지를 보여주고 있으며, 끊임없이 성찰하고 새로운 전략을 모색하는 작가 자신 역시 자신이 보여주고자 하는 이상적인 여성 주체로서 여성들의 목소리를 대변하고 있다고 할 수 있다.

서발턴은 말할 수 있다

유색 인종 여성과 관련한 탈식민주의 논의에서, 가야트리 스피박의 『서발턴은 말할 수 있는가?』 는 매우 중요한 저작으로 언급된다. 스피박은 '서발턴'을 기존 권력 구조 내에서 말할 기회나 목소리를 박탈당한 사람들로 정의하면서, "서발턴은 말할 수 있는가?"라는 질문을 통해 서발턴이 자신의 목소리를 낼 수 있는 주체로 인정받을 수 있는지, 그리고 그 목소리가 권력 구조 내에서 어떻게 받아들여질 수 있는지를 묻는다.

스피박은 서발턴이 단순히 "말할 수 있는가?"의 문제가 아니라, 그들의 말을 누가 "들을 수 있는가?"도 중요한 문제로 제기한다. 서발턴의 목소리가 존재한다 하더라도, 권력 구조 내에서는 그것이 이해되거나 받아들여지기 어렵기 때문이다. 따라서 서발턴은 단순히 말하는 주체로 기능하지 못하며, 그들의 담론은 여전히 주변화된다. 스피박은 "서발턴은 말할 수 없다"고 결론짓는다. 이는 서발턴이 아예 목소리를 낼 수 없다는 의미가 아니라, 그들의 목소리가 지배적 담론 속에서 왜곡되거나 무시된다는 것을 강조한 것이다. 서발턴의 말하기를 가능하게 하려면, 지식인들이 그들의 목소리를 대신하는 것을 넘어서, 서발턴이 주체적으로 자신의 목소리를 표현할 수 있는 공간을 마련해야 한다고 주장한다.

스피박이 주장하는 서발턴이 목소리를 낼 수 있는 공간, 그 공간은 아프리카 대륙과 디아스포라에 속한 여성 작가들에 의해 조금씩 확장되고 있는 듯이 보인다. 이들은 서구의 페미니즘을 극복하고, 아프리카 여성들이 직면한 특수한 억압 형태를 분석하며 이를 해결하기 위한 전략을 제안한다. 아프리카 페미니즘의 뿌리는 식민주의와 노예무역의 역사, 그리고 그로 인한 구조적 억압에서 비롯되었다. 아프리카 여성들은 전통 사회에서 다양한 역할을 해왔으나, 식민주의는 여성의 지위를 약화시키고 성별 불평등을 심화시켰다. 이러한 역사적 맥락 속에서 아프리카 여성들은 정치적 독립 운동과 사회 변혁의 과정에 적극적으로 참여하며 자신들의 권리를 주장하기 시작했다.

조아나 슈말리는 코트디부아르 아비장을 떠나지 않으면서, 앙젤 에툰디 에쌈바는 디아스포라에 속한 작가로서, 두 작가 모두 아프리카 대륙의 여성들에 대해 질문을 던지고, 작품을 통해 여성들의 목소리를 내고 있다. 전자는 전통이라는 전략을 통해 흑인 여성의 존엄성과 회복 탄력성을 미학적으로 표현했으며, 후자는 정치적인 메시지를 담아 사진 매체를 이용한 실험 혹은 서구의 고정관념을 비트는 전략 등 다양한 방식으로 여성 주체의 당당함을 표현했다. 전략은 다르지만, 두 작가 모두 서구가 흑인 여성에 대해 구축해 온 고정관념에 정면으로 도전하고자 했음은 명백하다. 결국 이들의 이미지가 요청하는 것은 감상의 전환이 아니라, 담론을 가로지르는 시각의 재구성일 것이다. 흑인 여성의 자기-재현이 예외가 아니라 규범이 되는 순간, 예술사는 비로소 식민의 유산을 넘어설 수 있다.

참고문헌

논문

Boëtsch, G. (1999), « Le corps de l'Africaine : érotisation et inversion », in *Cahiers d'Études africaines*, XXXIX (1), No. 153, pp. 123-144.

Coquery-Vidrovitch, C. (2003), « Le postulat de la supériorité blanche et de l'infériorité noire » in *Le livre noir du colonialisme, 16ème-21ème siècle*, éd. Robert Laffont, M. Ferro dir., pp. 646-685.

Le Bihan, Y. (2006), « L'ambivalence du regard colonial porté sur les femmes d'Afrique noire », *Cahiers d'études africaines*, No. 183, pp. 513-537.

단행본

Bancel, N. et al. (2002), *Zoos humains, de la Vénus hottentote aux « reality shows »*, Paris : La Découverte.

Bouttiaux A.-M. et al. (2003), *L'Afrique par elle-même. Un siècle de photographie africaine*, Musée royal de l'Afrique centrale de Tervuren, Revue Noire.

Blanchard, P. et al. (1995), *L'Autre et nous. Scènes et types*, Paris : ACHAC-Syros.

Blanchard, P. et al. (2012), *L'invention du sauvage*, Exhibitions, catalogue d'exposition, Paris : Actes Sud, Musée Quai

Branly.

Blanchard P. et al. (2018), *Sexe, race & colonies. La domination des corps du XVe siècle à nos jours*, Paris : édition La Découverte.

Debray C. et als. (2019), *Le modèle noir de Géricault à Matisse*, Catalogues d'exposition, Paris : Coédition Musées d'Orsay et de l'Orangerie, Flammarion.

Coquery-Vidrovitch, C. (2003), *Les Africaines, Histoire des femmes d'Afrique subsaharienne du XIXe au XXe siècle*, Paris : édition La Découverte.

Denizeau, G. (2023), *Les peintres de l'orientalisme*, Paris : Larousse.

Mikell, G. (1997), *African Feminism: The Politics of Survival in Sub-Saharan Africa*, University of Pennsylvania Press.

Pointon, M. (2013), *Portrayal and the Search for Identity*, Reaktion Books.

Willis, D. et al. (2002), *The Black Female Body: A Photographic History*, Temple Univ Press.

가야트리 스피박 외 (2013), 『서발턴은 말할 수 있는가? 서발턴 개념의 역사에 관한 성찰들』, 로절린드 C. 모리스 엮음, 태혜숙 옮김, 그린비.

염운옥 (2020), 『낙인찍힌 몸, 흑인부터 난민까지, 인종화된 몸의 역사』, 돌베개.

인터넷 사이트

조아나 슈말리의 홈페이지

https://joanachoumali.com/index.php

앙젤 에툰디 에쌈바의 홈페이지

https://www.essamba-art.com/

Joanna Woodall, <The Past, Present, And Future of “Le Rapt De La Négresse”>, 2023년 UCLA의 특별강연 소개 페이지

https://www.1718.ucla.edu/events/the-past-present-and-future-of-le-rapt-de-la-negresse/

조아나 슈말리 인터뷰 2016년 CNN

https://edition.cnn.com/style/article/joana-choumali-resilients-photography/index.html

앙젤 에툰디 에쌈바 2008년 인터뷰

https://www.afriqueinvisu.org/fascination-au-feminin-angele176/

앙젤 에툰디 에쌈바 관련 기사

https://awarewomenartists.com/artiste/angele-etoundi-essamba/

<흑인의 초상 Black portraiture(s)> 국제 콘퍼런스 (2013-)

https://www.blackportraitures.info/

* 이 글은 『KNOU논총』 제79집(2025)에 「현대 아프리카 사진에서 재현된 여성: 조아나 슈말리, 앙젤 에쌈바의 작품을 중심으로」 라는 제목으로 실린 논문을 수정 보완한 것임.

왈레 오예지데 패션의 아프로폴리탄 스토리텔링

윤유석

아프로폴리탄 패션 디자이너 왈레 오예지데

"와칸다 포에버(Wakanda Forever)"라는 유행어를 남긴 영화 《블랙팬서》는 아프리카인이 세계를 구하는 영웅이자 주인공으로 등장하는 마블 영화이다. 엔딩크리딧 이후 나오는 쿠키영상에서 와칸다의 국왕 티찰라는 UN에서 다음과 같이 연설한다. "우리는 이 지구의 형제자매들이 서로 어떤 관계를 맺고 살아야 하는지 보여주는 본보기가 될 것입니다. 지금은 그 어느 때보다 수많은 차이와 차별이 우리의 존재를 위협하고 있습니다. 하지만 진실은 우리를 더 연결할 것입니다. 위기가 닥쳤을 때 지혜로운 자는 다리를 세우고 어리석은 자는 담을 쌓지요. 우리는 서로가 서로를 돌볼 방법을 찾아야 합니다. 마치 우리 모두가 하나의 부족인 것처럼."

영화에서 의상은 이런 와칸다 왕국의 자부심과 자긍심을 표현하는 매체이다. 아프리카 전통 복식과 문양으로 디자인된 첨단 소재의 의상은 역사적으로 폄하된 흑인 예술과 문화를 환상적이고 독특한 문화로 새롭게 인식할 수 있도록 해주기 때문이다. 이를 두고 한 연구에서는 "불합리한 역사의 굴레를 벗기 위해 선택한 SF의 과학적 판타지가 흑인 예술과 문화를 신비로운 예술적 창조의 근원으로 인식되게 함으로써, 현대 디자인의 키워드인 '소수를 위한 디자인'으로 소외된 휴머니즘과 치유의 목적을 달성했다"라고 평가하기도 하였다.[1)]

영화 본편에 등장하는 인물들의 의상이 아프리카 전통의상과 SF 의상이 혼합되었던 것과 달리 쿠키영상의 UN 연설에 나오는 티찰라의 의상은 [그림 1]과 같이 스카프를 두른 양복 차림이다. UN 연설에서 티찰라는 아프리카와 아프리카인이 본보기가 되어 국제사회 문제를 해결해야 한다고 세계 각국의 정상들 앞에서 선언하는데, 이때 티찰라가 걸치고 있는 스카프의 디자이너가 나이지리아계 미국인 왈레 오예지데(Walé Oyéjidé)이다.

[그림 1] 《블랙팬서》 티찰라 국왕의 왈레 오예지데 스카프

왈레 오예지데는 1981년 나이지리아 이바단에서 태어나 어머니와 함께 두바이로 갔다가 미국으로 이주해 2004년부터 2006년까지 음반 제작과 발매 등 음악과 프로듀싱 활동을 하다가 2000년대 후반 법학 공부를 시작해 펜실베이니아대학교 로스쿨을 졸업하고 수년간 변호사로 활동한다. 그리고 2014년 패션 디자이너로 전향해 재단사 사무엘 허블러(Samuel Hubler)와 패션 브랜드 이키레 존슨(Ikiré Jones)를 공동 설립하고 활발한 활동을 시작한다.[2)] 이후 의상 디자인뿐만 아니라 영화, 사진, 도서, 강연 등 여러 장르와 미디어를 통해 자신의 이야기를 전달하고 그 결

과물을 이키레 존스 홈페이지(https://ikirejones.com)와 자신의 홈페이지(https://waleoyejide.com)에 아카이빙 하고 서비스한다. 홈페이지에서 그는 자신이 이런 활동을 하는 이유가 '창의적인 스토리텔링으로 편견에 맞서기 위해서'라고 말한다.[3] 그리고 2018년 3월 9일, '아프리카의 힘과 정신을 기념하는 패션(Fashion that celebrates African strength and spirit)'이라는 제목의 TED강연에서 "패션 디자인을 매개로 자신을 하찮은 존재로 여기는 소외된 사람들의 관점에서 그들을 기념하기 위해 활동한다"라고 하면서 자신이 왜 편견에 맞서기 위한 창의적인 스토리텔링의 매체로 패션을 선택했는지 밝힌다.[4] 패션 디자이너가 된 이유가 '자신을 하찮은 존재'로 여기는 사람들을 기념하기 위해서라는 것이다. 여기에서 오예지데가 말하는 '소외된 사람들'은 치별받는 사람들, 보다 직접적으로는 인종차별을 받는 유색인종, 특히 흑인을 의미한다.

2000년대 들어 오예지데와 같은 영미권 아프리카인이 사회 각층에서 흑인에 대한 인종적, 문화적, 역사적 편견을 극복하기 위한 목소리를 내고 있다. 이들은 '아프로폴리탄(Afropolitan)'이라는 새로운 용어로 자신을 지칭하며, 과거에 만들어진 흑인에 대한 편견에서 벗어나 세계 어디에서나 당당하게 살아가는 모습을 서구인의 관점, 즉 타자의 관점이 아니라 아프리카인의 주체적인 관점에서 이야기하려고 한다.

그렇다면 오예지데와 같은 아프로폴리탄이 이야기하고자 하는 것은 무엇일까? 그 이야기를 패션이라는 매체로 어떻게 담아내고 있을까? 그리고 이를 통해 궁극적으로 전하고자 하는 메시지는 무엇일까? 이 글에서 필자는 이키레 존스 홈페이지와 오예지데의 개인 홈페이지에 게시된 패션 디자인, 사진, 글, 영상과 TED강연 등을 통해 왈레 오예지데와 같은 디아스포라 아프리카인이 어떤 이야기를 어떻게, 왜 하고 하는지 스토리텔링의 관점에서 살펴보고자 한다.

이를 위해 아프로폴리탄의 개념을 스토리텔링의 주체라는 측면에서 먼저 살펴보고 이를 바탕으로 왈레 오예지데가 자신의 패션 디자인과 브랜드를 통해 표현하는 형식과 내용이 아프로폴리탄의 특징을 어떻게 보여주고 있는지 살펴볼 것이다. 그리고 다양한 장르와 매체로 표현되는 오예지데의 활동과 이키레 존스의 홈페이지 운영을 액티비즘의 관점에서 분석해 봄으로써 오예지데와 같은 아프로폴리탄의 스토리텔링 운동이 지향하고 목표로 하는 것이 무엇인지 들여다보고자 한다.

바바르와 결별한 아프로폴리탄

'아프로폴리탄(afropolitan)'은 '아프리카(africa)'와 '코스모폴리탄(cosmopolitan)'의 합성어로, 아프리카 출신이거나 아프리카에 뿌리를 둔 세계 시민을 의미한다. 주로 뉴욕, 런던, 파리, 요하네스버그 등 영미 문화권과 유럽, 아프리카 대륙의 주요 도시를 오가며 출생, 성장, 거주, 활동하는 아프리카인을 지칭하며, 과거와 달라진 아프리카인의 정체성을 상징하는 용어로 사용되고 있다.

'아프로폴리탄'이라는 용어는 온라인 잡지 《The LIP Magazine》 의 2005년 3월 3일자 기사에 타이예 셀라시(Taiye Selasi)가 '잘

가 바바르(아프로폴리탄은 무엇인가)Bye-Bye Babar(Or: What is an Afropolitan?)'라는 제목의 기사에서 처음 사용하였다.5) 셀라시가 말한 '바바르(Babar)'는 도시에서 교육을 받으면서 문명화되고 교양을 갖추게 된 코끼리의 이름이다. [그림 2]는 코끼리 바바르가 나오는 동화책 내용의 일부이다. 바바르는 1931년 『바바르 이야기(Historie de Babar)』로 출간된 장 드 브룬호프(Jean de Brunhoff, 1899~1937)의 그림책에 처음 등장한다. 이야기에서 바바르는 초원에서 어미 코끼리와 함께 무리 속에서 평화롭게 지내다가 밀렵꾼의 사냥으로 어미를 잃고 숲을 떠나 도시로 도망간다. 그리고 도시에서 우연히 만난 노부인의 도움으로 옷 입는 법, 식사 예절, 목욕하는 법, 침대에서 자는 법, 읽고 쓰는 법, 사람들과 어울리는 법 등 인간 사회의 생활 방식을 교육받은 후 코끼리 왕국으로 돌아가 왕이 된다는 이야기이다. 줄거리만 봐도 바바르(Babar)에서 미개인, 야만인을 뜻하는 '바바리안(barbarian)'이 생각나는 것도 무리가 아니다.

[그림 2] 『바바르 이야기(Historie de Babar)』 삽화 일부

'바바르 이야기'는 장 드 브룬호프와 그의 아내 세실 드 브룬호프가 잠들기 전 자녀에게 들려준 취침 이야기를 6권의 그림책으로 출판하면서 대중적으로 알려졌다. 이후 장의 동생과 아들이 흑백 그림을 컬러로 그려 바바르 시리즈를 완성하였다. 프랑스어 원작의 그림책이 출간된 이후 유럽과 영미권에서 영화와 애니메이션, TV시리즈물로도 꾸준히 만들어졌다. 주요 영화로는 《Babar (1960)》, 《Babar (1969)》, 《The Adventures of Babar (1968)》, 《Babar and Father Christmas (1986)》, 《Babar: The Movie (1989)》, 《Babar: King of the Elephants (1999)》가 있으며, 텔레비전 시리즈로는 《Babar (1989-1991, 2000)》, 《Babar and the Adventures of Badou (2010-2015)》 등이 있다. 특히 1999년에 제작된 애니메이션 《코끼리왕 바바르(Babar, King of the Elephants)》는 캐나다, 프랑스, 독일의 제작사가 공동 제작하여 영어, 프랑스어, 독일어로 방영이 되었다. 바바르 이야기의 내용과 캐릭터에 식민주의적 요소, 제국주의 이데올로기, 인종적 엘리트주의가 내포되어 있음에도 서구 사회는 물론 아프리카 디아스포라 사회에서도 그동안 거부감없이 수용되었고, 특히 유럽과 북미권에서 바바르는 아이들에게 귀엽고 친숙한 코끼리로 인식되었다.[6]

그 영향력을 추측할 수 있는 것이 1988년 제작된 영화 《커밍 투 아메리카 (Coming to America)》이다. 영화에서 주인공 에디 머피가 왕궁 안 정원을 산책하다가 자신의 애완 코끼리를 보고 "안녕, 바바르(hello, Babar)"라고 인사한다. 바바르는 인간 사회의 문명을 배운 뒤 왕이 된다는 식민주의적 시선을 반영하는 '문명화'의 은유인데, 아프리카 왕자가 미국으로 건너가 자신의 신붓감을 직접 찾는다는 줄거리에서 이러한 식민주의 서사의 풍자를 읽을 수 있다.

셀라시는 그 코끼리와 "잘 가, 바바르(Bye-Bye Babar)"라고 작별을 고한다. 자신의 어미를 죽인 밀렵꾼의 총을 피해 도시로 도망가 그곳에서 교육을 받고 문명을 익힌 바바르와 작별한 것이다. 그리고 자신의 계보를 노예처럼 강제적이고 타율적으로 이주한 아프리카인이 아니라 더 나은 교육, 직업, 삶을 위해 자발적으로 아프리카를 떠난 젊고 유능하지만 가난했던 1960년~1970년대 아프리카 이주민으로부터 시작한다. 이들은 아프리카에서 의사, 변호사, 외교관이었지만 영국, 미국 등으로 이주해 노동자가 되었다. 인종차별로 인해 자신들의 목소리를 낼 수 없었던 이들과 달리, 자식 세대는 전문직에 종사하고, 소설, 음악, 패션, 미술, 전시, 강연 등과 같은 문화적인 방식으로 아프리카인으로서의 자기 정체성에 대해 목소리를 낼 수 있게 되었다. 그리고 이들은 스스로를 '아프로폴리탄'이라 지칭하며, 자신들의 선조가 '바바르' 아프리카인이 아니라 더 나은 삶, 더 나은 미래를 위해 이주를 택한 용기 있고 용감한 아프리카인이라고 당당하게 말한다.

그런 측면에서 아프로폴리탄은 그동안 서구 중심적 담론에서 소외되었던 아프리카인을 이야기하는 스토리텔링의 주체들이다. 그들이 있는 곳은 전 세계 곳곳이며, 그들이 이야기하는 역사의 시간은 노예로 잡혀가야 했던 과거에 머물러 있지 않고, 더 나은 삶을 위해 세계 곳곳으로 이주해 살아가는 현재와 지금보다 더 나은 환경과 인식 속에서 살아가야 할 미래까지 포함하고 있다. 바바르와 작별한 아프로폴리탄은 이들 아프리카인, 아프리카 이주민에 대해 새로운 이미지와 이야기를 만들어 가는 스토리텔링의 주체인 것이다.

아쉴 음벰베(Achille Mbembe)는 신조어 '아프로폴리탄'을 '아프로폴리타니즘'이라는 담론으로 확장시킨다. 음벰베는 아프로폴리타니즘을 흑인과 비흑인이 아프리카 안팎으로 이동하면서 발생하는 '세계와의 얽힘'으로 설명하면서, 아프로폴리탄이 만들어 가는 아프리카와 세계와의 관계를 분석하는 사상적, 학문적 개념으로 확장한다. '아프로폴리타니즘(Afropolitanism)'이라는 용어 자체는 2004년 남아공 학계에서 먼저 유포되었다. 이때는 요하네스버그를 '아프로폴리타니즘 도시'로 일컬으면서 요하네스버그라는 지역에서 나타나는 아프리카 문화의 다원성을 설명하는 용어로 사용하였는데, 음벰베는 어느 한 지역이 아니라 아프리카 안팎으로 이동하면서 발생하는 '아프리카와 세계의 뒤얽힘'을 설명하는 용어로 '아프로폴리타니즘'을 사용하였다. 전자가 아프리카 대륙 내에서의 다원성을 설명하기 위한 용어였다면 음벰베는 아프리카인이 이동하면서 만들어지는 다원적 정체성을 아프로폴리타니즘으로 설명한 것이다. 아프로폴리탄이 개인의 정체성과 문화적 정체성에 초점을 맞춘다면 아프로폴리타니즘은 이들의 정체성을 세계주의, 이동성, 주체성 등의 거시적 담론으로 연결한다. 다시 말해 아프로폴리탄이 세계(특히 서구권) 각지에서 살아가는 특정 유형의 아프리카인을 지칭한다면 아프로폴리타니즘은 이들이 세계와 관계 맺어가는 양상과 세계관에 주목한다.

음벰베의 아프로폴리타니즘을 연구한 유치정은 "세계 여러 나라를 여행하고 여러 나라의 문화를 체험하면서 풍요로운 감수성을 획득한 젊은 아프로폴리탄이 예술과 철학, 미학 등의 다양한 분야에서 세계를 향해서 새롭고 의미 있는 표현을 만들어 내는데, 이는 아프리카적인 가치와 미학을 간직한 채 과감하고 개방적인 태도로 아프리카 대륙의 미래와 세계의 평화를 기획하고 사유할 수 있는 세대이기 때문"이라고 말한다. 이들 아프로폴리탄이 아프리카 문화에 대한 긍지와 상대 문화에 대한 존중, 자유로운 교환과 전유를 통해서 창의적인 결과물을 만들어 낼 수 있었던 것도 이 때문이라는 주장이다.

반면 이들 아프로폴리탄은 주로 엘리트 계층이고 신자유주의적이고 개인주의적인 삶과 가치관을 특징으로 하고 있어 아프리카 디아스포라의 현실을 왜곡하고, 구조적이고 역사적인 문제를 감춘다는 비판도 꾸준히 제기되고 있다. 토신 그보기(Tosin Gbogi) 등 일부 학자들은 경제적, 사회적, 문화적 측면에서 소위 '금수저'로 태어난 이른바 아프로폴리탄의 담론이 오히려 아프리카 공동체 의식을 약화시키고 사회적 불평등과 갈등을 심화시킬 수 있다고 비판한다. 이로 인해 개인의 성공에만 몰두하는 경향이 강화되어, 사람들이 서로 협력하기보다 각자 분리된 방식으로 살아가게 된다는 것이다.[7] 이에 대해 아프로폴리탄의 작품이나 활동이 서구 중심의 보편주의적 세계주의(cosmopolitanism)에 도전하는 '대안적 세계주의'를 보여주기 때문에 단순히 소비주의와 상품화로 치부되어서는 안 된다는 반박이 이루어지기도 하였다.[8] 이처럼 아프로폴리타니즘 담론의 중심에 있는 이들 아프로폴리탄은 여러 비판 속에서도 다양한 매체와 장르를 통해 아프리카와 세계와의 뒤얽힌 관계 속에서 자신의 정체성을 새롭게 이야기한다. 우리가 보고자 하는 것도 꿋꿋하게 자신의 목소리를 내는 이들 아프로폴리탄이다. 그렇다면 이들은 어떤 이야기를 어떻게 하고 있는 것일까?

아프로폴리탄의 스토리텔링 전략 : 혼종화와 되받아쓰기

왈레 오예지데의 대표적인 디자인은 유럽 고전 미술의 소재와 양식을 전유하고 아프리카 미학을 결합한 스카프 디자인이다. 이키레 존스 홈페이지에는 그의 스카프 디자인이 아카이빙 되어 있는데, 그중 [그림 3]은 용으로 형상화된 타락한 사탄을 죽이는 성 미카엘(Saint Michael)과 성 게오르기우스(Saint Georgios)를 소재로 한 것이다. 여기에는 성 미카엘과 성 게오르기우스가 흑인으로 표현되어 있다. 성 미카엘은 소년과 성인으로 형상화되었는데, 성인의 모습은 소년 미카엘보다 더 당당한 모습으로 서 있다.

[그림 3] 왈레 오예지데 스카프의
성 미카엘(왼쪽, 가운데)과 성 게오르기우스(오른쪽)

유럽에서 미카엘은 가브리엘, 라파엘과 함께 널리 알려진 대천사

중 한 명이다. 천상 군대의 지휘관으로 사탄과 타락한 천사들을 무찌르는데, 특히 중세 시대에는 성 게오르기우스와 함께 기사들의 수호성인으로 많이 그려졌다. 차이가 있다면 성 미카엘은 날개가 있는 천사이고, 성 게오르기우스는 날개가 없는 인간의 모습이다. [그림 4]는 산치오 라파엘로의 <성 미카엘>(1505), 러시아 이콘 속의 성 미카엘, 라파엘로의 <성 게오르기우스와 용>(1504)이다.

[그림 4] 명화 속 성 미카엘(왼쪽, 가운데)과 성 게오르기우스(오른쪽)

유럽의 명화에 등장하는 성 미카엘과 성 게오르기우스를 전유한 오예지데 스카프 디자인의 중요한 특징 중 하나는 르네상스 미술 양식을 차용하고 있다는 점이다. 미술사학자 양정무에 따르면 르네상스 미술의 특징은 인간 중심 사고와 자연주의적 접근을 강조하면서 자연이나 인물을 실제와 비슷하게 그리면서 비례와 균형, 원근법으로 공간을 재현하는 것이다.[9] 오예지데의 디자인 패턴도 실제 인물을 인체 비례에 맞게 표현하면서 인물의 표정과 동작도 사실적으로 표현하고 있다. 르네상스 미술 양식의 특징 중 하나인 건축물의 삽입도 오예지데의 디자인에 등장한다. [그림 5]는 파브리아노(Gentile da Fabriano)의 <동방박사의 경배(Adoration of the Magi)>(1423)와 이를 차용한 오예지데의 스카프 디자인인데, 그림을 둘러싼 금장식 프레임이 오예지데 스카프 디자인에 전유되었음을 확인할 수 있다.

[그림 5] 〈동방박사의 경배〉(왼), 오예지데의 스카프 디자인(오)

오예지데가 유럽의 고전 미술 양식을 전유하는 이유는 무엇일까? TED 강연에서 오예지데는 "유럽 고전 미술의 이미지를 변형시켜 아프리카 미학과 결합해 유색인종을 중요한 역할로 재구성함으로써 그들이 이전에는 가질 수 없었던 존엄성을 갖게 한다"고 말한다. 오예지데 디자인 패턴은 유럽의 르네상스 고전 미술에 유색인종을 주인공으로 위치시켰다는 점에서 '되받아쓰기(writing-back)'라 할 수 있다. 다시쓰기(Rewriting)와 되받아쓰기(Writing back)는 문학과 예술 분야에서 논의되고 있는 탈식민주의 서술 전략이다. 다시쓰기가 서구 중심의 기존 서사를 변형하거나 새롭게 해석하는 것이라면, 되받아쓰기는 기존 서사에 대한 저항적 목소리를 통해 피식민지인의 주체성을 회복하려는 시도이다. 오예지데의 디자인이 유럽 르네상스 미술에 대한 '다시쓰기'의 성격도 있지만 아프리카인이 주인공이 되어 또 다른 서사를 만들려고 했다는 점에서 되받아쓰기의 측면이 더 강하다고 볼 수 있다

'되받아쓰기(writing-back)'는 기존의 서구 중심적 서사를 비판적으로 재해석하고 피식민지인 관점에서 새로운 서사를 창출하는 '대항적 서술'이다. 지배 담론으로 정전(canon)이 된 텍스트를 새로운 시각으로 다시 번역함으로써 지배 담론을 해체하고 여기에 주변부 문화, 피지배 문화를 이식하여 다시 표현하는 방식인데, 이는 피식민지 사회의 주체들이 서구 중심적 서사를 반박하고 새로운 목소리를 낸다는 점에서 탈식민주의 스토리텔링 전략이라 할 수 있다. 식민주의가 오랫동안 남겨놓은 제국 중심의 지배 이데올로기를 해체하고 전복하면서 식민지 전통문화를 타자의 문화와 섞어 다시 재구성하여 지배 문화에 전달함으로써 지배 이데올로기에 저항하기 때문이다.[10)]

오예지데가 『패션과 탈식민주의 비평(Fashion and Postcolonial Critique)』에 자신의 디자인 작품 다섯 점을 '구세계의 리마스터링(Re-mastering the Old World)'이라는 제목으로 소개한 것도 이러한 맥락에서 해석할 수 있다.[11)] 리마스터링(remastering)은 음반이나 영상의 원본 품질을 개선해 마스터를 다시 만드는 것인데, 오예지데는 전통적인 서구 미학을 상징하는 '구세계(the Old World)'의 르네상스 미술에 아프리카인을 중심에 위치시켜 리마스터링함으로써

또 다른 마스터를 만드는 탈식민주의 차원의 되받아쓰기를 하였다.

서구의 미술 작품을 리마스터링해 식민주의적 세계관을 극복하려는 오예지데의 이러한 시도는 제국주의 문화를 배척하는 방식이 아니라 수용하고 혼종화 하는 방식이라는 점에서 기존의 탈식민주의 문화운동과 결을 달리한다. 사라 발라크리슈난(Sarah Balakrishnan)은 "외국인의 얼굴에서 자신의 얼굴을 알아볼 수 있는 능력, 낯선 것을 길들이는 것이 아프로폴리타니즘"이라는 음벰베의 말을 빌어, 아프로폴리타니즘이 '아프리카중심주의(Afrocentrism)'를 극복했다고 말한다. 아프리카중심주의는 1960년대부터 1980년대까지 아프리카계 미국인을 중심으로 확산되었던 아프리카 중심의 사고방식으로, 아프리카 문화에 자부심을 갖고 정체성을 새롭게 해야 한다는 문화운동이다. 이를 위해 아프리카 고유문화와 유산을 되살리고 타자, 즉 서구와 타협하지 않고 오로지 자기 자신이어야 한다는 것이 '아프리카중심주의'이다. 반면 아프로폴리타니즘은 타자와 타문화를 거부하거나 단절하는 방식이 아니라 그 경계를 무너뜨리고 혼종화하면서 아프리카의 새로운 주체성과 정체성을 만들어 간다. 발라크리슈난이 아프로폴리타니즘을 흑인해방사상(Black emancipatory thought)의 역사에서 급진적인 전환이라고 한 것도 이 때문이다.

아프리카중심주의(Afrocentrism)가 세계와 고립되고 단절된 시각으로 아프리카를 보는 시각이자 사고방식이라면 아프로폴리타니즘은 서구 문화를 전유하고 아프리카 문화와 결합시킴으로써 세계와의 단절이 아닌 혼종화의 방식으로 자신의 정체성을 만들어 간다. 오예지데도 서구 문화에서 정전(canon)이 된 르네상스 미술에 아프리카의 미학을 더해 식민종주국의 미학으로 아프리카인의 존엄성을 표현하여 시각적인 자기 서사를 완성한다.

[그림 6] 필라델피아 블랙웰 도서관의 오예지데 벽화, '유산(Legacy)'

여기에서 '스카프'는 미디어, 즉 메시지를 전달하는 매체이다. 벽화가 매체가 되기도 한다. [그림 6]은 미국 필라델피아 52번가 블랙웰 도서관(Blackwell Regional Library) 벽면에 그려진 오예지데의 스카프 디자인이다. '유산(Legacy)'이라는 제목이 붙여진 이 벽화는 이제 지역 청소년과 어린이들에게 유산으로 남겨질 것이다. 스카프 디자인과 비교해 봤을 때, 주인공은 여전히 유색인종이지만 인물의 얼굴, 배경 색, 문양, 사물 등은 조금씩 달라진다. 이러한 전유와 변주를 통해 오예지데가 전하고자 하는 메시지는 무엇일까?

스토리텔링의 목적과 메시지 : 열등감의 극복과 존엄성의 회복

오예지데의 2017 SS시즌의 제목은 '국경 사이에서 태어난 사람들(Born between Borders)'이다. [그림 7]과 같이 스카프와 의상을 걸친 유색인종, 즉 흑인 남성과 여성, 청소년과 어린아이가 모델로 등장하는데, 의상의 디자인은 르네상스 미술을 전유한 디자인과 서아프리카 지역의 전통 문양인 아딘크라(Adinkra)이다. 아딘크라는 서아프리카에서 기원한 상징으로, 문양마다 상징적인 의미와 이름이 있으며 그것이 지닌 철학적, 교육적, 역사적인 의미 때문에 아프리카 대륙은 물론 세계 곳곳의 아프리카인들이 직물, 장신구, 벽화, 문신 등의 다양한 분야에서 패턴과 문양으로 사용한다.[12] 르네상스 미술과 아프리카 문양의 의상을 입은 모델들의 사진 밑으로 다음과 같은 글이 적혀 있다.

> "우리는 가진 것은 없지만 믿음이 있었기 때문에 모든 위험을 감수한 용감한 여성과 남성들이 그토록 원했던 바로 그 내일이다. 국경 사이에서 태어난 아이들이다. 새로운 세계의 영향을 받고, 그들이 남겨준 옛 세계에서 영감을 얻는다. 우리는 부모의 꿈을 이어가고 있다. 우리는 여러분의 택시를 운전한 엔지니어의 자식들이고, 여러분의 테이블에서 서빙을 보았던 외과의사의 아들이고, 여러분의 엘리베이터 문을 열어준 천재적인 외교관의 딸이다."

[그림 7] '국경 사이에서 태어난 사람들' 화보

화보와 함께 게시된 글을 통해 오예지데는 "우리는 믿음과 용기를 가지고 국경을 넘은 부모 세대의 자식이다. 그들은 이주지에서 택시 기사, 홀서빙, 엘리베이터 안내원 등으로 살았지만 아프리카에서는 엔지니어, 외과의사, 외교관이었다"고 말한다. 여기에서 '우리'는 셀라시가 말한 '아프로폴리탄'이다. 이러한 신분의 특징 때문에 아프로폴리탄은 엘리트주의라는 비판을 받는다. 인종차별을 극복하려고 하지만 엘리트 계층 아프리카 이주민을 대변하면서, 진짜 소외된 다수의 노동자 계층의 아프리카 이주민을 대변하지 못한다는 것이다.

하지만 스토리텔링의 관점에서 보면, 이들 아프로폴리탄은 이야기의 내용으로 아프리카 이주민을 대변한다기보다 이야기를 하는 주체, 즉 발화자로 이들을 대변한다고 보아야 한다. 오예지데는 TED 강연에서 "저는 새로운 세대 중 한 사람입니다. 제가 하는 일은 더는 과거의 지배를 받지 않는, 미래를 꿈꾸는 사람들을 대변하는 것입니다."라고 말한다. 부모 세대가 할 수 없었던, 이야기되지 않았던 '자신들의' 이야기를 하겠다는 것이다. 이들은 더는 과거의 지배를 받지 않는 미래를 꿈꾸는 세대이다. 오예지데는 그들을 대변해 패션으로 스토리텔링을 한다.

아프로폴리탄이 발화자가 되어 시작한 이 이야기는 수화자에게 메시지를 전달하려고 한다. 오예지데는 누구에게, 그리고 누구를 위해 이 이야기를 하고 있는 것일까? 이어지는 강연에서 오예지데는 "오늘 우리는 우리의 이야기를 할 준비가 되어 있습니다. 타협하지도 않고 사과도 하지 않을 것입니다. 그런데 의문 하나가 여전히 남습니다. 여러분은 우리 이야기를 들을 준비가 되어 있습니까? 그러길 바랍니다. 왜냐하면 그와 상관없이 우리는 이야기할 것이니까요."라고 말한다. 여기에서 '여러분'은 이주지역의 현지인, 특히 인종차별을 하는 사람들, 아프리카에 대한 과거의 인식을 가진 사람들이다.

하지만 오예지데가 수화자로 지목한 '여러분'은 백인과 같은 타자만을 대상으로 하지 않는다. 강연에서 오예지데는 "우리 사회의 소외된 사람들을 대변하는 것이 얼마나 중요한지 깨달았다"고 말하면서, "우리 중 취약한 사람들에게 더 이상 스스로와 타협하며 주류에 속하려 하지 않아도 됨을 알리는 게 중요하다는 걸 알았습니다. 많은 사람들이 패션을 사소한 것으로 생각하지만 실제로는 편견을 없애고 소외된 사람들에게 자아상을 북돋아 주는 매우 강력한 도구가 될 수 있습니다."라고 힘주어 말한다. 서구의 대도시에 거주하는 아프리카인들이 자신을 '바바르'로 여기는 과거의 지배에서 벗어나 자신이 아프리카인이라는 사실에 대해 '자부심'을 가지고 세상으로 나아가고, 타문화와 서구문화를 대하라는 메시지를 패션에 담았다는 것이다. 앞서 언급한 것처럼, 오예지데는 유럽의 고전미술 이미지를 변형시켜 아프리카 미학과 결합하면서 유색인종을 중요한 역할로 배치함으로써 이들에게 '이전에는 가질 수 없었던 존엄성'을 주고자 하였다. 이 같은 접근 방식으로 그는 '역사적으로 용인된 아프리카인의 열등감을 뒤집고 자신을 세련되지 않고 품위 없게 묘사된 것을 지켜보며 성장한 흑인들에게 영감을 주고자' 하였다.

열등감의 극복은 아프리카인의 탈식민주의적 자기 인식에서 중요한 부분이다. 탈식민주의 저작의 고전이 된 『검은 피부 하얀 가면』에서 프란츠 파농(Frantz Fanon)은 백인이 되기를 바라는 흑인의 이중적이고 자기 비하에 가까운 자의식을 다루면서 백인이 되려고 하는 흑인에게 자기 해방을 제안한다.

> "흑인은 흑인이다. 연속된 정서적 탈선의 결과로 그는 뿌리내리지 말아야 할 우주의 중심에 오히려 뿌리를 내리고 있다. 이것은 심각한 문제다. 내가 제안하고자 하는 것도 바로 유색인의 자기 해방이다. 흑인은 백인이 되려고 한다. 백인은 자신의 노예적 삶을 인간적인 삶으로 위장하고 있다. 백인은 자신의 백인성이라는 봉인 속에 갇혀 있다. 흑인도 흑인성 속에 갇혀 있다. (중략) 흑인이 자신의 소외를 극복하는 가장 효과적인 방법은 사회적, 경제적 현실을 이해하는 것이다. 열등 컴플렉스는 경제적 면이나 열등감의 내재화나 열등감이 체화되었기 때문에 생긴다. 흑인의 소외는 개인적인 문제가 아니라 사회적인 것이다. 흑인이건 백인이건 나는 내 형제들이 수 세기에 걸쳐 대물림한 상호 불신의 부끄러운 제복을 온 힘을 다해 갈기갈기 찢어버리기를 간절하게 원한다."
>
> \- 프란츠 파농, 『검은 피부 하얀 가면』, 13쪽

탈식민주의의 핵심적인 저작으로 알려진 『대지의 저주받은 사람

들(The Wreched of the Earth)』에서도 파농은 식민 체제가 피식민자를 열등한 존재로 내면화하도록 강요한다고 주장한다.[13] 식민지 주민들은 식민주의자들의 시선을 통해 자신을 바라보게 되고, 이로 인해 자신의 문화와 존재를 부정하는 심리적 식민화가 일어난다고 본 것이다. 파농이 식민주의 억압을 타파하고 피억압 민중이 주체가 되는 새로운 세계를 건설해야 한다고 주장한 것처럼, 오예지데는 이주 지역에서 살아가는 흑인들에게 하얀 가면을 쓰려고 하지 말고 검은 피부를 스스로 존엄하게 여기라고 말한다. 패션을 통한 자기 연출로 식민주의가 만들어 낸 흑인에 대한 부정적인 이미지에서 해방되라는 것이다. 아프로폴리탄은 파농이 말한 식민주의적 자기 인식에서 벗어나 '검은 피부'를 인정하되, 자신과 타자에 대한 관계 정립을 새롭게 하면서 기존과 다른 정체성을 '스스로' 만들어 간다.

타문화권에서 살아가는 디아스포라 아프리카인 중에 자신을 '아프로폴리탄'으로 자칭하는 사람들은 아프리카인을 열등하게 보는 시선과 인식에서 벗어나 세계와의 관계 속에서 자신들의 정체성과 이미지를 새롭게 정립하려고 한다. 대표적인 아프로폴리탄 소설로 간주되는 테주 콜(Teju Cole)의 『오픈 시티(Open City)』를 분석한 치엘로조나 에제 (Chielozona Eze)는 아프로폴리탄의 세계시민적 정체성이 출생, 지위, 특권에 의한 것이라는 부정적인 시각에 대해 그들의 공간적 이동이 아닌 내적 이동성에 초점을 맞추라고 강조한다.[14] 그는 여러 나라를 오가는 아프로폴리탄 이동성의 궁극적인 의미는 국가와 지역을 오가는 지리적 이동성에 있는 것이 아니라 내적 이동성, 즉 문화적 경계를 초월해 타문화를 수용하고 긍정하며 세계 속에서 자신들의 정체성을 만들어 가는 열린 사고와 자세에 있기 때문에 이들의 말과 활동을 단순히 엘리트주의로 치부할 수 없다고 주장한다. 세계 곳곳으로 이주하거나 이동하는 아프리카인의 정체성을 아프리카 고유의 언어, 문화, 관습에서 찾아야 한다는 토착주의(indigenousism)와 달리 세계의 문화를 수용하고 받아들여 새로운 것을 창조하는 세계시민의 인식으로 만들어 가는 것이 아프로폴리탄의 진정한 의미라는 것이다.

에제는 아프로폴리탄의 엘리트주의 비판에 대해서도 이렇게 항변한다. "우리는 어떤 장소에 갇힌 나무가 아닙니다. 우리의 뿌리는 우리의 마음속에 있습니다. 우리는 어디를 가든 그 뿌리를 의식하지만 우리가 있는 곳의 문화에 대해서는 개방적입니다. 이것이 우리의 인본주의적 전제입니다. 우리는 한 도시에서 다른 도시로 이동하기 때문에 아프로폴리탄이 아니라 그곳의 여러 문화권과 관계를 만들어 갈 수 있기 때문에 아프로폴리탄입니다." 에제는 타문화와 아프리카 문화를 구별 짓는 것이 아니라 서로 간의 공통점을 찾아가면서 긍정적인 관계를 맺으려고 의식적으로 노력하는 것이 아프로폴리탄이라고 말한다. 이들은 식민종주국이었던 서구 문화를 거부하고 대립하는 방식이 아니라 다양성, 평등성, 포용성의 관점에서 그들의 문화를 인정하고 받아들일 뿐 아니라 아프리카 문화와 결합시킨다. 이러한 새로운 인식과 가치관, 세계관 때문에 '아프로폴리탄'이라는 새로운 이름이 필요했던 것이다.

아프로폴리탄의 특성으로 보면, 오예지데의 스카프 디자인은 세계적으로 보편화된 유럽의 르네상스 미학 속에 흑인을 위치시켜 검은 피부의 열등감을 극복하고 존엄성을 획득하려고 한다. 그런 의미에서 아프로폴리탄은 자신의 검은 피부에 대한 열등감을 극복하고 자부심을 회복하려는 사람들이다. 오예지데와 같은 아프로폴리탄은 아프리카인에 대한 차별과 편견을 받아들이며 살아야 했던 과거의 부모 세대와 달리 그러한 편견에서 벗어나 아프리카인에 대한 새로운 시선과 인식을 만들어 가고자 하는 아프리카의 후예이자 미래를 준비하는 세대이다. 이들은 소설, 사진, 음악, 건축, 패션 등을 통해 자신, 즉 아프리카인의 능력을 드러내 보이며 아프리카인을 더 이상 '바바르'로 보지 말라고 말한다. 이것이 오예지데와 같은 아프로폴리탄이 다양한 매체와 장르를 통해 자기 자신과 미래 세대 아프리카인, 그리고 타문화권 사람들에게 전하는 메시지이다.

패션으로 기록하는 아프리카 이주민의 역사

오예지데는 패션으로 아프리카 이주민의 존엄성을 표현하고 이를 사진과 영상으로도 기록한다. 세계 곳곳으로 이주해 살아가는 아프리카인의 존엄성에 대한 메시지를 영화를 통해서도 전달하는데, 오예지데가 각본, 감독, 제작 총괄자로 참여한 《이민 후 : 칼라브리아(After Migration:Calabria)》(2021)가 대표적이다. 영화는 일자리를 찾아 아프리카를 떠난 청년, 난민 캠프에서 아이를 출산한 미혼모와 그녀의 딸이 지중해 연안의 이탈리아 마을인 칼라브리아에 정착하는 모습을 담고 있다.[15] 영상에는 오예지데가 디자인한 의상을 입은 청년과 모녀가 마을의 골목, 성당, 식당, 마을 모임 등을 다니며 자신들의 미래를 기원하고 기대한다.

흡사 이키레 존스의 영상 화보와도 같은 이 영상은 이키레 존스 의상으로 아프리카 이주민에 대한 이미지와 시선을 동정이나 비난이 아니라 긍정적이고 평화롭게 보라는 시각적인 메시지를 담고 있다. 인터뷰에서 오예지데는 "사람들이 제 작품을 볼 때, 우리가 강하고 아름답다고 느끼기를 바랍니다."라고 말한다.[16] 패션, 사진, 영상 등의 시각언어로 아프리카 이주민의 이미지를 기존과 다르게 보여주고자 한 것이다.

[그림 8] 영화《이민 후 : 칼라브리아》

하지만 이러한 스토리텔링 내용이 이미지에만 의존하고 있다는 것이 문제이다. 더 큰 문제는 이것이 아프리카 이주민의 현실을 왜곡하고 있다는 점이다. 실제 현실에서는 아프리카 이주민이 [그림 8]의 모습처럼 '화보 같은' 포즈를 취하지는 않을 것이고, 때문에 이러한 연출된 이미지의 기록은 위험할 수 있다. 사실의 왜곡이 이야기의 신뢰성을 떨어뜨리기 때문이다.

그럼에도 불구하고 이 영상은 IMDb에 다큐멘터리 장르로 분류되어 있다.[17] 오예지데가 자신의 브랜드 의상을 입은 아프리카 이주민과 난민을 다큐멘터리라는 사실성을 담보로 하는 장르로 제작하고 배포하는 이유가 무엇일까? TED 강연에서 오예지데는 패션으로 아프리카 이주민의 이야기를 하는 이유가 '과거에 기록되지 못한, 혹은 편견으로 기록된 아프리카인에 대한 기록을 바로잡기 위함'이라고 말한다.[18]

> "흔히 역사는 승자의 기록이라고 합니다. 만약 그렇다면 짓밟힌 이들은 어떻게 될까요? 그들의 영예로운 과거에 대한 이야기를 전하지 않는다면 (다음 세대가) 어떻게 더 원대한 것을 꿈꿀 수 있을까요? (중략) 패션으로 하는 나의 이야기에는 역사의 기록을 바로잡기 위한 혼신의 노력이 담겨 있습니다. 왜냐하면 우리의 출신과 관계없이 우리 민족을 타지로 밀어낸 복잡한 역사에 우리 모두가 영향을 받았기 때문입니다. 이 역사는 세상을 바라보는 우리의 관점을 만들고 우리를 보는 주위의 편견도 만듭니다. 이 편견과 맞서기 위해 제 작업은 지구 곳곳의 미학을 다루고, 포용력의 중요성에 관한 이야기를 만듭니다."
>
> - 왈레 오예지데의 TED 강연 중에서

오예지데는 아프리카 이주민들의 역사가 역사의 승자들에 의해 패자의 역사로 기록되고 제대로 남겨지지 않았다고 말한다. 그래서 더 나은 미래를 위해 이주를 택한 이들의 모습을 역사적 '사실'로 기록하고자 하였고, 이것이 오예지데가 다큐멘터리라는 논픽션 장르로 영화를 만든 이유이다. 한 매체와의 인터뷰에서 "제 희망은 어린 시절의 저나 나이지리아의 어린이들이 자신과 세상에 대해 더 안정감을 느낄 수 있는 무언가를 남기는 것입니다."라고 말한 오예지데의 희망처럼, 노예로 팔려 가야만 했던 아프리카인이 아니라 자신의 미래를 위해 이주를 택한 아프리카인에 대한 긍정적인 이야기와 이미지를 기록해 미래 세대에게 남겨주고자 한 것이다.

소냐 아이스만(Sonja Eismann)은 패션계에서 이렇게 기록을 남기고 아카이브를 만들어 가는 현상을 패션계의 탈식민화, 혹은 패션 아카이브의 탈식민화라고 해석한다. 패션 아카이브의 탈식민화는 서구 중심의 패션 서사에 대한 대안으로 논의되고 있다. 패션과 아카이브는 사실 맞지 않는 조합이다. 패션은 현재 나타나고 있는 문화적 현상으로, 패션쇼를 통해 소개되고 상품화되어 유통되다가 유행이 지나면 사라지지만, 아카이브는 민족지학적 관점에서 유물과 자료를 보관하고 보존한다. 그럼에도 불구하고 패션은 물론 사진, 영화, 미술, 문학 작품 등 근현대의 문화적 산물을 아카이빙 하려는 이유는 아프리카인들의 유물이 서구 박물관에 보존, 전시된 상황에서 미래 세대를 위한 유산으로 그것을 전해주기 위함이다.

패션을 아카이브 하는 것은 지식의 탈식민화와도 연결된다. 음벰베는 아카이브가 단순히 문서나 기록의 집합체를 넘어 지식 생산과 권력 구조를 형성하는 시스템이라고 보았다. 그는 아카이브를 통해 특정한 역사적 서사가 구축되고, 지식의 생산과 유통에 영향을 미친다고 지적하면서, 지식의 탈식민지화를 위해서는 기존의 아카이브 구조와 기능을 비판적으로 재검토하고 다양한 목소리와 관점으로 포용적이고 다원적인 아카이브를 구축해야 한다고 주장한다.[19)]다시 말해 아카이브는 단순한 과거의 저장소가 아니라 현재의 지식과 권력관계를 재생산하는 역동적인 장이기 때문에 이를 탈식민화하는 것이 중요하다고 강조한 것이다. 음벰베는 “우리가 우리 자신을 명확히 볼 수 있는 관점을 개발하는 것이 지식의 탈식민화이다. 이 과정에서 우리는 항상 우리 자신과 타자(다른 존재들), 그리고 우주의 비인간 존재들과의 관계 속에서 우리를 바라보아야 한다”고 주장한다. 그리고 ‘지식의 탈식민화’가 단순히 탈서구화를 의미하는 것이 아니라 아프리카인이 자신을 명확히 볼 수 있는 관점을 만드는 것이라고 강조한다.

그런 측면에서 아프로폴리탄은 지식의 탈식민화를 하기 위해 자신의 관점에서 기록물을 만들어 내는 사람들이다. 오예지데는 아프리카 이주민의 이야기와 이미지를 텍스트와 사진, 영상 등으로 기록해 남기되, 그들이 기존과 다른 관점에서 이야기되고 보일 수 있도록 의상과 영상을 연출한다. 사실 서사와 허구 서사 사이에 있는 오예지데의 영상은 엄밀한 의미에서 기록물이라기보다는 연출되고 만들어진 문화콘텐츠이다. 하지만 그 문화콘텐츠는 의류를 구매해 입거나 영상을 시청하는 것에서 끝나지 않는다. 오예지데는 패션과 영상 등의 문화콘텐츠를 통해 소외된 사람들을 대변하고 동시대뿐 아니라 미래 세대를 위해 다양한 시각 자료를 기록하고 아카이빙한다. 이것을 보면서 미래세대가 더 큰 꿈을 꾸길 바라기 때문이다.

다음 장에서는 오예지데의 패션 디자인과 브랜드 경영 방식을 액티비즘의 개념으로 살펴보고, 그것이 디아스포라 아프리카 사회에서 갖는 의미에 대해 생각해 보고자 한다.

패션으로 실현하는 아프로폴리탄의 액티비즘

왈레 오예지데가 수석 디자인이자 대표로 운영하는 패션 브랜드 이키레 존스는 단순히 상품을 파는 쇼핑몰이 아니다. [표 1]의 이키레 존스 홈페이지(https://ikirejones.com)의 메뉴 구성에서 이러한 방향성이 잘 드러난다. 주요 메뉴 중 하나인 캠페인(Campaigns) 메뉴에는 아프리카와 아프리카 이주민의 정착, 혈통, 유산 등의 주제로, 이키레 존스 의상을 차용한 유색인종 모델의 화보 사진과 함께 글로 메시지를 전달하고 있다. 캠페인 메뉴에서 오예지데 디자인의 의미와 메시지를 담았다면 작품(The Art of Ikiré Jones) 메뉴에서는 오예지데가 참여하거나 제작한 디자인, 영상, 전시, 사진 등이 게시되어 있다. 이러한 메뉴 구성과 게시 내용으로 볼 때 웹페이지는 쇼핑몰의 기능보다는 브랜드가 전하고자 하는 메시지를 알리고 동참하게 하는 '캠페인(campaign)' 즉 운동을 지향하고 있음을 알 수 있다.

[표 1] 이키레 존스 홈페이지 주요 메뉴

상위메뉴	하위메뉴	내용
Campaigns	2020 "Our Love, In Isolation"	가족애와 결속
	SS19 "Show Them What is Lineage"	아프리카 혈통, 문화적 계보
	SS18 "LOOK AT GOD"	식민주의적 열등감의 극복
	FW17 "Twende Rafiki!"	문화유산을 지켜온 마사이족의 자부심
	FW17 "Awake & At Home in America"	미국의 무국적 아프리카인
	SS17 "Africana Renaissance"	아름다운 아프리카 문화의 창조
	SS17 "Born Between Borders"	아프리카 이주민과 후손들의 꿈과 미래
The Art of Ikiré Jones	"After Migration" Film	영화 소개
	Love in Isolation	발레리나, 권투선수, 아티스트 이야기
	Other Films	이키레 존스, 오예지데 관련 영상
	Museums, Mural & Publications	박물관 전시 사례 및 벽화 등 소개
	Textile Design Archive	이키레 존스의 스카프 디자인
	Our Future Heritage	"아프리카 2081(Africa 2081 A.D.)"

오예지데는 이키레 존스 홈페이지의 브랜드 스토리에서 "우리는 소외된 사람들의 복잡하고 다채로운 삶을 이야기하는 수단으로 디자인을 사용합니다. 디자인을 통해 그들을 비난하거나 동정하는 대신 품격(elegance)이 특정 문화, 인종, 또는 국가에만 국한되지 않는

다는 것을 보여줍니다."라고 밝힌다. 앞서 보았듯이 이키레 존스의 디자인은 소외된 사람들을 품격 있고 우아하게 보여주려고 한다. '바바르'로 보는 타자의 시선이 아니라 자신들의 모습을 스스로 품격있게 여기고, 타인에게도 그렇게 보여주려는 것이다. 그런 의미에서 이키레 존스 브랜드는 단순한 패션 브랜드가 아니라 콘텐츠를 통합해 메시지를 전달하는 커뮤니케이션 매체가 된다.

오예지데가 디자인, 영상 제작, 박물관 전시, 강연 등의 활동을 하는 목적이 유색인종에 대한 사회적인 인식과 이미지를 바꾸기 위함이라는 점에서 액티비즘의 특성이 있다. 액티비즘(activism)은 사회적, 정치적인 문제를 해결하거나 변화를 가져오기 위해 의도적으로 활동하는 것이다. 액티비즘의 영역은 자연, 인간, 사회, 재정, 생산의 5개 영역으로 분류되는데, 그중 사회 영역은 인종, 성, 세대, 장애인, 지역, 문화, 종교 등의 차별 문제를 다룬다. 오예지데는 패션이라는 미디어에 아프로폴리탄의 메시지를 담아 역사적, 사회적, 사상적으로 내재화된 인종차별의 문제를 극복하려고 한다. 그것이 패션과 브랜드를 통해 이루어진다는 점에서 패션 액티비즘의 성격이 있다. 디자이너와 브랜드가 디자인과 상품으로 가치지향적인 활동을 한다면, 소비자는 그 디자이너나 브랜드의 상품을 구매하고 착용함으로써 그 메시지를 공유하고 가치 실현을 위한 활동에 동참한다. 이키레 존스 브랜드가 패션 외에도 사진, 영상, 전시 등의 다양한 장르와 매체를 아우른다는 점에서 브랜드 액티비즘으로도 설명이 가능하다. 이러한 브랜드 액티비즘은 이윤 추구를 넘어 사회적 가치 추구를 위해 브랜드가 주체가 되는 행동으로, 일관적이고 지속적인 경영 철학을 소비자들과 공유하며 가치를 실현한다.

이 때문에 대중문화로 나타나는 아프로폴리탄이 소비주의와 연관되어 있다는 비난을 받는다. 가치와 메시지를 전달하는 영상과 사진, 강연 등이 결국 상품과 브랜드를 홍보하고 광고하는 효과로 작용해 소비자의 구매 욕구를 자극하기 때문이다. 아프로폴리타니즘에 비판적인 아마토리체로 에데(Amatoritsero Ede)는 세계 주요 도시를 오가며 작가, 예술가, 지식인, 음악가, 패션 디자이너, 스타일리스트 등으로 활동하는 아프로폴리탄은 도시의 새로운 라이프 스타일을 이끌어가는 문화매개자라고 규정한다. 에데는 이들이 문화콘텐츠, 문화 상품 등을 생산할 수 있는 엘리트 계층이며, 문화자본과 문화지식, 문화적 역량이 있는 특정 계급이자 계층, 세대에 한정되어 있다고 지적하면서 이들 아프로폴리탄은 유럽과 아메리카의 메트로폴리스 대도시를 자신의 본거지로 하고 아프리카를 오가며 목소리를 내는 엘리트주의의 전형이라고 비판한다. 그들이 말하는 아프리카는 실제 아프리카가 아니라 유토피아적인 아프리카이고, 이들에게 아프리카는 단지 문화콘텐츠의 상품과 서비스로 생산되고 표현되기 위한 소재이자 재료일 뿐이다. 이들은 메트로폴리탄의 대도시에 사는 대중과 소비자를 위한 문화상품을 만들고, 마케팅을 위해 홍보하는 신자유주의자들이다. 때문에 아일랜드 출신 작가이자 방송인인 엠마 다비리(Emma Dabiri) 같은 사람은 "자신은 아프로폴리탄이 아니다"라고 공언한다.[20]

하지만 액티비즘 차원에서 그것은 소비를 통해 이루어지는 메시지의 확산이자 수용이다. 오예지데의 디자인과 영상 제작물 등은 역사적으로 폄하되어 온 아프리카인에 대한 이미지와 열등한 자기 인식의 문제를 해결하기 위한 대안적 이미지와 초상화라 할 수 있고 이것을 수용한 소비자는 《블랙팬서》 의 티찰라 국왕과 같은 당당하고 책임감 있는 아프리카인의 표상을 취한다. 독립 이후, 세계 곳곳에서 동시대를 살아가는 오늘날의 젊은 아프리카인은 유색인종에 대한 식민주의적 인식에 문제를 제기한다. 그리고 이러한 인식을 바꾸기 위한 액티비즘의 주체로 자신의 위치를 설정하고 '아프로폴리탄'이라 자칭하며, 아프리카인에 대한 인식을 변화시키기 위한 이야기와 이미지를 만들어 가고 있다. 오예지데도 미래의 아프리카인들이 과거와 다른 아프리카인으로 살아가도록 현재 자신들의 이야기와 이미지를 긍정적으로 남기려는 목적을 달성하기 위해 패션을 도구로 삼은 것이다.

오예지데가 유색인종을 열등하게 보는 타자의 시선과 자기 인식의 문제를 패션이라는 시각적인 언어로 바꾸고자 했다면 문학 텍스트에서는 어떻게 나타났을까? 다음 장에서는 아프로폴리탄 문학으로 대표되는 소설을 통해 동시대의 아프로폴리탄이 문학이라는 텍스트에서 이 문제를 어떻게 스토리텔링 했는가를 살펴봄으로써 이들이 궁극적으로 지향하는 메시지가 무엇인지 좀 더 구체적으로 들여다보고자 한다.

자기애와 자기 긍정이라는 아프로폴리탄의 메시지

영화 《블랙팬서》 의 UN 연설에서 와칸다의 국왕 티찰라는 "우리는 서로가 서로를 돌볼 방법을 찾아야 합니다. 마치 우리 모두가 하나의 부족인 것처럼"라고 연설한다. 세계 각국에 살아가고 있는 아프로폴리탄도 이런 세계시민적 의식을 가지고 살아가려고 한다. 세계를 무대로 활동하면서 '하나의 부족과도 같은' 지구상의 세계시민들이 서로 어떤 관계를 맺고 살아야 하는지를 보여주는 본보기가 되고자 하는 것이다. 이들은 아프리카 문화와 역사에 대한 타자화된 인식에서 벗어나 주체적으로 자신을 인식하고 표현한다. 특히 '흑인'에 대한 부정적인 시선을 의식하며 타문화권에서 살아가야 하는 디아스포라 아프리카인들은 그들과 자신의 역사와 문화를 구별 짓고 우등과 열등을 나누는 방식이 아니라 수용하고 인정하는 방식으로 전개하면서 세계 곳곳에서 자신들이 어떻게 살아야 하는가에 대한 답을 문학, 음악, 예술, 패션 등을 통해 내어놓는다.

치마만다 은고지 아디치에(Chimamanda Ngozi Adichie)의 소설 『아메리카나』는 이러한 아프로폴리탄의 특징을 잘 보여주는 소설이다. 『아메리카나』는 나이지리아 출신의 이페멜루와 브라질 출신의 오빈제를 통해 미국과 영국에 만연한 인종주의 사회에 적응해 가는 아프리카 이주민의 삶을 다루고 있다. 여기에서 이페멜루는 전형적인 아프로폴리탄 인물로, 그를 중심으로 디아스포라 경험을 서술하며 이들의 목소리를 대변하는 역할을 한다.

김정은은 바로 이 지점이 아프로폴리타니즘 문학이 세계 문학으로서 가능성을 확장하는 중요한 지점이라고 강조한다. 인종주의와 같은 사회적 편견에 체화되어 자존감이 낮은 오빈제와 달리 이페멜루는 사회의 편견과 차별에 대해 자신의 목소리를 내는데, 거기에서 드러나는 자기애(self-love)가 『아메리카나』의 핵심 주제라고 지적한 김정은은 "소설에서 다루어지는 아프리카계 미국인과 비아프리카계 미국인 간의 관계에 대한 고찰이 현실 세계의 '#흑인들의 삶은 중요하다(#Black Lives Matter)' 운동과 같은 사회운동과 밀접하게 연결됨으로써 현실 세계의 변화를 이끌어내는 촉매제 역할을 할 수 있다"고 주장한다. 이러한 소통의 장을 통해 기존의 백인 중심적 역사관과 인종차별적 시각에 도전하고 아프리카계 미국인의 경험과 정체성에 대한 새로운 이해를 촉구하기 때문이다. 그런 의미에서 아프로폴리타니즘 문학은 이분법적 사고를 탈피하고 상호 이해를 가능케 함으로써 기존 세계 문학의 경계를 허물고 국제 사회에서 아프리카인의 정체성, 문화, 소통에 대한 이해를 심화시키는 중요한 역할을 한다.

김정은은 음벰베의 아프로폴리타니즘 개념을 빌어, 아프리카인들이 세계와 단절된 존재가 아니라, 스스로를 세계의 일원으로 인식하는 방식을 보여주면서, "역사적으로 헤겔은 아프리카를 역사의 외부로 간주했으나, 아프로폴리타니즘은 이러한 관점을 비판하며 아프리카가 세계 역사에 기여해 온 중요성을 재조명한다"고 주장한다. 아프로폴리탄은 왜곡된 흑인의 이미지 뒤에 깔린 '인종' 문제를 초국가적인 관점의 문화적 혼종화를 통해 초월한다. 음벰베는 이것이 문화적 뒤얽힘과 움직임을 통한 모방과 창조, 혼합과 혼성이라는 현대 아프리카 문화의 창조성이라고 주장한다. 문화적인 뒤얽힘은 시간과 공간의 이분법적 구분을 넘어서는 자유로운 움직임 속에서 낯선 문화를 포용함으로써 익숙하지 않은 문화를 받아들이고,

상반되는 것처럼 보이는 것을 받아들이는 문화적, 역사적, 미적 감수성이다. 아프로폴리탄은 음악, 패션, 영화, 소설 등의 문화적인 방식으로 식민지 시대의 과거와 그동안 무시 되어온 자신들의 역사와 문화를, 자신들이 스토리텔링의 주체가 된 글과 시각적 이미지로 다시 바꿔가면서 세계와 아프리카가 어떤 관계를 맺어가야 하는지 보여준다. 그리고 그 안에서 아프리카와 아프리카인에 대한 단일하고 고정된 관점을 해체하고 아프리카 문화의 가치를 재해석하도록 한다.

같은 맥락에서 유럽 고전주의 미학과 아프리카 미학이 혼종화된 오예지데의 디자인도 아프리카에 대한 자기 긍정과 자부심을 가지고 서구 문화를 포용한 결과물이다. 모방과 전유의 되받아쓰기를 통해 식민주의 상처를 극복하고 식민주의적 인식을 해체하되 다시 서구 미학 속에 흑인을 위치시켜 자기애와 긍정적인 시선을 유도하기 때문이다.

아프리카인을 다시 이야기하고, 다시 보게 하려는 스토리텔링 운동

아프로폴리탄은 영어와 프랑스어 등 식민지 시대 유입된 언어를 바탕으로 학문 분야는 물론 패션, 문학, 음악, 전시, 강연 등을 통해 주변 세계와의 관계에 대해 문화적, 예술적으로 자신의 생각과 사상을 표현한다. 이들은 아프리카 뿌리를 가지고 세계 곳곳에서 살아가는 아프리카인이 자신의 정체성을 재확립함으로써 피해의식이나 열등의식을 극복하고 자기애와 자기 긍정, 자부심을 가지고 살아가야

한다고 말한다. 아프로폴리탄 작가들이 영어나 프랑스어로 된 문학을 통해 이러한 주체성과 포용성을 이야기하고 있다면 오예지데와 같은 디자이너들은 패션이라는 시각적인 언어로 아프리카인의 주체성과 포용성, 창조성, 초월성을 보여주고 있다. 이들이 스토리텔링을 하는 목적은 역사적으로 소외된 사람들을 대신해 그들을 옹호하고 자존감을 갖게 하는 것이다. 동시대를 살아가는 아프로폴리탄은 아프리카인의 열등의식을 극복하는 자기 인식에서 출발하여 새로운 정체성을 모색하기 위해 자신들의 역사와 정체성을 주체적이고 긍정적으로 재인식하고 그것을 텍스트와 사진, 영상, 패션, 음악 등으로 표현하고 이야기하면서 사회적이고 문화적인 변화를 꾀한다.

그런 점에서 이들이 만들어 내는 문화콘텐츠와 문화적인 활동은 '아프리카(인)를 다시 이야기하고, 다시 보게 하자'는 스토리텔링 운동이라 할 수 있다. 아프로폴리탄의 역사적 맥락을 탐구한 로자 카라스키오(Rosa Carrasquilo)는 사료가 부족하거나 왜곡되었던 아프리카인에 대한 아프로폴리탄의 목소리가 단순한 이야기 전달을 넘어 아프리카인의 억압된 역사와 정체성을 회복하는 중요한 도구로 사용되고 있음을 강조하면서 이를 스토리텔링 정치(Politics of Storytelling)라 평가하였다.

이들이 다양한 스토리텔링을 통해 이야기하고 보여주는 것이 실제로 아프리카나 디아스포라 아프리카 사회의 현실을 얼마나 정확하게 반영하는가에 대한 현실성(realism)과 사회적으로 얼마나 유의미한 변화를 불러일으키느냐에 대한 실효성의 측면에서 아프로폴리탄과 아프로폴리타니즘에 대한 부정적인 비판이 없는 것은 아니다.

그럼에도 불구하고 '아프로폴리탄'이라는 개념을 통해 아프리카인들이 과거의 부정적인 자기 인식을 극복하고 자기애와 자기 긍정을 끌어내고 있다는 점에서는 이견이 없으며, 우리가 주목하는 것도 바로 이 부분이다.

오예지데는 패션이라는 시각언어로 유럽 고전 미술을 전유해 아프리카인이 주인공이 되는 아프리카 서사로 재구성한다. 이러한 그의 디자인은 '더는 과거의 지배를 받지 않는, 미래를 꿈꾸는 사람들을 대변'하는 것이고, '문화적 표현을 다르게 하여 새롭고 미묘한 관점으로 유색인종을 바라볼 수 있게 함으로써 아프리카인이 세상으로 나아갈 때 자부심을 갖도록 하기 위해' 패션 디자이너로 활동한다는 그의 스토리텔링 목적의 서사 결과이다. 오예지데는 자신이 태어나거나 성장하거나 거주하고 있는 곳에서 흑인에 대한 인종차별의 편견을 극복하고 그들이 세계시민의 포용성을 지닌 아프리카인으로서 자부심, 자긍심, 자존감을 가지고 살아갈 수 있도록 자신의 패션과 브랜드를 계속 만들어 가고 있다. 오예지데의 이러한 활동은 디아스포라 아프리카 후손들이 만들어 갈 역사와 문화에 대한 낙관적이고 긍정적인 자기 인식이자 미래 지향적인 가치관과 세계관이며, 아프리카를 단순히 식민주의 피해자로만 바라보는 시각을 거부하고 세계와 연결된 유동적인 정체성을 강조하는 아프로폴리타니즘의 한 사례라 할 수 있다. 그런 의미에서 오예지데와 같은 아프로폴리탄의 스토리텔링 운동은 자신들의 역사와 새로운 정체성을 만들어 가고자 하는 디아스포라 아프리카인들의 기록과 기억, 기념의 활동이자 문화운동이라 할 수 있을 것이다.

참고문헌

기초자료

[Fashion that celebrates African strength and spirit | Walé Oyéjidé], https://www.youtube.com/watch?v=YsXg3J1x4OY

[이키레 존슨 홈페이지], https://ikirejones.com/

[왈레 오예지데 홈페이지], https://waleoyejide.com/design2/

단행본

프란츠 파농, 이석호 역, 『검은 피부 하얀 가면』, 인간사랑, 2013.

프란츠 파농, 남경태 역, 『대지의 저주받은 사람들』, 한길사, 2005.

참고논문

김정은, 「아프로폴리타니즘에서 글로벌 대화로: 치마만다 응고지 아디치에의 『아메리카 나』에서 정체성과 저항의 세계 문학적 재구성」, 『새한영어영문학』 66(4), 새한 영어영문학회, 2024.

김희경, 「콘텐츠 액티비즘-행동하는 콘텐츠」, 『인문콘텐츠』 53, 인문콘텐츠학회, 2019.

려기·김현주·윤지영, 「아프로 퓨쳐리즘의 예술적 특성 -영화 블랙팬서 주인공들의 코스튬을 중심으로」, 『디지털융복합연구』 18(5), 한국디지털정책학회, 2020.

박보람, 「통합 콘텐츠화 브랜딩 커뮤니케이션 디자인에 관한 연구」, 서울대학교 대학원, 박사학위논문, 2022.

양정무, 「논고 : 이탈리아 르네상스 시각세계의 구성요소-시론」,

『미술사와 시각문화』 1, 미술사와 시각문화학회, 2002.
유치정, 「음벰베의 아프로폴리타니즘: 아프리카의 주체성 연구」, 『프랑스어문교육』 제78집, 한국프랑스어문교육학회, 2022.
이봉욱, 「탈식민주의의 실천 전략으로서 '되받아쓰기'」, 홍익대학교 대학원 박사학위논문, 2019.
임대근, 「문화콘텐츠비평: 콘텐츠 액티비즘의 가능성」, 『인문콘텐츠』53, 인문콘텐츠학회, 2019.
조민정, 「사회적 가치 창출을 위한 패션 액티비즘: 브랜드의 디자인 특성을 중심으로」, 한양대학교 대학원, 박사학위논문, 2023.
조지숙, 「아프리카 가나의 상징철학 '아딘크라(Adinkra)' : 아딘크라 심벌을 통한 사유체계의 확장성 탐구」,『비교문화연구』 44, 경희대학교 비교문화연구소, 2016.
Balakrishnan, Sarah, "The Afropolitan Idea: New Perspectives on Cosmopolitanism in African Studies", *History Compass*, 15(2), 2017.
_______, "Afropolitanism and the End of Black Nationalism." *Routledge International Handbook of Cosmopolitanism Studies*, edited by Gerard Delanty, 2nd ed., Routledge, 2018.
Carrasquillo, Rosa, et. al., "Theorizing the Afropolitan Past and Present", *Radical History Review*, 144, 2022.
Dabiri, Emma, "Why I Am (Still) Not an Afropolitan", *Journal of African Cultural Studies*, vol. 28, no. 1, 2016.
Ede, Amatoritsero, "Afropolitan Genealogies", *African Diaspora*, 11, 2019.

Eismann, Sonja, “Afrofuturism as a Strategy for Decolonizing the Global Fashion Archive”, *Fashion and Postcolonial Critique*, edited by Elke Gaugele and Monica Titton, Sternberg Press, 2018.

Eze, Chielozona., “Rethinking African Culture and Identity: The Afropolitan Model”, *Journal of African Cultural Studies*, 26 (2), 2014.

________, “We, Afropolitans”, *Journal of African Cultural Studies*, vol. 28, no. 1, 2016.

Gbogi, Tosin, “Against Afropolitanism: Race and the Black Migrant Body in Contemporary African Poetry”, *Literature, Critique, and Empire Today*, vol. 59, no. 2-3, 2022.

Mbembe, Achille, “Decolonizing Knowledge and the Question of the Archive”, 2015. Oyéjidé, Walé, “Re-mastering the Old World: Picture Spread from the Ikiré Jones Archive”, *Fashion and Postcolonial Critique*, edited by Elke Gaugele and Monica Titton, Sternberg Press, 2019.

Pahl, Miriam, “Afropolitanism as Critical Consciousness: Chimamanda Ngozi Adichie’s and Teju Cole’s Internet Presence”, *Journal of African Cultural Studies*, vol. 28, no. 1, 2016.

Selasi, Taiye, “Bye-Bye Babar”, *The LIP Magazine*, March 3. 2005. http://thelip.robertsharp.co.uk/?p=76.

기타자료

[Young, urban and culturally savvy, meet the Afropolitans], https://www.cnn.com/2012/02/17/world/africa/who-are-afropolitans/index.html (검색일자 : 2024년 9월 30일)

[TED Global, Taiye Selasi, “Don’t ask where I’m from, ask where I’m a local”, 2014. 10],

https://www.ted.com/talks/taiye_selasi_don_t_ask_where_i_m_from_ask_where_i_m_a_local?language=en (검색일자: 2024년 3월 9일)

Bosch Santana, Stephanie. 2013. “Exorcizing Afropolitanism: Binyavanga Wainaina Explains Why ‘I am a Pan-Africanist, Not an Afropolitan’ at ASAUK 2012.”, 2013. 2. 8. http://africainwords.com/2013/02/08/exorcizing-afropolitanism-binyavanga-wainaina-explains-why-i-amapan-africanist -not-an-afropolitan-at-asauk-2 012/ (검색일자 : 2025년 1월 7일)

그림 출처

그림 1 : 영화 블랙팬서 화면 캡쳐

그림 2 : https://cpd67.site.ac-strasbourg.fr/musique/wp- content/uploads/2017/10

그림 3 : https://ikirejones.com/archive

그림 4 : https://www.indiancatholicmatters.org/the-mighty-warriorsaint-michael-by-raphael-1505/

https://russianicon.com/the-image-of-the-archangel-michael-in- russian-icons/

https://fr.wikipedia.org/wiki/Saint_Georges_et_le_Dragon

그림 5 : https://economy4u.tistory.com/entry/,
https://ikirejones.com/archive.

그림 6 : https://waleoyejide.com/design2/

그림 7 : https://ikirejones.com/ss17-born-between-borders

그림 8 : https://waleoyejide.com/film/

주

1) 려기·김현주·윤지영, 「아프로퓨쳐리즘의 예술적 특성 : 영화 블랙팬서 주인공들의 코스튬을 중심으로」, 『디지털융복합연구』 18.5, 한국디지털정책학회, 2020, 438-439쪽.
2) 왈레 오예지데 홈페이지, https://waleoyejide.com/design2/
3) 왈레 오예지데 홈페이지, https://waleoyejide.com/design2/.
4) "Fashion that celebrates African strength and spirit | Walé Oyéjidé",
https://www.youtube.com/watch?v=YsXg3J1x4OY, 2018. 3. 9.
5) Selasi, Taiye, "Bye-Bye Babar", The LIP Magazine, March 3. Accessed August 12, 2005.
http://thelip.robertsharp.co.uk/?p=76. 타이예 셀라시는 1979년 영국 런던에서 태어난 나이지리아, 가나인 혈통의 영국인으로, 미국 메사추세츠 브루클린에서 성장하였다. 예일대에서 미국학 학사로 우등 졸업하고 옥스포드에서 국제관계 석사 학위를 받았다. 작가, 사진작가로 활동하면서 세계 각 도시를 다니는 셀라시는 자신을 아크라, 베를린, 뉴욕, 로마의 '현지인'이라고 소개한다.
6) '코끼리 바바르' 이야기의 식민주의적 요소, 제국주의 이데올로기, 인종적 엘리트주의 등에 대한 연구로 Stephen O'Harrow, "Babar and the Mission Civilisatrice : Colonialism and the Biography of a Mythical Elephant", *Biography*, 22(1), 1999.
Dagbovie-Mullins, Sika A., "Long Live King Babar! Long Live Bourgeois Imperialism! Racist Elitism in 'The Travels of Babar'", *CLA Journal*, 49(4), 2006. 등이 있다. 하지만 이 글에서는 서구 사회는 물론 아프리카 디아스포라 사회에서도 널리 수용된 캐릭터라는 점만 조명하였다.
7) Tosin Gbogi, "Against Afropolitanism: Race and the Black Migrant Body in *Contemporary African Poetry*", Amatoritsero Ede, "Afropolitan Genealogies", *African Diaspora*, 11, 2019, p. 44.
Literature, Critique, an Amatoritsero Ede, "Afropolitan Genealogies", African Diaspora, 11, 2019, p. 44
8) Miriam Pahl, "Afropolitanism as Critical Consciousness: Chimamanda Ngozi Adichie's and Teju Cole's Internet Presence", *Journal of African Cultural Studies*, vol. 28, no. 1, 2016, pp. 83-84.

9) 양정무, 「논고 : 이탈리아 르네상스 시각세계의 구성요소-시론」, 『미술사와 시각문화』 1, 미술사와 시각문화학회, 2002, 135-145쪽.
10) 이봉욱, 「탈식민주의의 실천 전략으로서 '되받아쓰기'」, 홍익대학교 대학원 박사학위논문, 2019, 72-75쪽.
11) Walé Oyéjidé, "Re-mastering the Old World: Picture Spread from the Ikiré Jones Archive", *Fashion and Postcolonial Critique*, edited by Elke Gaugele and Monica Titton, Sternberg Press, 2019, pp. 202-208.
12) 조지숙, 「아프리카 가나의 상징철학 '아딘크라(Adinkra)' : 아딘크라 심벌을 통한 사유체계의 확장성 탐구」, 『비교문화연구』 44, 경희대학교 비교문화연구소, 2016, 344쪽.
13) 프란츠 파농, 남경태 역, 『대지의 저주받은 사람들』, 한길사, 2005, 205쪽.
14) Chielozona Eze, "We, Afropolitans", *Journal of African Cultural Studies*, vol. 28, no. 1, 2016, pp. 116-118.
15) https://ikirejones.com/amfilm1.
16)) [Nigeria: Walé Oyéjidé's Bravo, Burkina! feature film makes an impact] the africa report, https://www.theafricareport.com/307049/nigeria-wale-oyejides-bravo-burkina-feature-film-makes-an-impact.
17) https://www.imdb.com/title/tt17276598/?ref_=nm_flmg_knf_i_4.
18) [Fashion that celebrates African strength and spirit | Walé Oyéjidé], https://www.youtube.com/watch?v=YsXg3J1x4OY, 0:14~0:24, 1:50~2:15.
19) Achille Mbembe, "Decolonizing Knowledge and the Question of the Archive", 2015, pp. 24-26.
20) Emma Dabiri, "'Why I Am (Still) Not an Afropolitan'", *Journal of African Cultural Studies*, vol. 28, no. 1, 2016, pp. 104-108

* 이 글은 윤유석, 「패션을 통한 아프로폴리탄의 스토리텔링 운동: 왈레 오예지데를 중심으로」, 『인문콘텐츠』 vol.76, 인문콘텐츠학회, 2025, 199~228쪽의 내용을 수정 보완한 것임.

그곳에 자유가 있었다
- 남아프리카공화국의 박물관 기행

차지연

탈(脫)아파르트헤이트 남아공의 박물관

> 아파르트헤이트(apartheid): 1948년부터 1991년까지 남아프리카공화국에서 시행된 인종에 근거한 분리 또는 차별 제도.

남아프리카공화국에서 1994년 아파르트헤이트가 공식 폐지된 이후 30여 년이 흘렀다. 아프리카민족회의(ANC: African National Congress)는 넬슨 만델라(Nelson Mandela) 이후 연달아 대통령을 배출해 내며 현재까지 집권 정당의 자리를 유지하고 있다. 1912년 남아프리카공화국의 아프리카인들을 통합하고 인종 차별에 맞선 정치, 사회, 경제적 해방을 추구하기 위해 창립된 국가 해방 운동 조직인 ANC는, 100년 이상 인종 차별과 억압에 맞서 투쟁을 이끌어 왔다. ANC의 핵심적 지향점은 비(非)인종주의적이고 비(非)성차별적인 민주적 사회 창조에 있으며, 이러한 이념은 1955년 제정되어 정당의 기본 정책 문서로 채택되어 온 「자유 헌장(Freedom Charter)」을 통해 지금까지 계승되고 있다.

모든 사람이 인권, 교육, 주거, 노동, 안전, 평화, 정치 참여 등에 대해 평등한 권리를 가져야 함을 주장하는 내용의 「자유 헌장」은 마지막에 이러한 문장으로 마무리된다.

> 자유를 쟁취하는 그날까지, 이 자유를 위하여 우리는 평생토록 나란히 싸울 것이다.
> THESE FREEDOMS WE WILL FIGHT FOR, SIDE BY SIDE, THROUGHOUT OUR LIVES, UNTIL WE HAVE WON OUR LIBERTY.

자연적 상태에서의 자유(freedom)와 시민적 권리로서의 자유(liberty), 이 두 가지를 모두 목표로 투쟁했던 정치 단체로서의 ANC는, 아파르트헤이트 종식 이후 남아프리카공화국 집권 정당이 된 이후에도 자신들 기조, 억압과 차별에 대항하는 가치로서 특히 '자유'를 가장 전면에 내세우고 있다.

30년 이상 국가를 이끌어 온 조직의 기조와 이념은 특정 정당 차원에서뿐만 아니라 국가 주도의 문화 정책의 방향성에도 분명 영향을 미칠 것이다. 특히 국민적 가치의 공유와 기억의 재구성, 새로운 국가 정체성 표상을 위한 공공적 장치로서 박물관은 중요한 문화적 기제의 역할을 할 수 있다. 실제로 남아공 당국은, 공공 유산으로서의 박물관이 공공의 기억을 공유하는 동시에 대중의 참여가 이루어지는 장소라는 점을 인식하여, 기존에 유럽인들이 남아공 땅에 세웠던 박물관들을 '포스트 아파르트헤이트(post-apartheid)' 시대의 문화 공간으로서 변모시키기도 하고 국가의 취지에 맞는 새로운 박물관을 건립하기도 하는 등 다양한 노력을 기울여 왔다. 개인적 컬렉션 중심으로 박물관이 발달한 유럽과 달리 남아공의 박물관은 곧장 정부의 직접 관리를 받아 설립 및 운영되었다는 점, 더 나아가 ANC가 박물관은 정부 정책과 긴밀하게 연결되어야 한다는 입장을 고수해 왔다는 점은(Dlamuka, 2003), 남아공에서 박물관이 국가적 이념을 대변하고 있다는 경향을 더욱 강화하는 요인이기도 하다.

이러한 맥락에서, 과거 남아공을 지배했던 인종주의와 억압의 역사를 비판적으로 제시하고 포스트 아파르트헤이트 시대의 국가적 가치관을 전시하는 대표적인 박물관들을 몇 군데 열거해 보면 다음과 같다. 요하네스버그 근교 소웨토에 위치한 아파르트헤이트 박물관(Apartheid Museum)은 아파르트헤이트 정책의 현실, 저항 운동의 역사, 당대를 살았던 개인적 기록들로 이루어져 있으며, 특히 인종 차별 정책 시행 당대 사회 분위기를 현재의 관람객이 감각적으로 체험할 수 있도록 하는 데 역점을 둔다. 케이프타운 시내의 이지코 노예사 박물관(Iziko Slave Lodge)은 네덜란드와 영국의 식민 통치 시기 케이프 지역에서의 노예제 역사를 다루며, 인종 간 위계와 착취 구조 및 노예 제도와 남아프리카 내 인종 차별의 역사에 관한 정보와 지식을 방대한 텍스트들과 실제 사료들을 통해 전시하고 있다. 관련 주제를 다룬 또 다른 대표 박물관으로 손꼽히는 디스트릭트 6 박물관(District 6 Museum) 역시 케이프타운 시내에 자리하고 있으며, 이곳에서는 실제 고유지명으로서 '디스트릭트 6'에 살았던, 인종분리정책으로 인한 강제 이주를 실제로 겪은 거주민들의 기록을 통해, 그들의 기억을 기리고 기념하면서 생존자와 그 후손들의 공동체 유지와 회복을 도모하고 있다. 이외에 인종주의와 아파르트헤이트에 투쟁했던 현대의 역사적, 정치적 인물들을 중심으로 그 배경과 투쟁의 역사를 전시한 박물관 및 유적지들도 있는데, 과거 감옥으로 사용되어 넬슨 만델라가 18년간 수감 생활을 했던 로벤섬(Robben Island)에 세워져 인종 억압과 저항의 역사를 간직한 로벤섬 박물관(Robben Island Museum)이 대표적이다.

여러 박물관 가운데, 이 글에서는 2025년 3월 현지에서 직접 방문 및 관람, 관찰한 두 사례로서 케이프타운의 이지코 노예사 박물관과 요하네스버그 근교의 아파르트헤이트 박물관을 다뤄보려 한다. 이 두 박물관은 각각 노예제와 아파르트헤이트라는 역사적 조건 속에서 억압받았던 이들의 경험을 토대로, 오늘날 남아공 국민이 누리는 — 것으로 믿고 싶은 — 자유의 의미를 재현하고 있다는 점에서 공통점이 있다. 이들 박물관에서 남아공에서 국가적으로 주창되고 있는 자유의 가치가 어떻게 표상되고 강조되고 있는지를 확인해 볼 수 있을 것이다.

여기에서는 우선 두 박물관의 설립 배경 및 역사, 방문 당시의 상설 및 특별전시 내용을 각각 소개하고, 그 내용을 토대로 두 박물관에서 어떤 방법으로 전시 구성을 이루면서 메시지를 전달하고 있는지 그 전략에 관해 이야기해 보고자 한다.

이지코 노예사 박물관(Iziko Slave Lodge)

이 글에서 '이지코 노예사 박물관'이라고 부를 박물관의 명칭과 관련해서부터 이야기를 시작해 볼 수 있겠다. '이지코(Iziko)'란 무엇일까? '이지코'는 해당 박물관이 국가에서 관리하는 박물관이라는 사실을 알려주는 일종의 표식으로, '이지코 남아공 박물관 연합(Iziko Museums of South Africa)'에서 운영하는 박물관이라는 뜻을 가진다. 마치 우리나라에서 '국립 OO 박물관'이라고 쓸 때 '국립'에 해당하는 단어라고 말할 수도 있을 듯하다.

'이지코 남아공 박물관 연합'이라는 단체는 남아프리카공화국 체육예술문화부(DSAC: Department of Sport, Arts and Culture) 산하의 공공기관으로 지정된 국립 박물관 연합체로서, 케이프타운 지역의 11개 박물관을 통합된 관리 체계 아래 운영하며, 정책 수립, 예산 관리, 전시 프로그램 개발 등을 맡는다. 과거 남아공 예술문화과학기술부(DACST)가 포스트 아파르트헤이트 남아공에 적합한 새로운 정책 및 기관 구조를 구성하고자 수립한 1998년 「문화기관법(Cultural Institutions)」에 따라 웨스턴케이프 지역의 여러 국립 박물관이 처음 통합되었을 때는 '남부 거점 기관(SFI: Southern Flagship Institution)'이라는 명칭이었다가, 2001년에 '이지코 케이프타운 박물관 연합(Iziko Museums of Cape town)', 2012년부터 현재의 '이지코 남아공 박물관 연합'으로 불리게 되었다. 이렇게 간단히 훑어만 보아도 남아공이 아파르트헤이트 이후의 국가 문화 정책 수행을 위한 기관을 조직하는 과정에서 국가가 직접 박물관 관리를 맡기로 하였고, 그 운영 조직의 이름을 여러 차례 바꾸면서 조직의 성격을 계속해서 재정비해 왔음을 알 수 있다. 남아공이 국가 정체성 수립과 국가적 가치를 공유하기 위한 장치로서 박물관의 역할을 충분히 의식하고 있었음이 다시 한번 드러나는 대목이다.

한편, 현재의 박물관 연합체가 선택한 '이지코'라는 단어 그 자체 역시 남아공이 구상하는 박물관의 기능을 함축적으로 드러내고 있다. 이 단어는 남아공에서 지정한 11개 공용어 중 하나이자 주로 이스턴케이프와 웨스턴케이프 지역 민족들이 사용하는 코사(isiXhosa)어로 '난롯가(hearth)' 혹은 '중심(center)'을 의미하는 단어다.

> '이지코'는 코사어로 '난롯가'를 뜻하며, 변화된 기관의 정신과 우리가 추구하는 '아프리카의 우수한 박물관'이라는 비전을 담고 있다. 난롯가는 전통적으로, 그리고 상징적으로 가정의 사회적 중심이며, 따뜻함과 친족 관계, 그리고 조상의 정신과 연결된 장소이다. 따라서 이지코는 모든 남아프리카인이 모여 몸과 마음을 기르고, 한 세대에서 다음 세대로 전해 내려오는 이야기와 지식을 나누는 공간으로 구상되었다. 이리하여 이지코 박물관 단체는 문화적 교류와 대화를 위한 열린 공간을 창조함으로써 '난롯가'를 구현하고자 한다. 그리고 우리의 공유된 역사와 유산, 서로 간의 연결에 불씨를 지피게 된 것을 자랑스럽게 생각한다. (이지코 남아공 박물관 연합 홈페이지)

인용한 이지코 남아공 박물관 연합 소개문은, 모든 남아프리카인

사이의 전통과 기억의 공유, 공동체 성원 간의 유대를 국가 차원에서 박물관 운영을 통해 도모하겠다는 문화 정책의 방향성과 의지를 뚜렷이 드러내고 있는데, 이지코 노예사 박물관의 전시 역시 그러한 정책적 비전을 다시금 확인케 하는 예시가 될 것이다.

다음으로는 'Slave Lodge'를 어떻게 우리말로 옮길 것인지 고민이 필요하다. 이 단어를 우리말로 직역하여 표기하면 '노예의 집'이 될 것이고, 영어를 그대로 사용하여 '슬레이브 로지'로 표기할 수도 있을 것이다. 그렇지만 이 글은 '노예사 박물관'을 선택했는데, 그 이유는 다음과 같다.

케이프타운 시내 위치한 이 박물관은 과거에 17세기에서 19세기에 이르는 동안 네덜란드 동인도 회사 노예들이 실제로 거주하고 생활했던, 노동과 교육이 이루어졌던 건물을 그대로 전시 공간으로 사용하고 있으며, 당시 노예들과 노예 관리자들의 삶의 흔적을 그대로 간직하고 있다. 20세기에 정부 청사, 대법원, 남아프리카 문화사 박물관 등으로 활용되던 이 건물의 명칭은 1998년에 이르러 현재의 명칭, 즉 'Slave lodge'로 확정되었는데, 이 시점에 한 연구자는 이렇게 쓴 바 있다. "비록 노예제의 공간적 흔적이 여전히 도처에 남아 있지만, 케이프 지역의 이러한 역사적 장은 최근까지도 박물관에서 일반 방문객을 위한 전시나 해설로 다뤄지지 않았다 — 선택적 기억상실이 우세했던 것이다. 그러나 현재의 정치적 분위기[포스트 아파르트헤이트] 속에서 기억은 다시 소환되었고, 박물관의 노예 관련 유산은 중요한 문화유산 자원이자 방문객을 끌어들이는 요소로 인식되기 시작했다."(Davison, 1998) 말하자면, 건물과 부지는 유지하되 과거에 노예가 존재했었다는 사실을 지우려고 했던 선택적 기억상실의 태도에서, 그 땅에 분명히 억압받으며 살았던 노예의 역사를 기억하고 되새겨야 한다는 생각의 전환과 함께, 이러한 아픈 과거를 관광 — 일종의 '다크 투어리즘' — 자원으로 활용할 수 있겠다는 사업적 발상이 더해진 것이다. 아울러 이 박물관의 총괄 주제로 명시된 "인권침해에서 인권으로(From human wrongs to human rights)"라는 문구, 문자 그대로 읽자면 '인간이 잘못한 일들에서 인간이 바르게 한 일들로'라고도 해석되는 이 문구는, 어두운 역사를 오히려 이를 딛고 발판 삼아 민주적이고 자유로운 사회를 건설하겠다는 국가의 이념이 담긴 표어로 짐작된다.

이지코 박물관 연합으로 합병되는 과정에서 그 내부의 소장품들의 경우 '예술' 소장품, '박물학' 소장품, '사회사' 소장품들로 분류되었는데, 그중에 통합된 물질문화 소장품들이 '문화사(Cultural History)' 대신 '사회사 소장품(Social History Collections)'이라는 명칭을 얻게 되었다는 점은(브래드캠프, 2006), 과거 노예들의 거주 건물에 사회사적 가치를 부여하고자 했던 박물관 운영 조직의 의도가 엿보이는 지점이다. 실제로 이지코 남아공 박물관 연합 홈페이지에서는 해당 박물관을 'Iziko Slave Lodge'로 표기하면서 '노예의 집과 사회사 센터(Slave Lodge and Social History Centre)'라고 소개하기도 한다. 이처럼, 이 공간이 단지 당대 노예들의 집터로서 유적지로 기능하는 것이 아니라, 내부의 전시를 통해 노예 제도와 관련되며 '사회사'로 공식적으로 분류된 역사적 정보를 제공하고 있다는 점에 주목하여, 이 글에서는 해당 박물관을 '슬레이브 로지'나 '노예의 집' 대신 '노예사 박물관'으로 지칭하기로 한다.

이지코 노예사 박물관에서는 노예제뿐만 아니라 노예제 폐지 이후에도 남아프리카에서 계속되었던 인종 차별과 연결되는 주제의 전시가 지속적으로 기획되고 있다. 이 글에서는 2025년 3월 현장에서 직접 관람한 네 개의 특별전시들을 소개하기로 한다.

상, 하층 두 개의 층을 전시실로 사용하고 있는 이지코 노예사 박물관의 하층 현관 로비에서 관람객을 맞이해주는 첫 번째 특별전시는 <자유의 이름들: 1664-1848, 노예에서 시민으로(The Names of Freedom: 1664-1848, From Slave to Citizen)>이다. 해당 전시는 노예 해방 기념일을 맞아 2023년 12월 1일부터 개최된 것으로, 전시 교류 프로젝트 <자유의 이름들(Les noms de la liberté)>로 추진된 결과물이다. '자유를 얻은 이름들'을 의미하는 동시에 '자유라는 이름으로'라고도 이해되는 이 프로젝트는 남아프리카 이지코 박물관 단체, 레위니옹 의회, 빌렐(Villèle) 역사 박물관과의 협력으로 이루어졌으며, 대서양 및 인도양 노예무역 관련 전시를 교류하기 위한 프로젝트이다. 이 전시는 특히 노예 해방 전후 노예들에게 부여된 이름들 중심으로 전시 내용을 구성함으로써, 그 이름들이 해방 노예 자신뿐만 아니라 그 후손의 정체성을 구성하고 역사를 인식하게 하는 데 미친 영향을 성찰하게 한다.

박물관 하층에 준비된 두 번째 특별전시는 기존 상설 전시물을 이용한 <누가 노예였는가? — 케이프 굿 호프에서 노예의 삶을 기리다(Who were Enslaved? — Commemorating lives under enslavement at the Cape of Good Hope)>이다. 이 전시는, 아직 완전히 공간 사용의 틀이 잡히지 않은 이지코 노예사 박물관에서 하층 전시 공간을 재구성하는 과정에서 기획된 것으로 보인다. 박물관 내 전시실을 비롯한 여러 공간 명칭을 새롭게 지정하되, 공간마다 각 질문에 대답하는 방식으로 전시가 구성되어 있다. 예를 들면 "노예들은 누구였는가?", "노예들은 어떤 일을 했는가?", "그들은 낯설고 폭력적 환경에서 어떻게 살아남았는가?" 등의 질문이 던져지고 전시는 그 답을 제시하는 식이다. 그리고 동시에 노예, 자유 흑인, 해방 노예, 코이산 민족 등 각 집단의 스토리텔링을 배치함으로써 생존과 회복의 역사에 내포된 다양성을 강조하기도 한다. 전시 후반부에는 19세기 케이프타운을 묘사한 서양 회화 작품을 배치함으로써 노예 해방 이후의 사회 풍경을 보여주는데, 노예의 처참한 삶의 이미지들과 대조를 이루는 단정한 그림들을 통해, 이제 현대 사회에 공식적 노예 제도는 존재하지 않지만, 그럼에도 현대인들이 노예 제도를 기억해야 하는 이유가 환기되고 있었다.

남아공의 상징인 무지개 색깔의 계단을 따라 박물관 상층으로 이동하면, 약간 이질적이게도 이집트 발굴 유적 등의 상설 전시품들이 먼저 나타난다. 복도를 따라 여러 개의 방으로 나뉜 공간들이 각각의 소규모 특별 전시실로 운영되고 있는데, 상층에서 진행 중이었던 세 번째 특별전시 <자유를 노래하다: 아파르트헤이트에 대항한 투쟁과 음악(Sining Freedom: music and struggle against apartheid)>은 벽면의 이미지와 텍스트와 더불어 음악이 전시실을 가득 채우도록 하여 공감각적으로 설계되어 있었다. 크고 작은 아파르트헤이트 대항 투쟁에서 민중들이 부른 음악이 수행한 중요한 역할을 조명한 이 전시는, 실제 투쟁 현장에서 불렸던 음악과 시청각 자료를 통해 자유와 민주주의를 위해 싸웠던 이들의 용기와 희생을 기린다. 노래 가사, 투사들이나 순교자들의 명언들을 텍스트로 곳곳에 배치하는 동시에, 아프리카 전통 민요, 가스펠, 재즈, 투쟁 가요, 오늘날의 힙합까지 — 우리나라의 역사적 시위 현장에서 불린, 민중가요에서 K-POP까지의 노래들을 모아본다면 이런 것일까? — 흑인 음악의 역사를 동시에 섭렵할 수 있게 구성된 전시는, 자유를 위해 투쟁했던 이들의 역사를 대중문화의 관점에서 재현한다.

네 번째 특별전시는 <존엄성을 긍정하는 남자들(Men Affirming Dignity)>이라는 제목으로, 그동안 비교적 주목받지 못했거나 기록되지 않았던 이야기들을 미시적 사회사의 맥락으로 엮고자 하는 박물관의 연작 전시 기획 중 첫 번째 성과로 공개된 것이었다. 이 전시는 케이프타운 외곽 강제 이주로 형성된 거주 구역인 케이프 플래츠(Cape Flats)에 거주하는 컬러드(coloured) 남성들에게 초점을 맞춘다. 여기서 '컬러드'란 아파르트헤이트 시기 「인구등록법」(1950)에 따라 백인도 원주민(Native)도 아닌 사람으로 분류되어, 백인과 흑인 어느 집단에도 속하지 못한 채 주변적 위치에 놓였던 사람들을 뜻한다. 이 소규모 전시는, 흑인과 마찬가지로 강제 이주와 억압에 대항하여 생존 그 자체를 위해 싸워야 했던 컬러드 아프리카 남성들의 인간성을 부각함으로써, 식민 역사와 아파르트헤이트 속에서 존엄을 가진 인간으로 취급받지 못했던 '컬러드'의 현실을 조명한다. ANC가 표방하는 비인종주의와 비성차별주의의 이념 아래 인간 존엄성 복권의 직접적 대상이었던 흑인이나 여성과 비교하여 상대적으로 소외된 것으로 보이는 '컬러드' '남성'의 이야기에 집중한다는 점에서, 국가 차원에서 꾸준히 주창되는 이념의 빈틈을 겨냥하며, 단순한 시각으로 접근할 수 없는 여러 겹의 소외에 관해 성찰하게 만드는 전시라고도 파악할 수 있다.

이지코 노예사 박물관의 상설 전시와 특별전시는 모두 노예 제도가 존재했던 근대로부터 아파르트헤이트가 시행되었던 20세기를 거쳐 아파르트헤이트 종식 이후 21세기에 이르기까지 실존했던 다양한 집단, 다양한 사람들의 이야기를 전시하는 사회사 박물관의 역할을 행함과 동시에, 인종 차별과 억압의 역사를 기억할 필요성을 교육적 차원에서 강조하고 있다. 이러한 일관된 설정 속에서 국가 산하 단체로서 이지코 남아공 박물관 연합의 의도가 엿보인다. 오늘날 남아공 국민, 더 나아가 전 세계인이 누리는 자유가 결코 '공짜(free)'로 얻어진 게 아니라는 점을 다시금 인식하게 하려는 것이다.

아파르트헤이트 박물관(Apartheid Museum)

남아공은 노예제가 폐지되고 식민지배가 끝난 이후에도 백인에 의한 흑인 인종 차별이 아파르트헤이트라는 이름으로 국가 정책으로서 시행되었던 국가이다. 보편적인 인종 차별 문제에 더하여, 아파르트헤이트 정책 자체를 둘러싼 역사를 집중 조명한 박물관은 남아공의 특수한 역사를 기록하고 기억하고 기념한다는 점에서 독보적 가치가 있다.

남아공 정부는 이지코 남아공 박물관 연합 조직의 사례에서 살펴본 것처럼 박물관 관련 문화 정책에 관심을 기울여 왔지만, 요하네스버그 근처 소웨토의 아파르트헤이트 박물관은 놀랍게도 처음부터 국가에서 직접 계획하고 설립한 박물관은 아니다. 2001년 개관한 아파르트헤이트 박물관은 요하네스버그 근교 소웨토 입구의 골드 리프 시티(Gold Reef City)라는 이름의 테마파크 내에 위치한다. 이 테마파크는 1970년대에 폐쇄된 옛 금광에 자리를 잡아 '골드러쉬(Gold Rush)'를 테마로 꾸며져 있으며, 그 안에 롤러코스터 등의 놀이 기구들이 설치된 놀이동산, 호텔, 그리고 세계적으로 유명한 대형 카지노까지 들어서 있다. 엄숙한 주제의 박물관과 카지노의 조화가 언뜻 부자연스러워 보이기도 하지만, 엄밀히 말하자면 아파르트헤이트 박물관은 바로 이 카지노 덕분에 세워질 수 있었다.

만델라와 ANC의 집권 직후 1995년 당시 남아프리카공화국 정부의 개발 정책은, 국내 카지노 건설 허가 조건으로 관광 유치, 경제 성장, 고용 창출에 기여할 수 있는 구체적인 방안을 제시하도록 규정하고 있었다. 이에 자본가 골드 리프 시티 개발 측은 카지노 건설과 더불어 아파르트헤이트 박물관 건립 계획을 함께 제안하여 입찰에 성공하였다. 이 과정에서 박물관 건립 비용은 개발 주체가 전액 부담하기로 하였으니, 그 결과로 전 세계 유일의 아파르트헤이트 박물관이 상업적 부지 개발과 문화유산 보존이라는 이중의 목표 속에서 탄생하게 되었다. 이러한 배경 때문인지, 아파르트헤이트 박물관 운영 수익이 골드 리프 시티 카지노의 자본에 귀속되는 것이 아닌지 의심하는 목소리도 없지 않다. 이에 박물관 측에서는, 박물관이 이윤을 목적으로 하지 않는 공익 법인으로 등록되어 있으며 독립 이사회에 의해 운영된다는 점, 박물관 법인은 골드 리프 시티와는 독립된 조직으로, 골드 리프 시티는 카지노 면허 기간 내 박물관을 공익 법인에 임대한 형태이고, 이에 따라 박물관은 성장을 지속하기 위해 기부금, 후원금, 그리고 협찬에 의존하고 있음을 — 그러므로 방문객들의 기부가 절실하다는 점을 — 곳곳에서 명시적으로 표명하고 있다.

케이프타운과 달리 박물관 설립을 위한 자본과 부지가 부족했던 요하네스버그가 이러한 문제를 해결하기 위해 카지노와 타협을 해야 했던 아파르트헤이트 박물관 설립의 외부적 배경이 위와 같았다면, 박물관 자체의 설립 취지는 다음과 같다. 우선, 이 박물관은 단편적인 사실들의 집합체가 아닌 복합적인 역사 서술을 목표로 하여, 아파르트헤이트 경험자들의 부분적, 개인적 기억을 종합적으로 기록할 필요성에서 설립되었다. 나아가 아파르트헤이트 박물관은 아파르트헤이트를 겪지 않은 세대가 과거를 이해할 수 있도록 교육적 통로를 제공하며, 인종 차별이 초래하는 위험성을 오늘날 세대에게 경고해야 한다는 사명을 수행하고자 한다.

> 그러나 기억은 언제나 부분적이며, 심지어 개인적인 기억조차도 덧없고 불완전하다. […] 해당 시기를 직접 경험하지 않은 이들에게는, 인종적 지배의 현실과 그 결과를 이해할 수 있는 통로가 필요하다. [...] 아파르트헤이트가 종식된 직후 몇 년간, 아파르트헤이트의 복합적 역사 전체를 서술할 수 있는 박물관을 조성하는 일이 중요하다는 인식이 분명히 존재했다. 그러한 박물관은 단지 방문객에게 과거의 사실을 전달하는 데 그쳐서는 안 되며, 고통, 영웅적 저항, 그리고 비극을 증언하는 공간이 되어야 했다. 무엇보다도, 한 집단이 다른 집단보다 우월하다는 믿을 때 벌어지는 일들에 대해 경고할 필요가 있었다. (아파르트헤이트 박물관 가이드 북)

단순히 과거의 사실을 나열하는 것을 넘어, 증언과 체험을 통해 관람객이 역사적 현실을 생생히 느낄 수 있도록 의도한 이 박물관은, 상설 전시 공간에서 이러한 취지에 따라 실존했던 인물들의 이야기를 토대로 전시 내용을 구성하고, 전시된 소장품 모두 그들이 실제로 사용했던 것들임을 전시장 내부에서 끊임없이 강조한다. 게다가, 전통적 방식으로 소장품을 진열대에 배치하는 것에 그치지 않고, 박물관 공간 전체를 활용해 관람객이 아파르트헤이트를 '체험'하도록 구성한 점이 특징적이다. 이러한 전시 전략은 전시물과 콘텐츠를 제공한 실존 인물들이 이동하는 모습을 재현한 진입로, 분리와 억압을 공간적, 감각적으로 체험하게 하는 창살 칸막이, 남아공 현대사 속 아파르트헤이트 대항 투쟁의 주요 순간과 개념을 연대기적으로 전달하는 정보 패널, 그리고 당대의 포스터나 실제 투표용지, 언론에 실린 사진과 뉴스 영상 등 다수의 역사 자료 제시를 통해 구현된다. 무엇보다 이러한 구성은 관람객이 억압의 시대를 직접 체감하도록 하는 데에 방점을 두는데 — 테마파크 내에 자리 잡은 박물관이기도 하니, 관광객 유치를 위해 일종의 역사 테마파크 조성을 의도한 것이었을까? —, 한 연구자는 아파르트헤이트 박물관의 이러한 특징에 대해 다음과 같은 소감을 밝힌 바 있다. “[이 박물관에서는] 예전에 사회적 관계를 지배했던 차별을 다시 경험하는 게 관건이다. […] 이 박물관은 분명, 우리가 보고, 만지고, 느끼고, 생각할 거리를 제공한다. 하지만 분석하고 이해할 거리 역시 제공하는가? 글쎄다.”(Hlakoane, 2003) 그렇지만 경험과 학습, 박물관은 이 두 마리 토끼를 다 잡으려고 부단히 노력하고 있는 듯하다.

아파르트헤이트 박물관 역시 상설 전시 이외에 특별 기획전시를 진행하는데, 2025년 3월 현장 방문 당시에는 남아공 전 국민에게 가장 존경받는 인물이라 할 수 있는 넬슨 만델라 대통령과 데스먼드 음필로 투투(Desmond Mpilo Tutu) 주교를 각각 조명하는 전시가 이루어지고 있었다. 이지코 노예사 박물관의 다양하고 아기자기한 소규모 전시와 비교하면, 이곳의 특별전은 최첨단 시청각 장비가 동원된 대규모 전시로 구성되어 있었고, 관람객들에게 체계적인 관람 동선을 안내하고 있었다.

첫 번째 특별전시 <만델라 — 지도자, 동지, 협상가, 수감자, 정치인(Mandela — Leader, Comrade, Negotiator, Prisoner, Statesman)>은 만델라의 삶을 여섯 개의 주제 — 성품(character), 동지, 지도자, 수감자, 협상가, 정치가 — 로 구분하여 서사화하고, 여기에 '이미지의 힘(The power of image)'과 '유산(Legacy)' 이라는 주제를 추가하여 그가 남긴 이미지와 영향력을 탐색하게 하는 전시였다. 전시는 그의 어린 시절로 거슬러 올라가 성품을 연민, 용기, 정직, 희망 등의 덕목으로 설명하는 것으로 시작한다. 청년 시절의 동지로서의 만델라를 조명한 대목에서는 그가 1943년 ANC에 가입하여 한때 흑인 아프리카인만이 해방투쟁을 주도해야 한다고 믿었으나, 점차 편협한 아프리카 민족주의에서 벗어나 비인종주의를 수용하게 되는 과정을 보여준다. 이어서 만델라 주변 인물들의 증언을 통해 본성과 이성 양쪽 측면에서 그가 지도자의 자질을 지녔음을 강조하고, 무엇보다 27년간의 수감 생활, 특히 로벤섬에서 보낸 18년을 다룬 대목에서는 수감자로서의 만델라의 삶 역시 부각한다. 협상가로서 그의 면모는 흑인들의 무장 투쟁을 전략적 지렛대로 삼아 백인 정권과 협상에 나섰던 과정에서 드러나고, 정치가로서의 성취는 1994년 5월 10일 민주적 선거를 통해 대통령에 당선되어 유니언빌딩(Union Building) 앞에서 수많은 민중과 함께했던 취임식 장면을 통해 제시된다.

두 번째 특별전 <투투 — 권력에 맞선 진실(Tutu - Truth to Power)>은 남아공 최초의 흑인 대주교이자 노벨 평화상 수상자인 투투를 전면적으로 다룬 전시였다. 매우 다양한 영상 자료들이 관람객 동선에 따라 배치함으로써, 종교인으로서 투투가 교회와 함께 아파르트헤이트에 맞서 투쟁한 과정과 그 결과를 소개하고, 동시에 대중 친화적 인물로서의 그의 인간적인 면모를 관람객에게 새롭게 드러낸다. 특히 투투가 거리와 경기장에서 민중들과 함께 연설하거나 음악에 맞춰 흥겹게 춤을 추는 영상은, 신앙의 실천 차원에서 시위와 평화운동에 참여한 그의 모습을 생생히 전달하며 관람객이 마치 현장에 함께 있는 듯한 몰입감을 준다. 전시는 또한 그가 남긴 문장들을 벽면이나 카드 엽서 형태로 현대적 타이포그래피로 시각화함으로써, 젊은 세대들이 투투를 친근하게 느끼도록 유도한다.

아파르트헤이트 박물관에서는 관람객을 위해 권장 관람 동선과 대략적인 관람 시간 등이 안내된 작은 가이드 팸플릿을 제공해 주는데, 이를 따라 이동하다 보면, 관람객은 두 개의 특별전시를 먼저 관람하고 하층의 상설 전시관으로 자연스럽게 안내되고, 마지막에는 남아공의 국가가 울려 퍼지며 '자유', '정의', '평등', '민주주의' 등 남아공 국가의 가치들이 새겨진 벽면으로 둘러싸인, 널찍한 전시실을 통해 출구로 나오게 된다. 뒤에서 다시 언급하겠지만, 이곳의 관람은 아파르트헤이트 시대의 억압을 직접 체험하게 해줄 의도로 각종 장치를 설치한 박물관 입구로 시작하여, 총 5개의 공용어 — 영어, 아프리칸스어, 줄루어, 코사어, 소토어 — 로 이루어진 남아공의 국가(國歌)와 함께 자유를 위시한 가치를 마주하며 마무리된다. 박물관이 제시한 이 여정은, 남아공 국민이 끝내 억압의 어두운 역사를 이겨내고 해방을 쟁취하여 밝은 시대를 맞이하였다는 메시지를 분명하게 전하고자 하는 전략으로 여겨지지 않을 수 없다.

해방의 서사와 자유의 가치

앞서 살펴본 두 박물관 모두 노예제, 식민지배, 아파르트헤이트를 거치면서 겪었던 인종 차별로 인한 억압의 현실, 그로부터 해방되기까지의 치열한 투쟁의 역사를 주된 전시 내용으로 삼고 있었다. 두 박물관 모두 이제는 인종 차별이 없는 — 실상 차별이 전혀 없지는 않더라도, 적어도 국가 차원에서 공식적으로 비인종주의를 지향하는 — 자유로운 남아공을 일종의 행복하고 정당한 결말처럼 제시하고, 그 때문인지 관람객은 관람을 마치고 박물관을 나서면서 자기도 모르게 자유의 가치를 다시금 되새기게 된다. 그와 동시에, 관람 이후의 이러한 인상이 각 박물관의 전시 구성과 메시지 전달 전략을 통해 의도된 게 아닐까, 하는 질문 또한 품게 되는데, 이 글은 바로 그러한 생각에서 출발한 것이었다.

바로 그 구성과 전략에 대한 설명을 시도하기 위해, 이 글에서는 '가치의 수사학(rhetorics of value)'이라는 개념을 참조해 보려고 한다(Kratz, 2011). 가치의 수사학은 박물관이 형식적이거나 구상적 선택을 통해 문화적, 미학적, 사회적, 정치적 가치들을 생산해 내는 방식을 지시하는 개념으로, 대상의 순환, 맥락의 재구성, 전시 제작과 해석의 과정을 다루며, 전시 속에서 사회적 의미와 판단이 어떻게 설득적 형식으로 구축되고 이해되는지를 설명한다. 이러한 개념을 통해 두 박물관이 어떤 수사학을 사용하여 해방의 서사와 자유의 가치를 관람객에게 전달하는지를 살펴볼 수 있을 것이다.

가치의 수사학은 특정한 관점과 전시가 관람객에게 말을 거는 방식을 구성하며, 텍스트(texts), 공간 배치(spatial arrangements), 조명(lightening), 그리고 다양한 디자인 요소(design elements)들이 결합할 때 생성된다. 지금부터는 이러한 요소들을 토대로, 이지코 노예사 박물관과 아파르트헤이트 박물관이 — 혹은 포스트 아파르트헤이트 남아공 정부가 — 어떻게 전시 속 가치의 수사학을 사용하여 자유의 가치를 구현해 보이는지 살펴보겠다.

먼저 두 박물관에서 텍스트를 통해 제시되는 내용에서 시작해보자. 전시장의 텍스트와 라벨은 특정한 관점과 가치 평가를 제공한다. 다양한 폰트와 크기로 제시되는 텍스트는 전시가 어떤 구조로 이루어져 있는지를 이해하게 함으로써, 어떤 내용의 전시가 어떻게 조직되고 있는지를 정의하는 데 도움을 준다. 텍스트는 전시의 핵심 개념과 주제를 소개하고 그 상호적 관계들을 설명하는 데 가장 효율적이고 직접적인 방법이다. 그리고 이러한 전시 텍스트의 기능을 십분 활용한 곳이 이지코 노예사 박물관이다.

이 박물관에서 관람한 특별전시 중 <자유를 노래하다> 전시실은 시각 텍스트, 청각 텍스트, 음악 등 여러 차원에서 공감각적 텍스트가 총동원된 전시실이다. 이곳에서는 실제 남아공 토착 민족들의 민요부터 인종 차별 반대 투쟁에 참여했던 현대인들이 불러 전해진 노래들을 직접 들려줌과 동시에, 노래의 가사 텍스트, 주요 투쟁 인사들의 명언, 전시실에서 제공되는 정보와 직접 관련된 노래의 주변 정보와 장르에 대한 메타 정보를 제공하는 텍스트가 한 공간에 한꺼번에 제공된다. 메인 벽면에는 투쟁을 상징하는 주먹의 이미지와 음악을 나타내는 음표가 함께 그려져서 기호와 텍스트를 통해 전시의 주제를 명확하게 드러낸다.

〈그림 1〉 "자유를 노래하다" 특별 전시실의 벽면(저자 촬영)

<누가 노예였는가?> 전시실은 노예 제도 자체의 전체적 역사를 벽면들에 긴 텍스트로 빼곡하게 설명하고 있어, 마치 사면으로 된 역사책 속에 둘러싸여 있는 듯한 인상을 준다. 그중에서도 전시에서 노예 제도의 역사를 케이프 지역, 남아프리카 전체 지역, 대서양 노예무역 세 가지로 분류하여 각각 초록색, 빨간색, 파란색으로 전시실의 긴 복도 벽면을 따라 제시한 색깔별 타임라인은, 그 내용을 그대로 인쇄해서 접어 만든 팸플릿이 있다면 당장 구매하고 싶을 정도로 — 아파르트헤이트 박물관과 달리 이 박물관에서는 단일한 박물관 가이드 책자 이외에 다른 인쇄물, 서적 등의 기념품을 배포하거나 판매하지 않아서 무척 아쉬웠다 — 학술적, 교육적 효과를 지닌 전시 텍스트 활용으로 보였다.

아파르트헤이트 박물관 역시 많은 전시장 벽면에서 텍스트를 전

격적으로 활용한다. 다만, 이지코 노예사 박물관처럼 긴 텍스트 위주의 벽면보다는, 활자 크기와 폰트를 다양하게 사용하여 핵심 개념을 관람객들에게 강렬하게 전달하는 데 방점을 두는데, 박물관 내부 관람이 시작되는 지점에 금속성 벽면을 설치하고 아파르트헤이트의 정의만을 부조로 새겨 놓은 벽면은 그러한 의도를 여과 없이 보여주는 장치라 할 수 있다.

〈그림 2〉
아파르트헤이트 박물관
초입의 벽면에 새겨진
아파르트헤이트의 정의
(저자 촬영)

하나의 주제에 상대적으로 훨씬 더 집중적으로 접근하고 그 주제를 일관되고 명확하게 노출하는 아파르트헤이트 박물관의 경우, 관람객이 억압의 현실을 체험하게 하는 것에서부터 시작하여 해방으로 이어지는 역사를 차례차례 다양한 언론 자료나 사료 텍스트를 통해 접할 수 있도록 치밀하게 동선을 구성해 놓고 있다. 이러한 동선에 따라 관람을 마치고 나면, 관람객은 자유와 해방이 곧 선이자 정의라는 인상을 받게 된다. 이처럼 관람객이 무엇이 정의이고 윤리적으로 옳은 것인지에 대한 가치 판단을 하는 데 역시 가치의 수사학이 개입하는 것이다.

공간 배치와 조명 역시 중요하다. 아파르트헤이트 박물관은 매표소에서 진입로로 이어지는 짧은 공간에서부터, 현대의 관람객이 과거의 자유가 부정된 상태 즉 억압을 느낄 수 있도록 설계된 것이 매우 특징적이다. 매표소 직원이 관람객에게 주는 입장권에는 실제 관람객의 인종과 상관없이 임의로 '백인(Blankes/Whites)' 혹은 '비(非)백인(Nie-Blankes/Non-Whites)'이라고 기재되어 있고, 관람객은 지시된 대로 각자 다른 문을 통해 박물관 진입로로 이동하게 되어 있다. 분리된 문으로 각각 들어간 관람객은 약 1분 정도, 동행자와도 서로 쇠창살에 가로막혀 만날 수 없는 상태를 경험하게 되는데, 이 이동 통로에는 아파르트헤이트 당시 실존 인물들의 각자 인종이 기입되어 있는 실제 신분증을 확대한 대형 패널들이 여러 개 걸려 있다.

〈그림 3〉 아파르트헤이트
박물관 입구와 입장권(저자 촬영)

〈그림 4〉 박물관 진입
이동 통로의 쇠창살 (저자 촬영)

이외에도 이 박물관은 여러 공간에 창살, 사슬, 밧줄 등을 걸어 놓아, 인종 차별 정책 시행 당시 흑인의 삶을 짓눌렀던 공포를 느끼게 해준다.

이지코 노예사 박물관의 경우, 아파르트헤이트 박물관과 비교할 때 아직 동선이 치밀하게 설계되어 있지는 않다는 인상이나, 노예 숙소로 실제 사용되었던 공간, 노예들이 드나들던 문 등이 보존되어 있다. 이곳에서는 과거 실제 이곳에 거주했던 노예와 백인들의 일기, 장부 등의 기록을 바탕으로 각 공간에 얽힌 사연들과 해당 인물의 삶을 간략하게 소개하는 패널들을 배치하고 있는데, 이를 통해 실증적 성격을 부각하고 과거와 현재가 교차한다는 감각을 불러일으키려는 시도를 엿볼 수 있다.

두 박물관 모두 출구에 해당하는 공간을 밝은 곳으로 배치하고 그 안에 남아공의 국가, 국기, 상징을 전시하고 있다는 점은 주목할 만하다. 양쪽 박물관 모두 전시 초반부에서는 어둡거나 차분한 조명의 실내 공간을 에워싼 벽면의 텍스트들이 과거의 억압된 역사에 관한 정보를 제공한다. 동선이 이어질수록 20세기 이후 생산된 영상 자료들의 빛과 소리가 전시실 여기저기에서 관람객의 감각을 자극하다가, 박물관의 출구는 모두 태양광이 직접 들이치는 방으로서 곧바로 외부로 이어진다. 말하자면 과거의 억압-어둠에서 현재의 해방-빛으로 향하도록 관람객들의 동선을 유도하는 것이다.

〈그림 5〉 이지코 노예사 박물관의 출구 (저자 촬영)

이렇게 설계된 두 박물관의 출구는 기나긴 투쟁 끝에 자유 민주 국가로서 남아공의 현재에 관람객이 살고 있음을 재인식하게 만드는 전시 차원에서의 수사학이자 서사의 완성을 상징한다. 일종의 권선징악과도 같은 서사 속에 집권 정당 ANC의 이념이 보편적 정의인 것으로 받아들여지게 하는 구성이자, 한 걸음 떨어져서 보면 자유라는 가치가 이념화되는 장면으로 판단될 수 있는 공간 배치로도 파악된다.

이와 더불어 이지코 노예사 박물관과 아파르트헤이트 박물관 모두에서 공통으로 특기할만한 점은, 양쪽 박물관에 모두 '감옥'을 연출한 공간이 크든 작든 자리하고 있다는 점이다. 케이프타운의 로벤 섬 박물관이 따로 존재함에도, 만델라가 총 구금 생활 27년 중 18년간 머물렀던 수감실의 모형이 실제 크기로 제작되어 두 박물관 모두 상설 전시 구역에 전시되어 있다. 이지코 노예사 박물관의 경우는, 거의 아무 조명도 없이 어둡고 좁은 공간 안에 모포와 책상을 놓아 실제와 유사하게 연출하였고, 아파르트헤이트 박물관의 경우 소품을 제거한 대신 박물관 전체 디자인과 통일성을 고려하여 광택 있는 금속 소재 벽면에 둘러싸인 좁은 수감실 공간의 숨 막히는 인상을 강조하였다. 이러한 감옥 모형은 만델라 개인사의 일부를 조명함으로써 그를 영웅화하는 상징으로서 역할도 하지만, 남아공 민중 전체의 삶, 해방을 위한 투쟁 과정에서 겪어야 했던 극단적 억압 상태, 모든 자유를 몰수당해야 했던 상태를 가장 상징적이고 압축적으로 보여주는 장치이기도 하다.

감옥을 중심으로 두 박물관이 사용하는 가치의 수사학은 이러한 감옥 디자인에 그치지 않는다. 만델라뿐 아니라 스티브 비코 등, 백인 정권 치하 감옥에서 고문을 당하다 생을 마감한 흑인 투쟁가들의 삶과 그 비참한 죽음의 장면이 텍스트와 이미지를 통해 박물관 곳곳에서 반복하여 강조되기도 하였다. 아파르트헤이트 박물관에서는, 위에서 묘사한 것처럼 감옥을 비롯하여 밧줄, 쇠사슬 등이 배치된 전시 공간 직후에 격렬한 투쟁을 기록한 역사에 관한 전시가 이어지는데, 이는 억압에서 해방으로의 전환을 연출하는 것이다. 아파르트헤이트라는 이데올로기적 음모 뒤에 민주주의의 정치적 쟁취가 이어지는 서사가 펼쳐지는 중에, 감옥을 겪거나 또 그 안에서 죽음을 맞이한 이들은 영웅이자 순교자로 여겨지고, 그들의 희생을 통해 온 국민이 구원받을 수 있었다는 의미가 부여된다(Fassin, 2008). 이렇게 관람객은 피해자의 감정을 공감한 뒤 승리의 서사에 이입할 수 있게 되고, 앞서 투쟁한 이들 덕분에 인종 차별 정권이 끝내 무너졌다는 메시지가 소통된다. 이러한 메시지 전달 전략과 관련하여, 아파르트헤이트 박물관에 관해 또 다른 연구자는 이렇게 진단하였다. “전시는 결과적으로 — 때로는 상당히 정교한 방식으로 — 집권 세력이 선호하는 해석을 우선한다. 무엇보다 정치적 사실을 강조하고, 인종 차별에 대한 투쟁을 오로지 도덕적 전투라는 국한된 관점에 머물게 한다. 관람은 결국 1994-1995년 선거와 헌법 제정이라는 낙관적 분위기 속에 해피엔딩으로 마무리된다. 이러한 결말은 새로운 박물관 구상 과정에서 마케팅 기관들이 매우 진지하게 권장해 온 방식이다.”(Hlakoane, 2003) 포스트 아파르트헤이트 남아공의 이념으로서 자유의 가치를 공유하고자 하는 집권 정당이 정책적 공공 문화 기제로서 박물관을 정치적 목적에 맞게 적극적으로 활용하고 있다는 사실이 거듭 확인되는 대목이다.

남아공 박물관의 과제와 극복

남아프리카공화국의 박물관들은 포스트 아파르트헤이트 국가 정체성의 재구성과 국가적 가치 확산을 위한 주요 문화 장치로 기능해 왔다. 그러나 여러 한계도 지적된다. 우선, 이들 박물관은 ANC 주도의 투쟁 역사를 강조하기 위해 전시 내용의 상당 부분을 할애하고 특정 정치세력의 역사관을 중심에 두는 헤게모니를 보편적 진실로 제시하는 등, 지배 이데올로기의 전시와 도덕적 교육 기능에 치중하는 경향을 뚜렷하게 보인다. 다른 한편으로, 다양성 존중의 취지를 표방하면서도 집단 간 위계질서를 해체하기보다 집단 간 우열 관계는 그대로 유지한 채 기존의 백인과 흑인의 위상만 단순히 역전시키려는 듯한 이데올로기적 재배치를 보이기도 한다.

이와 같은 정치적 편향성 외에도, 남아공의 박물관들이 여전히 소외된 집단의 서사를 충분히 반영하지 못하고 있다는 비판도 있다. 특히, 남성 지도자들 중심으로 이루어진 역사적 전시에서, 마찬가지의 억압과 해방의 투쟁을 경험한 여성의 역할은 부차적으로만 서술되는 경우가 많다. 과거사 재현의 균형 측면에서도, 아프리카에 유럽인들이 정착하기 이전 거주민들의 삶과 문화는 충분히 전시되지 못하고 있는 것이 사실이다(Ngcobo, 2018).

이러한 내부적 비판과 연구 결과들이 공유된 덕분일까? 앞에서 살펴본 이지코 노예사 박물관 구석구석에는, 여성이라는 이유로 이중의 고통을 겪어야 했던 여성 노예들의 일화들이 공간 소개와 함께 제시되어 있었다. 또 특별전시 <존엄을 긍정하는 남자들>은 특정세력의 이데올로기에 의해 복합적 소외를 경험하는 사람들을 조명하기도 했다. 덧붙여, 이 글에서 다루지는 않았지만, 요하네스버그의 비츠바테르스란트 대학(University of the Witswatersrand) 내 고고학 및 인류학 박물관인 인류 기원 박물관(Origins Center) 전시는 현생인류의 기원이 아프리카에 있음을 다양한 발굴 자료를 통해 보여주면서, 이와 동시에 코이산 민족의 언어와 문화를 알리는 데 상당 부분을 할애하고 있다.

아파르트헤이트가 종식된 남아공에는 이제 어떠한 차별도 존재하지 않는가? 국가가 공식적으로 자행했던 비인간적 인종 차별은 없어졌지만, 사회적, 경제적, 계급에 따른 공공연한 차별은 여전히 남아 있고, 그것은 일정 부분 정부의 실책이기도 하다. 특히 1994년 이후 채택되고 운영된 경제 정치 프로그램이 자본과 시장 중심으로 이루어져 있어 이전보다 오히려 더욱 강화된 불평등과 차별을 초래하였다는, 따라서 현재 체제는 "기존 백인 세력과 변절한 일부 흑인들이 경제적, 정치적 영역에서 또 다른 차별과 억압을 강화하고 있는 체제"라는 비판도 있다(하상복, 2016). 어쩌면 남아공 정부와 ANC는 이러한 목소리들을 의식하고 있기 때문에 더더욱, '자유'의 가치를 전면에 내세우려는 게 아닐까? 그래도 최소한 21세기 포스트 아파르트헤이트 남아공의 국민은 자유와 민주주의 시민으로서 권리를 쥐고 있는 게 않느냐고 외치고 싶은 게 아닐까? 적어도 한 명의 이방인 관람객에게는 그 외침 소리가 여전히 유의미했고, 그랬기 때문에 이 글은 이렇게라도 써질 수 있었다.

지적된 여러 한계를 극복해야 하겠지만, 박물관을 통해 해방의 서사와 자유의 가치를 거듭 공유하고 자국민과 타국의 관람객들에게 역설하고자 하는 포스트 아파르트헤이트 시대 남아공 정부의 노력은 이러한 맥락에서 이해될 수 있으리라 생각한다.

참고문헌

Apartheid Museum, *Apartheid Museum Souvenir Guide*, 2010.

Davison, Patricia, "Museums and the reshaping of memory" in *Negotiating the Past: The Making of Memory in South Africa*, Cape Town Oxford University Press, 1998.

Dlamuka, Mxolisi Chrisostomas, *Identities, Memories, Histories and Representation: The Role of Museum in 20th Century Kwazulu-Natal*, MA Thesis, University of Durban-Westville, 2003.

Fassin, Didier, "Ce qui s'est vraiment passé", *Gradhiva*, 5, 2007 pp.1-13.

Hlakoane, Lydia S.-Liberge, "Les portes de la nuit", *Politique africaine*, 90, 2003, pp.190-201.

Kratz, Corinne A., "Rhetorics of Value", *Visual Anthropology Review*, 27(1), 2011, pp.21-48.

Ngcobo, Ayanda, "The Politics of Representation in South African Museums", *ICOFOM Study Series*, 46, 2018, pp.147-166.

쟈티 브레드캠프, 헨리 C.,「이지코 국립박물관의 전시 변혁」, *International Journal of Intangible Heritage* 1, 국립민속박물관, 2006, pp.63-69.

하상복,「파농과 비코 이후: 포스트-아파르트헤이트 남아프리카공화국과 좌절된 새로운 세계의 전망」,『코기토』, 80, 부산대학교 인문학연구소, 2016, pp.375-415.
https://www.iziko.org.za/about/

* 이 글은 이 글은 『아프리카문화연구』 제4집(2025)에 「자유의 가치를 전시하는 남아공의 박물관: 이지코 노예사 박물관과 아파르트헤이트박물관」 이라는 제목으로 실린 논문을 수정·보완한 것임.

제 2 부

문학

검은 휴머니즘과 바스티유

김용현

베르나르 다디에 (Bernard Dadié)는 코트디부아르 문학의 아버지로 불린다. 1916년에 태어나 2019년에 세상을 떠난 그의 삶은 식민의 고통과 독립의 격변을 헤쳐온 코트디부아르의 현대사 그 차제이다. 프랑스어로 책을 출간한 첫 번째 코트디부아르인이었던 그는 한 세기가 넘는 긴 삶의 시간만큼 시, 소설, 콩트, 연극 등 다양한 장르에 걸쳐 왕성한 창작 활동을 펼쳤으며 동시에 정치 활동과 문하, 교육 행정 등 조국의 독립과 근대화를 위한 현실 참여 운동에도 적극적으로 뛰어들었다.

조국 발전을 위한 오랜 헌신의 삶 속에서 다디에는 1950년대와 60년대에 걸쳐 서양 문화에 대한 성찰을 주제로 세 편의 작품을 저술한다. 그는 파리, 뉴욕, 로마를 배경으로 1959년 『파리의 흑인 *Un nègre à Paris*』, 1964년 『뉴욕의 사장 *Patron de New York*』, 1969년 『아무도 죽지 않는 도시 *Ville où nul ne meurt*』를 연이어 출간한다. 뉴욕과 로마를 통해 이민의 역사와 기독교의 정신을 찾아간다면 파리에서 다디에는 식민체제가 전파해 온 서구 문화를 목격한다. 다른 두 도시와 비교하여 파리 기행은 이 시리즈의 첫 작품일 뿐만 아니라 특히 피식민지인의 식민국 방문이라는 것과 작품의 발간 연도가 코트디부아르의 독립을 눈앞에 앞두고 있던 시기였다는 점에서 주목할 만하다.

『파리의 흑인』은 제국주의의 침략이라는 어두운 역사 속에서 프랑스와 코트디부아르, 나아가 프랑스어권 흑아프리카와의 관계를 깊이 파헤친 작품이다. 다디에 사상의 핵심은 휴머니즘이다. 그의 휴머니즘은 식민 통치를 고발하는 강력한 무기이자 두 나라가 자유로운 미래 관계로 나아갈 수 있게 하는 토대이다. 그리고 휴머니즘은 국제 관계의 원칙을 넘어 인간을 대하는 근원적 태도이자 창작의 방향이며 사회 참여의 원동력으로 작용한다. 그의 사유가 지닌 또 다른 특징은 네그리튀드 (négritude)와의 관계에서 잘 드러난다. 다디에는 식민지 시대의 중요한 문학 운동인 네그리튀드와 같은 시대에 활동했지만, 이 운동을 표방하지는 않았다. 하지만 역설적이게도 비평가들과 지식인들은 주저 없이 그를 네그리튀드 작가로 분류한다. 이는 다디에가 생고르와 같은 네그리튀드 작가들과 다른 방식을 취하였지만 그의 시선이 언제나 아프리카의 민중과 사회로 향하고 있었다는 것을 의미한다.

모두를 위한 여행

작품은 프랑스를 향해 떠나는 기쁨으로 시작된다. 꿈만 같은 여행이 불러일으키는 흥분은 화자가 파리의 아우라와 향기를 품게 될 것이라고 말하는 대목에서 희극의 한 장면을 연상시키기도 하고, 비행기표를 잃어버릴까 봐 성유물과 부적마냥 몸에 갖고 다니기로

했다는 장면에서는 어린아이 같은 천진함을 드러내기도 한다. 여행은 갑작스럽고 우연히 찾아온다. 어느 백인과의 대화 도중 파리에 한 번도 가본 적이 없다는 말에 백인이 화자에게 비행기표를 선사한다. 주인공이 여행을 떠나게 되는 이유는 소설적 개연성을 중요시하는 일반적인 이야기와 거리가 멀어 보인다. 그런데 특이하게도 매우 엉성하게 설명되는 여행 계기와 달리 여행의 목적은 분명하다. 화자는 혼자 떠나지만 여행이 모두를 위한 것이라고 선언한다.

> 모든 친구들, 모든 친척들의 눈과 함께 갈 수 있다면. 파리의 공기를 맡기 위해 그들의 코와 함께 갈 수 있다면. 파리의 흙을 밟기 위해 그들의 발과 함께 갈 수 있다면. … 나를 위해, 너를 위해, 우리 모두를 위해 나는 볼 것이다.

유머러스한 이야기 전개에서 위의 대목은 평범한 한 흑인에게 날아온 행운이 온 집안의 경사가 되는 코믹한 장면으로 해석될 수도 있지만 이 발언의 진의는 다른 곳에 있다. 여행의 진정한 의도는 수속을 위해 경유한 다카르에서 드러난다. 건물이 세워지고 확장되어 가는 도시의 모습에서 화자는 급속하게 변해가는 아프리카의 내일을 본다. 새벽닭 울음소리가 마치 그에게는 잠든 아프리카를 깨우는 변화의 소리처럼 들린다.

> "일어나라, 용기가 부족한 사람들이여. 진보는 당신들을 기다리지 않을 것이다. 진보는 태양과 함께 뜨고 진다."

모든 사람을 위한 여행은 바로 그의 여행이 아프리카의 미래와 관련되어 있음을 의미한다. 그는 개인의 즐거움을 위해서가 아니라 아프리카의 운명에 대한 해답을 찾기 위해 프랑스로 떠나는 것이다. 아프리카가 겪는 변화는 경제적 변화만이 아니다. 화자는 아프리카의 정치, 사회, 의식 등 삶의 구석구석에 필요한 변혁을 지적한다. 그는 "우리는 진정으로 의견의 자유가 있는 체제에 있는가?"라고 자문하기도 하고, 아프리카인들이 사용하는 서점이 많아지고 있기는 하지만 현실을 깨닫고 자신의 권리를 요구하려는 국민에게는 충분하지 않다고 안타까움을 표현하기도 한다.

여행의 목적은 파리에서 무엇을 볼 것인가라는 질문과 연결된다. 그는 '우편엽서와 영화에 나오는 파리, 사람들이 그날의 기분에 따라 선정해 주는 파리'는 보지 않겠다고 단호하게 밝힌다. 우편엽서와 영화에 나오는 파리의 모습이란 서구 열강이 자신들의 우월함을 선전하기 위해 과시하는 치적이기 때문이다. 화자는 서구의 필요가 아니라 자기 생각에 따를 것이고, 외관의 화려함과 웅장함을 뒤쫓는 관광객이 되지 않을 것임을 다짐한다.

작품의 형식 역시 이와 같은 맥락에서 분석할 수 있다. 소설이 취하고 있는 서신 형식은 여행을 주제로 하는 작품들에서 자주 등장하는 것이며 파리에 여행 온 외국인이라는 설정은 몽테스키외(Montesquieu)가 쓴 『페르시아인의 편지 *Lettres persanes*』를 연상시키기도 한다. 그런데 일반적인 편지 형식이나 『페르시아인의 편지』와 비교하면 한 가지 차이점이 드러난다. 그것은 바로 편지를 받는 수신인과 관련된 것인데 『파리의 흑인』에서 언급되는 수신인은 매우 모호하게 암시된다. 이인칭 단수 대명사 '너 (tu)'로 표현되는 친구라는 점을 제외한다면 이름도 그 어떤 신상 정보도 없다. 이러한 모호한 정체는 인물에 특별한 기능을 부여한다. 즉 편지의 수신인 tu는 특정한 개인을 넘어 불특정의 다수가 될 수 있는 가능성이 생겨난다. 이 점은 어느 인터뷰에서 베르나르 다디에가 소설 속 화자의 역할을 메신저로 규정하는 것에서도 확인된다. 작품의 서두에서 화자가 모든 사람들을 위해 여행을 떠난다고 선언하였을 때 그 한 사람 한 사람이 편지가 향하는 대상이 되는 것이다.

모두를 위한 여행이라는 생각은 화자의 이름을 통해 더욱 강화된다. 빈치레오니 (Vincileoni)에 따르면 화자의 이름인 탕오에 베르탱 (Tanhoé Bertin)의 Tanhoé는 작가 다디에의 혈통인 이그니 (Agni) 부족의 신의 이름에서 유래하며 '강의 신'이자, '전쟁의 신'이며 '저항의 전사'를 의미한다. 즉 화자는 그 이름에서 아프리카를 대표하여 프랑스를 방문하는 것이 된다. 파리를 상징하는 센 강에 맞서듯 아프리카의 강이 화자의 정신 속에서 현현한다. 탕오에는 작가의 정체성이자 문화적 자부심의 표현이며 동시에 서구의 힘에 맞서는 저항 의지를 나타낸다.

권리와 자유

파리에서 피식민지 흑인의 관심을 강하게 끈 것은 무엇일까? 여기에 대한 단서를 찾기 위해서는 화자의 프랑스 도착 날짜에 주목할 필요가 있다. 주인공은 7월 14일 프랑스 대혁명 기념일 날 파리에 발을 딛는다. 프랑스 대혁명 기념일이라는 설정은 다디에의 실제 파리 방문과 비교할 때 작가의 어떤 의도가 개입되어 있음을 짐작케 한다. 그는 '제1회 흑인 작가와 예술가 회의'에 참석하기 위해 탕호에 베르탱처럼 1956년 프랑스를 처음으로 방문하였고 이때의 파리 체류 경험이 3년 뒤 『파리의 흑인』으로 작품화된다. 그런데 나이나 여행 연도 등에서는 작가와 유사하지만, 소설 속 화자는 회의가 개최되었던 9월이 아닌 7월에 도착한다. 허구의 장르인 소설에서 작가가 실제와 다르게 시간을 설정하는 것은 자연스러운 창작 장치이다. 하지만 주인공의 도착 날짜가 프랑스 대혁명 기념일인 데는 깊은 이유가 있다. 그것은 바로 혁명의 이념이 바로 다디에가 추구하는 휴머니즘과 맥을 같이하기 때문이다.

베르탱은 프랑스 대혁명을 기념하는 파리 시민들을 보며 대혁명이 '개인의 자유라는 개념과 인간 존중'을 세계에 돌려주었다고 평가한다. 그리고 콩코르드 광장을 언급하며 "파리가 왕관에서 인간을 해방시켰다"고 말한다. 파리에 처음 온 흑인은 신기한 외양에 매혹되거나, 식민제국에 대한 분노로 불타오르지 않는다. 오히려 그는 날카로운 시선으로 역사를 꿰뚫어 본다. 루이 14세와 귀족들에 대한 이야기에서도 베르사유의 화려함이나 귀족들의 호화로움을 언급하는 대신 특권 계급이 인민에게 가한 억압과 차별을 기술한다.

왕들이 왕관을 썼지만, 그 무게를 느끼는 자들은 백성이었다.

… 인간은 이렇게 정의될 수 있다. 끊임없이 자신을 차별화 시키려고 애쓰는 존재.

화자는 "파리 사람보다 자유의 가치를 잘 아는 사람은 없다"라고 말하면서 특히 그 자유를 지키기 위해 파리가 쏟은 오랜 시간의 노력을 강조한다. 그는 파리의 공기와 일상 풍경을 통해 파리의 기원에서 현대에 이르기까지 프랑스인들이 쌓아 온 투쟁과 저항의 역사를 읽는다. "파리는 계속되는 침략과 점령을 모두 겪고서도 매번 자신의 모습, 동일한 파리를 되찾았다. 파리는 폭풍우에 휩쓸리지 않고 맞설 수 있는 힘과 의연함을 언제나 갖고 있었다. … 우리가 만나는 걸인은 파리 걸인이다. 그러니까 그는 여타 걸인들과는 다르다." 아프리카에서 온 여행객은 도시의 평범한 모습들에 녹아 있는 인간 존엄을 향한 프랑스인들의 강력한 의지를 읽는다. 그의 시선은 길바닥의 돌에서도 그러한 과거의 흔적을 발견한다.

파리는 독재자의 행위를 적어두며 그에게 미소를 보이다가도 바리케이드 넘어 머리를 향해 포석을 던진다. 포석은 가지런히 정렬되어 있어 몸을 굽히기만 해도 뽑아서 투척할 수 있다. 수백 년의 역사와 함께하며 파리의 포석은 자신의 쓰임을 알고 있다. 파리 사람의 침묵과 고요와 인내를 잘못 생각한 자의 머리에서 언제나 끝나는 것이다.

주인공의 시선은 변함이 없다. 파리를 상징하는 문장(紋章)에 대한 해석도 예외가 아니다. 문장에 등장하는 선박의 이미지와 '물결에 흔들려도 침몰하지 않는다 (Fluctuat nec mergitur)'는 표어를 그는 프랑스인들이 만들어 온 역사의 표상으로 확장한다. 뱃사람들의 강인한 의지가 전쟁과 혁명이라는 시대의 격랑 속에서도 굴하지 않고 앞으로 나아가는 프랑스의 정신으로 재해석되는 것이다.

탕호에 베르탱은 외양으로는 관광객이지만 분석과 서술에 있어 사회학자나 역사가에 가깝다. 그는 현재의 모습보다 지금에 이르는 축적된 시간을 파헤치며 그 속에 흐르는 저항과 투쟁의 힘을 찾는다. 화자의 관찰은 한 걸음 더 들어가 인간과 자유의 가치를 지켜주는 사람에 주목한다. "우리가 마을 수호를 정령들에게 맡긴다면, 파리 사람들은 이 수고를 전사와 같은 사람들에게 맡기는데 그들은 엄청난 권위를 갖고 있다. … 그들은 기자라고 불린다." 베르탱은 '기자'를 통해 프랑스 사회에서 정의가 실현되는 방식을 살핀다. 그는 기자들이 작성하는 "단 하나의 기사가 맹렬하게 연주되는 여덟 개의 북보다 더 큰 소리를 낸다"고 고국의 친구에게 전한다. 그리고 기자의 조상은 중세시대의 음유시들인데 그들은 아프리카의 그리오(griot)와 유사하며, '알리는 것은 그들에게 성스러운 직무'라고 덧붙인다. 화자는 음유시인과 기자, 작가, 지식인들로 이어지는 불의와 부정을 알리고 고발하는 임무 즉 언론이 갖는 중요성을 지적한다.

> 가장 전제적인 체제 아래에서 그들은 쓰고, 비판한다. 자유의 무녀, 인간의 존엄을 섬기는 사제, 그들은 자신을 희생함으로써 편안하게 숨 쉴 수 있어 모두가 살고 싶은 도시로 파리를

> 만들었다. … 인간은 이곳에서 자신의 가치를 되찾고 자각한다. 음유시인과 그 후손들의 파리는 피로 만들어지고 아직도 실현되지 않는 꿈으로 가득한 파리이다. … 의식 있는 관광객 한 사람 한 사람을 통해 파리는 자신의 임무, 세상을 비추고, 불의를 쫓고, 비열한 속박과 모든 위협에서 인간을 구하는 임무를 계속한다.

화자는 언론의 사명과 더불어 기억의 중요성을 언급한다. 그는 페르 라셰즈 묘지 (Cimetière du Père-Lachaise)를 방문하면서 파리 코뮌의 벽 (Mur des Fédérés) 앞에 발길을 멈춘다. “사람들이 죽음을 받아들이는 것은 그들이 동료들의 기억 속에서 죽지 않는다는 것을 알기 때문이다. 금박 글자로 그들의 이름을 새기고 꽃들은 그들이 쓰러져 묻힌 곳을 알려준다. 희생의 의미와 가치를 아는 국민. 바로 그것이 파리를 영원히 위대한 국민, 두려운 위대한 국가로 만들 것이다.” 기념물에 대한 이와 같은 베르탱의 소회는 여행의 목적이 무엇인지를 다시 한번 더 또렷하게 나타낸다. 그는 파리 코뮌의 항쟁뿐만 아니라 인간의 권리와 자유를 위한 투쟁이 일어날 수 있는 또 다른 사회적 요소를 지적한다. 기억은 사회적 연대의 행동이며 과거를 현재 속에 되살리는 역사의 전승임을 화자는 환기시킨다.

화자는 왜 왕들의 화려한 유산이 아니라 왕에 대한 저항과 투쟁의 역사에 집중하는 것일까? 그것은 무엇보다 자유롭고 정의로운 아프리카를 이루고 싶은 그의 강력한 염원 때문이다. 기자에 대한 관심은 상대적으로 의견과 표현의 자유가 억압당하는 조국의 현실을 반영한다. 파리의 일상은 놀라움으로 여행자의 발걸음을 붙든다. 이곳의 사람들은 식당에서 계산을 하기 위해 줄을 서고, 소리도 내지 않고 버스를 기다리거나 극장에 들어간다. 그리고 손가락을 드는 것만으로 택시가 서고 출발한다. 파리의 생활에 스며 있는 규율과 질서 의식이 베르탱의 시선을 집중시킨다. 하지만 더욱 놀라운 것은 이런 나라의 사람들이 요새 같은 감옥을 부수고 왕과 왕비를 처단하였다는 사실이다. 길거리를 장식하는 수많은 꽃과 여성들에게 꽃을 선사하는 광경을 목격하면서 프랑스의 문화를 '꽃의 문화'라고 규정하는 장면에서도 그는 프랑스와 아프리카의 정치 상황을 비교한다. 여성을 때려서는 안 되며, 장미 한 송이로도 때려서는 안 된다고 말하는 사람들이 세금 인상에 반대하며 정부를 향해 납세 거부를 선동한다. 그런데 이런 일이 프랑스에서는 자연스러운 데 반해 코트디부아르였다면 소요와 혁명을 일으킨다고 규탄하고, 정치적으로 다른 목소리를 내는 사람들을 감시하고 무력으로 침묵케 했을 것이라고 비판한다. 그는 "파리에 대해 잊을 수 없는 추억을 만드는 이러한 풍토가 우리나라에도 만들어질 수 있도록 파리 사람들의 예를 따라야 하는 것이 아닐까"라고 자문한다. 권리가 거의 존재하지 않는 자신의 나라와 달리 파리에서 그는 그 모든 질식으로부터 벗어나 있음을 느낀다.

물질문명과 인간소외

인간의 존엄에 대한 사유는 현대화된 도시가 보여주는 기계문화와 자본주의로 이어진다. “사람들은 누구나 파리를 떠날 때 이 도시에 대하여 기념물, 카바레, 무도장의 이미지와 연인에 대한 아픈 기억을 갖고 가지 않을까? 그러면 나는 무엇을 가지고 갈까? 지하철이다”라고 그는 기술한다. 화자는 앞에서 살펴본 바와 같이 이번에도 여느 관광객들과는 다른 대답을 들려준다. 도시의 이곳저곳을 돌아다니는 가난한 주인공에게 지하철은 더할 나위 없는 이동 수단이지만 그는 지하철에서 교통기관 그 이상의 의미를 찾아낸다. 그는 지하철을 통해 ‘기계의 왕이 되는 파리 사람의 경이로운 꿈’이 구현된다고 지적한다. 도시를 거미줄처럼 연결하는 지하 철도는 고도로 발달된 첨단 과학 기술의 표상이며, 모든 사람들이 편리하게 사용할 수 있다는 점에서 사회적 평등의 상징이다. 작품의 서두에서부터 화자는 고향의 친구에게 파리에 오면 제일 먼저 인내책자와 지하철 노선도부터 구해야 한다며 이렇게 말한다.

> 이 노선도를 갖고서, 복도와 화살표, 안내판, 인파, 일방통행, 승차, 하차의 미궁 속으로 빠져들어야 돼. 타야 할 전철은 떠나보내고 타면 안 되는 것을 타고 아무 역에 내려. … 이런 대가를 치러야 네가 파리 사람이라고 말할 수 있을 거야.

지하철은 또한 미로와 같은 구조를 통해 복잡다단한 도시의 삶을 나타낸다. 외국에서 온 여행객은 물결처럼 오가는 사람들을 지켜본다. 지하철에서는 모두가 뛰어다닌다. 걸어가면 다른 사람의 방해가 되기 때문이다. 베르탱은 혼잡 속에서도 능숙하게 지하철을 타고 내리고 이동하는 사람들에 대해 파리에서는 ‘여섯 번째의 감각인

지하철 감각'을 타고난다고 묘사한다.

그런데 감탄과 놀라움을 불러일으키는 파리 사람들의 생활을 보면서 화자는 아프리카와 비교하여 경제적으로, 기술적으로 앞서 있는 그들의 삶에 숨겨진 이면을 목격한다. 화자의 눈에 비친 사람들의 얼굴은 모두 긴장되어 있다. 사람들은 인파 속을 지나며 "실례합니다"라고 말하지만 그 말은 "제가 허비할 시간이 없어요"를 의미한다고 화자는 해석한다.

> 차들과 행인들의 물결로 언제나 넘쳐난다. 일개미의 삶을 불평하는 개미집. 이 국민들에게 감탄할 만한 점은 어느 누구도 방해하지 않으려는 염려이다.

베르탱은 개인의 권리가 강한 프랑스 문화의 특성을 인정하면서도 민첩함과 예의바름에서 노동에 종속되어 버린, 일상이 살아가기 위한 싸움으로 변질된 현대 문화의 소외를 예리하게 짚어낸다. 다디에는 자본주의 물질문명의 명과 암을 지적한다. 그는 작가의 분신이라고 할 수 있는 베르탱을 통해 "우리가 살고 있는 이 시대에 일 분 지각은 상업 저울의 적자와 일치한다"고 말한다. 그리고 '시간의 수익성이라는 개념'이 너무나도 깊숙이 뿌리 내려서 '파리 사람들에게 발걸음은 목적지로 가야만 하는 것이고, 어떤 행동도 그냥 이루어지는 것이 없으며' 시간에 대한 강박관념이 '불치병'이 되어 버렸다고 지적한다. 이러한 맥락에서 카페와 레스토랑에 대한 묘사를 주의 깊게 살펴볼 필요가 있다. 프랑스 문화를 상징한다고 할 수 있는 두 장소에 대해 다디에는 그의 인간 중심 사상이 담긴 독특한 관찰을 제시한다.

> 카페와 식당은 파리 사람들이 시간 허비를 받아들이는 유일한 장소이다. … 종업원에게 계속 신호를 보내야 하는데 그러면 그때마다 "갑니다"라고 대답할 것이다. 종업원은 철학자이다. 당신이 거부하는 휴식을 강제로 부여한다. 그렇게 해서 그는 모든 고객이 기계적인 행동에서 벗어나고, 인간의 모습을 되찾는 기회를 부여한다.

작가는 유머러스하게 종업원을 철학자에 비유하면서도 인간다움을 회복시켜주는 공간이라는 통찰을 통해 현대 사회가 초래하는 문제들을 날카롭게 지적한다. 그런데 다디에가 프랑스라는 서구 자본주의 세계의 폐해를 살피는 이유는 무엇일까? 그것은 바로 물질과 돈에 기초한 이 문화가 자신의 조국과 아프리카가 처한 세계적 상황이자 독립과 발전이라는 사회적 과제에서 부딪치게 될 미래이기 때문이다.

베르탱의 관심은 프랑스인들의 내면으로 들어간다. 프랑스의 사회 현상에 대한 그의 관찰은 유적지와 골목길, 카페와 식당, 교통기관, 상점, 미디어에 이르기까지 폭이 넓고 세밀하다.

> 자와 콤파스를 들고 다니고, 상팁 하나까지 예산을 짜고, 쉴 새 없이 계산하느라 파리 사람은 스스로 고립되었다. 그리하여 이 요동치는 도시에 고독이 만연되어 신문들의 애정 상담란이 사연들로 가득 찬다.

낯선 이방인의 관찰은 특별하다. 그는 단순히 개인적인 것으로 치부될 수 있는 고독이나 정신적 문제를 사회적 시각에서 깊이 있게 파고든다. 그는 인간의 고립과 소외의 원인을 자본주의 체제에서 찾는다. 그리고 인간관계의 단절과 더불어 대도시의 삶이 초래하는 익명성을 함께 언급한다. 모든 사람들이 연결되어 지내는 고향 마을과 달리 파리에서는 서로 모른 채 살아가며, 한 건물에서 마주보며 20년을 살고, 같은 승강기를 사용하면서도 서로 모르고 살 수 있다고 지적한다.

작가는 또 질투가 프랑스 사회에 불러일으키는 사회병리적인 양상을 지적한다. 그는 "질투는 이 나라에서 가장 심각한 질환일 것이다"라고 말하면서 이로 인해 매년 육천 건의 살해 시도가 발생하여 천 건이 죽음에 이르며 이천 건의 자살이 일어난다고 자료를 인용한다. 그가 보기에는 이러한 불행이 매우 아이러니하다. 왜냐하면 사랑이 그 어느 시대보다 자유롭고, 사랑을 담은 시와 호칭이 넘쳐나는 곳이 프랑스이기 때문이다. 다디에는 질투가 인간의 본능적인 감정의 차원을 넘어 파괴적인 병리 현상으로 나타나는 원인을 물질화된 현대 사회에서 찾는다. 그는 "문명은 땅에서 자원을 뽑아내고, 기계를 돌리며, 상품으로 시장을 넘치게 하고, 경쟁자들을 제거하며, 모든 사람을 시계 초침의 속도로 걷게 만든다. 문명은 새들의 지저귐과 꽃들의 속삭임을 필요로 하지 않는다"고 비판한다. 발달한 기계 문명은 인간을 이롭게 하면서도 인간성을 박탈하고, 인간 존재를 온전하게 누릴 수 없게 만든다.

인간에 대한 믿음

탕오에 베르탱의 여행은 여느 여행과는 다른 특수성을 갖고 있다. 그것은 앞에서 언급한 바와 같이 피식민지인의 식민국 여행이라는 점이다. 이러한 상황은 독자에게 그의 프랑스 인식에 의문을 품게 만든다. 자신의 나라를 점령한 국가에 대해 어떻게 인권과 자유를 수호하는 국가라고 말할 수 있을까? 다디에는 식민 지배의 논리에 굴종하는 것이 아닐까? 그러나 그는 어린 시절부터 아버지를 통해 코트디부아르에서 벌어지는 차별과 억압에 눈떴고, 조국과 아프리카의 해방을 위하여 '코트디부아르 민주당'과 '아프리카 민주연합'의 투쟁에 참여하였으며 1949년에는 독립 운동 사건으로 체포되기도 하였다. 그러면 반대로 선진 문명의 어두운 면을 들추어내는 것은 제국주의에 대한 비판이 되는 것일까? 다디에는 이 두 가지 해석을 모두 경계한다. 그의 사유는 식민 지배라는 상황에 갇히지 않고 인간다움을 어떻게 실현할 것인가에 초점을 맞춘다. 바로 이 점이 다디에 휴머니즘의 독특하고 특별한 부분이다.

다디에의 휴머니즘과 관련하여 흑백 인종차별에 대한 생각을 살펴볼 필요가 있다. "신은 이곳에서 흰색이다." 작품 속 화자는 종교를 통해 침략의 문화가 퍼뜨린 흑백의 차별을 지적한다. 그는 파리의 성당을 언급하며 교회의 성자 상(像)들 가운데 흑인은 한 명도 없다고 꼬집는다. 그리고 흑인은 천국에 들어갈 권리가 아직도 없고 아마도 피부색 때문에 천국의 문을 지키는 베드로 성자가 우리를 보면 겁에 질릴 것이라고 풍자한다. 또한 그는 인간들처럼 천사들도 착한 천사와 나쁜 천사로 구분되는데 백인은 착한 천사이며 흑인은 악마라고 부르는 나쁜 천사라며 피부색에 깃든 인간 차별을 고발한다. 그러면서 그는 서구의 인간 창조 신화를 뒤집는 새로운 창조 이야기를 들려준다.

> 신이 인간을 창조하셨을 때 굽기 위해 화덕에 넣으셨지. 그런데 불길이 닿자마자 백인이 도망가고 온도가 올라가면서 다른 사람들이 뒤따랐지. 인간이 창조되었다는 것을 신께 알려드리기 위해 신께서 시험이 충분하게 되었다고 판단하실 때까지 우리들만이 용감하게 화덕에 남았던 거지.

다양한 피부색의 탄생을 설명하는 익살스러운 이 이야기에는 한편으로는 흑인이 백인보다 더 뛰어나다는 의식이 반영되어 있기도 하다. 그런데 화자는 자신의 이러한 인식이 오히려 백인에 대해 편견을 갖게 만들었으며 인간을 겉모습으로 판단해서는 안 된다는 성찰로 이끌었다고 고백한다.

> 그래서 나는 백인들이 몸이 차갑다고 언제나 생각했지. 그런데 이것이 잘못이라는 걸 깨달았어. 백인들의 몸은 따뜻해, 부드럽고, 일정하고, 섬세한 온기가 있어. 외관과 피부로 판단하는 것을 조심해야 해.

흑인을 찾아보기 힘든 백인들의 나라에서 아프리카 민족을 하등한 인종으로 폄훼시킨 피부색을 다디에는 반대로 인간에 대한 보편적 사유로 변화시킨다. 그는 자신에게 "신은 우리가 우리 자신을 공부하게 하려고 피부색이 다른 인간을 창조한 것이 아닐까?"라고 되뇐다. 여기에서 다디에는 서구와 아프리카, 백인과 흑인의 대립을 초월하여 인간을 드높은 차원으로 올려놓는다. 그리고 그의 사유는 사회와 역사에 대한 깊은 통찰을 통해 분열이 아닌 통합의 의식을 향한다. 그가 신은 귀족과 평민이 아니라 인간을 창조하였지만, 인간은 평화의 신을 전쟁의 신으로 만들었다고 말할 때 그의 신은 서구인들만의 신이 아니라 모든 인간의 신인 것이다.

다디에의 휴머니즘은 인종과 국가와 문화가 다른 두 대륙의 사람들에게서 차이가 아닌 공통점을 찾아낸다.

> 그들은 단지 다른 습관을 가지고 있을 뿐이야. 근본적으로 우리와 다른 점을 찾아볼 수 없어. 이 나라에 온 이후 이것만 찾지만 곳곳에서 우리와 같은 사람을 만나고 있어. 그들은 수다스럽고, 수줍어하고, 대담해. 내 눈에 보이는 그들은 먹고, 웃고, 대화하고, 마시고, 토론하고, 뛰고, 멈추고, 꿈꾸고, 서로 사랑을 나누지.

작가가 보여주는 인간에 대한 탐구는 코트디부아르와 프랑스 사람들 사이의 표면적인 특성을 넘어 존재의 본질적인 차원으로 나아간다. 그는 "파리 사람이 우리와 비교하여 자신의 역사와 세계사에서 매우 우월한 위치에 있기는 하지만 우리와 똑같이 행복을 갈망한다"고 지적한다. 그의 휴머니즘은 맹목적인 믿음이나 신념과는 다르다. 그는 코트디부아르와 프랑스 사이의 현실적 차이에 눈감지 않는다. 그리고 바로 그렇기 때문에 두 나라의 사람과 문화를 이해하기 위해서는 노력과 세밀함이 필요하다고 강조한다. "한 국민을 알고, 평가하고, 사랑하기 위해서는 그들의 역사를 공부해야 한다"고 말한다. 탕호에 베르탱은 짧은 파리 여행 기간 동안, 화려한 현재의 겉모습이 아니라 그 속에 깃들어 있는 긴 역사의 흔적을 발견한다. 그래서 그가 두 나라 사람들에서 찾은 공통점은 바로 서로 다른 시공간에서 삶을 개척해 온 인간의 열망과 투쟁이라고 할 수 있다. 더불어 식민이라는 시대적 맥락에서 문제를 세밀하게 구분하고, 부분과 전체를 볼 수 있는 인식이 필요하다고 주장한다. 그는 파리의 경험을 통해 상황이나 조건에 대한 고려 없이 식민지에 있는 프랑스 사람들의 행동을 프랑스의 모든 사람들로 확대 해석하는 것을 경계해야 한다고 말한다. 아프리카 식민지에서는 흑인을 식사에 초대한다는 생각조차 하지 못할 프랑스 사람이 정신의 관대함이 흐르는 파리에 있다면 제일 먼저 초대하려 할 것이라고 이야기한다. 그리고 그는 '특별한 경우들을 가지고 한 국민 전체를 판단하는 것은 매우 무모한 일'이라고 조언한다. 다디에는 어느 인터뷰에서 프랑스에서 호텔 숙박을 거부당한 일화를 들면서 동시에 이 사건에 대해 자신에게 도움을 주었던 프랑스인들도 있었다는 사실을 강조한다. 그는 섣부른 일반화를 경계해야 한다고 말한다. 차별의 문제를 한 개인의 탓으로 돌리기보다 그 사람이 받은 교육이 부족했기 때문이라고 보아야 한다고 덧붙인다.

앞서의 예들에서 나타나는 섬세한 접근은 인간에 대한 다디에의 근원적인 믿음을 나타낸다. 그의 인간은 국경과 민족을 뛰어넘는다. "나는 억압당한 인간의 가치를 생각할 때 분노한다"고 말한다. 권력의 핍박에 맞선 저항의 역사에 찬사를 보낼 때에도 자본주의와 물질주의에 짓눌리는 현대인들에게 연민을 보낼 때에도 그는 모두 인간의 보편적 가치에 바탕을 둔다. 바로 이와 같은 흐름에서 식민지부(植民地部)를 방문하며 그는 코트디부아르와 프랑스의 미래에 대해 말한다.

> 그 이유는 파리 사람이 여러 식민지를 통치하기 때문이다. 그들은 식민지들을 현대적인 삶으로 이끌고 싶어 한다. 선의로 끌고 있는 무거운 쇠공. 그리고 아마도 조금은 위신을 세우기 위해서일지도. 사람은 자식이 커가는 것을 보면 언제나 아쉬움이 든다. 그것은 마음에 허전함을 남기며 비상하게 될 순간을 생각하기 때문이다. 파리는 이 공허함이 두려워 주위에 가족들을 두고 싶어 한다. 파리는 그들을 자신의 그늘로 감싸고, 그들의 성장을 보호할 것이다. 그러나 자식들은, 모든 자식들처럼, 다르게 이해한다. 진정한 경험은 자신이 직접 체험하는 것이고, 그렇게 함으로써 지혜가 얻어진다고 생각하기 때문이다. 사람들은 이 집이 속박을 만들어 속령이 자립하는 것을 방해한다고 비난한다. 그리고 특히 이 집이 과거에 살고 있고, 시계 침이 파리를 위해서 돈다고 믿는 것을 비난한다.

다디에는 성장과 독립이라는 비유에 빗대어 프랑스가 아프리카에 강요하는 예속을 비판한다. 그의 표현은 완곡하지만, 식민주의가 인간과 만물의 이치를 거스르는 것이라는 점을 지적함으로써 그 부당함을 명확하게 드러낸다. 그러면서 다디에는 두 나라의 미래가 신의에 바탕한 친구의 관계로 나아가야 한다고 주장한다. "나는 후

견국들이 칼을 사용할 것이 아니라 식민 지역의 정당한 열망을 이해하고, 그들을 영원한 적이 아닌 변함없는 친구로 만들기 위해 스스로를 되돌아보는 것이 더 좋지 않을까 생각했다. 어떤 일이 있더라도 인간은 함께 살아야 하기에 동거를 위한 조건들을 하루빨리 만드는 것이 무엇보다 중요하다"고 그는 말한다. 작가는 다시 한번 더 억압과 착취가 아닌 공존을 역설한다. 그러면 그러한 공존을 위해 우리는 무엇을 할 수 있을까?

> 우리들은 각자 자신의 삶이 차이 나고, 꿈이 다르고, 출신이 존귀하며, 피부가 더 예민하다고 믿는다. 모든 것이 나와 파리 사람을 가른다. 색깔, 정신, 그의 기계와 냉장고, 시계, 그 모든 것이. 흉내 내봐도 소용없다. 어떤 때에는 그와 나 사이에 단절이 느껴진다. … 그런데 남자와 여자, 아이의 눈을 바라보는 것만으로도 우리를 나누고 있다고 생각된 심연들은 무용지물이 된다.

다디에의 휴머니즘은 인간을 그 어떤 가치들보다 우선시한다. 그리고 개인과 국가가 가진 다양성을 포용한다. 서로의 눈을 바라보는 것은 우리 모두가 차이 속에서도 자유과 권리가 침해될 수 없는 평등한 인간이라는 사실을 확인하는 것이다.

탕오에 베르탱의 파리 여행은 새로운 발견과 인식 확장의 계기가 된다. 그는 프랑스를 식민 통치의 관점에서 나아가 그 자체 역사와 상황에서 관찰하게 되고 이를 통해 한편으로는 인간의 권리와 자유를 위해 싸워 온 프랑스 민중을, 다른 한편으로는 돈과 경쟁이 지배하는 삶에 고통받는 현대 프랑스인을 목격한다. 그리고 이러한 경험은 서로의 차이를 넘어 두 나라의 국민들이 모두 행복을 추구하는 같은 인간이라는 사실을 깨닫게 한다.

베르나르 다디에의 휴머니즘은 이상주의적 관념이라는 비판을 받기도 한다. 경쟁과 억압, 전쟁과 폭력이 상존하고 있는 상황에서 일면 타당성이 있는 지적이지만, 다디에가 보여주는 인간에 대한 근원적인 믿음과 권리와 자유를 쟁취하려는 굳은 의지가 낮게 평가되어서는 안 될 것이다. 특히 그의 휴머니즘이 현실에 대한 냉철하고 분명한 인식에 바탕을 두고 있음을 강조할 필요가 있다. 이런 맥락에서 그는 생고르가 보여주었던 영감의 원천이나 어린 시절에 대한 향수로서의 네그리튀드를 거부한다. 다디에는 아프리카의 전통과 가치를 되살리되 아프리카를 미화하지 않으며 동시에 프랑스의 제국주의를 비판하되 프랑스 그 자체를 증오하지 않는다.

다디에는 그의 휴머니즘을 통해 『파리의 흑인』을 인간의 공존과 현대문명의 문제를 지적하는 보편적 성찰의 차원에 올려놓는다. 그의 휴머니즘은 단순히 핍박받는 자국민에 대한 연민에 그치지 않는다. 그에게서 인간은 국가보다 더 높은 차원에 존재하며, 국민과 민족은 인류 구성원으로서 가치를 지닌다고 할 수 있다. 그의 사유는 아프리카와 서구 어느 한쪽을 우위에 두지 않으며, 그에게 인간은 피부색에 관계없이 근본적으로 평등하다.

마지막으로 다디에는 체제와 국경을 뛰어넘는 휴머니즘에 기반하여 인간을 차별하고 억압하는 탐욕과 야만의 행위에 강력하게 저항한다. 그리고 이러한 인간의 온전한 개화를 향한 노정에서 모든 사람이 함께 살아가는 공존의 세계를 추구한다.

* 이 글은 『프랑스어문교육』 제71집(2020)에 「『파리의 흑인』과 베르나르 다디에의 휴머니즘」이라는 제목으로 실린 논문을 수정 보완한 것임.

디아스포라와 아프로폴리타니즘 속 이중 억압

김정은

감시되고 소비되는 디아스포라: 정체성 정치와 신자유주의 권력의 교차

"당신은 언제부터 흑인[1]이었는가?" 이 질문은 단지 피부색을 묻는 말이 아니다. 그것은 사회가 누군가의 정체성을 규정하고, 분류하며, 소비하는가에 대한 근본적인 문제 제기이자, 우리 시대를 관통하는 날카로운 정치적 선언이다. 이 질문이 던져지는 순간, 우리는 한 개인의 경험을 넘어, 사회 전체가 만들어낸 '차이의 언어'와 마주하게 된다. 특히 디아스포라로 살아가는 이들에게, 이 질문은 감시와 억압의 언어로, 때로는 존재 자체를 위협하는 통제의 도구로 작동한다. 21세기 초, 세계화라는 이름 아래 이루어지는 이주는 더 이상 단순한 지리적 이동이 아니다. 그것은 국경을 넘는 동시에 새로운 억압의 구조에 포획되는, 복합적이고 역설적인 경험이다. 디아스포라 주체의 삶은 그 한 가운데에 있다. 인종, 젠더, 국적, 계급이라는 복수의 경계가 교차하는 지점에서, 그들은 '보이는 자'이자 '감시되는 자', 그리고 '소비되는 자'로 존재한다. 이들의 몸과 언어, 심지어 머리카락 한 올까지도 사회적 시선과 규범의 대상이 된다.

이러한 맥락에서, "당신은 언제부터 흑인이었는가?'라는 질문은 이주와 정체성, 그리고 사회적 분류가 더 이상 개인의 문제가 아니라, 우리 모두가 응답해야 할 시대적 질문임을 강렬히 드러낸다.

이러한 현실을 섬세하게 그려낸 작품이 치마만다 응고지 아디치에(Chimamanda Ngozi Adichie)의 소설 『아메리카나』(*Americanah*, 2013)이다. 이 소설은 사랑 이야기의 외형을 띠지만, 그 중심에는 '국경을 넘는 몸', '표준 영어를 강요받는 억양', '헤어스타일로 평가되는 젠더화 된 인종성'이 놓여 있다. 주인공 이페멜루(Ifemelu)는 나이지리아 출신의 유학생으로 미국에서 신분 불안과 생존의 위기를 겪으며, '비-미국계 흑인'으로서의 정체성을 경험하고 글로 풀어낸다. 그러나 그녀는 미국과 나이지리아를 오가며 살아가는 내내, 어느 한 장소에도 완전히 소속되지 못한 채 끊임없이 분류되고 통제되는 존재로 그려진다. 이페멜루의 몸은 단순한 생물학적 실체가 아니다. 언어, 억양, 외양이라는 기호적 지표로 구성되어 감시의 대상이 되고, 스스로를 감시하게 만드는 훈육의 주체로 내면화 된다. 예컨대, 그녀는 면접장에서 머리를 땋은 흑인 특유의 스타일로 했을 때, "사람들은 그 머리를 유심히 바라보는 것 같은 기분이 들었다... '참 특이하네요'라고 말했다"(Adichie, *Americanah* 203)는 묘사를 통해, 외양의 사소한 차이가 어떻게 사회적 감시와 평가의 대상이 되는지를 보여준다.

미셸 푸코는 『감시와 처벌』에서 근대 권력이 일상 속 '규율 권력'으로 이행했다고 설명하며, 제러미 벤담의 판옵티콘 개념을 통해

‘보이지 않는 감시’가 주체를 자율적으로 통제하게 만든다고 분석한다(Foucault 135-69, 200-02). 이 감시 권력은 피부색, 억양, 외모, 시민권, 이력서와 같은 외적 지표를 통해 주체를 평가하고 범주화하며, 일상에서 미시적으로 실행된다. 시몬 브라운은 특히 흑인의 몸이 역사적으로 감시의 대상이 되어왔으며, 오늘날 생체 정보의 수집과 알고리즘을 통한 추적은 이를 기술적으로 연장한 ‘디지털 판옵티시즘’이라고 명명한다(Browne 9-11, 24-26). 데이비드 라이언 역시 감시를 “사회적 분류의 메커니즘”으로 정의하며, 감시가 정체성과 계층화의 핵심 수단으로 기능한다고 설명한다(Lyon 63-65). 이러한 감시는 ‘소비’의 메커니즘과 맞물려 작동한다. 아킬레 음벰베는 ‘아프로폴리타니즘’을 “혼종성과 이동성, 윤리적 개방성을 기반으로 한 정체성의 정치적 실천”으로 정의하면서도, 그것이 자칫 “장식적 기호로 전락할 위험성”을 내포하고 있다고 경고한다(Mbembe 27). 요기타 고얄과 키엘로조나 에제 역시 아프로폴리탄 정체성이 신자유주의 세계문학 시장에서 미학화되고, ‘스타일화된 흑인성’으로 소비될 위험성을 비판한다(Goyal, “Africa” 145; Eze 240-45).

『아메리카나』는 이처럼 감시와 소비가 교차하는 구조 속에서 살아가는 디아스포라 주체의 존재 방식을 정밀하게 포착한다. 이페멜루는 미국에 와서야 자신이 ‘흑인’이라는 사실을 인지한다. 그녀는 블로그에서 “당신이 미국에 오면, 당신은 흑인이 된다. 그것은 당신이 선택할 수 있는 일이 아니다. 사회가 당신이 누구인지 말해준다”라고 쓴다(Adichie, *Americanah* 273). 이 문장은 ‘흑인

성'이 사회에 의해 구성되는 범주이며, 자율적인 정체성이 아닌 외부에 의해 부여된 '타자화 된 범주'임을 명백히 보여준다. 그러나 그녀는 동시에 블로그를 통해 자신의 경험을 서사화하고, 침묵을 강요당했던 구조에 균열을 내기 시작한다. "가끔 그녀는 자신이 하나의 브랜드가 되어가는 것 같은 기분이 들었다. '인종에 대해 말하는 흑인 소녀'라는 브랜드로"(*Ibid.* 386). 이러한 발화는 곧 인종적 정체성을 상품화하는 또 다른 틀 안에 포획되는 위험에 노출된다. 고얄은 아디치에의 서사가 글로벌 독자를 겨냥해 조정되고 소비되는 방식에 대해 비판하며, 블랙 서사가 문화 자본으로 전환되는 구조적 조건을 날카롭게 지적한다(Goyal. *Runaway* 401).

이페멜루의 이러한 이중적 위치는 로렌 벌런트가 말한 '잔인한 낙관주의' 개념과 맞닿아 있다. 성공한 디아스포라 주체로서 말하고 인정받고자 하지만, 그 말하기는 곧 사회적 규범에 맞춘 조정된 발화로서 진정성을 희생하는 결과를 낳는다(Berlant 1-2). 롭 닉슨의 '느린 폭력' 개념은 이처럼 즉각적이지 않지만, 누적적으로 주체를 마모시키는 구조적 억압을 설명하는 데 유용하다(Nixon 2). 이페멜루의 경우, 지속적인 감시와 상품화 속에서 점차 자기 발화의 의미가 퇴색되어 가는 과정은 '느린 자기 해체'로 읽힌다. 그럼에도 불구하고, 『아메리카나』는 단순한 억압의 기록이 아니다. 이 소설은 디아스포라 주체가 감시와 소비라는 구조 속에서도 끊임없이 말하고 쓰는 행위를 통해 저항하는 과정을 보여준다. 이페멜루의 글쓰기는 푸코의 감시 권력에 대한 문학적 대응이자, 펭 치아가 말하는 '세계-되기'—문학이 새로운 윤리적 공간을 창출하는 정치적 실천—의 구현이다(Cheah 73). 그녀의 서사는 단지 개인적 치유가 아니라, 감시 체계와 상품화 구조에 맞서는 윤리적 실천의 장치다.

결과적으로, 『아메리카나』는 디아스포라 주체가 살아가는 조건 자체가 감시되고 소비되는 이중의 억압 구조 속에 있으며, 이 조건을 인식하고 문학적 실천을 통해 대응할 때 비로소 새로운 말하기와 주체 형성의 가능성이 열릴 수 있음을 보여준다. 이는 디아스포라 문학이 단지 정체성을 재현하는 데 머무는 것이 아니라, 감시와 소비의 권력 구조를 해체하고 비판하는 하나의 윤리적 장치로 기능할 수 있음을 제시하는 중요한 사례다. 본 소설은 디아스포라 주체가 감시의 시선과 문화적 소비의 구조 속에서 어떻게 자신의 정체성을 구성하고, 그 과정에서 말하기와 침묵, 저항과 수용 사이를 오가는지를 보여준다. 이처럼 신자유주의 질서 속에서 감시되고 소비되는 존재로 살아가는 디아스포라 주체의 이야기는 단순한 피해 서사를 넘어서, 글로벌 문학 시장 안에서 문화 자본으로서 기능하는 정체성의 양면성을 드러낸다. 다음 장에서는 이러한 맥락에서 부상한 '아프로폴리타니즘'이라는 개념을 중심으로, 세계문학 시스템 안에서 디아스포라 정체성이 어떻게 정치적 저항의 언어이자 동시에 소비 가능한 기호로 기능하게 되는지를 살펴본다. 특히 음벰베가 제시한 아프로폴리타니즘의 윤리적 가능성과, 그 개념이 세계문학 시장에서 미학화되고 상품화되는 과정을 비판적으로 분석하며, 정체성 정치와 문화 자본의 교차점에서 발생하는 이론적 긴장을 중심으로 논의를 전개할 것이다.

아프로폴리타니즘의 양면성: 세계문학 속 정체성, 비판과 문화 자본의 교차점

아프로폴리타니즘은 21세기 아프리카 디아스포라 문학과 정체성 담론에서 핵심적인 이론의 틀로 등장하였으며, 이는 글로벌 시대 속 아프리카인의 윤리적, 문화적 위치를 재정의하려는 시도이기도 하다. 음벰베와 타이예 셀라시는 이 개념을 통해 국경, 인종, 문화의 경계를 넘어서는 '혼종적 정체성의 정치적 가능성'을 제시했지만, 동시에 이 용어는 신자유주의 세계문학 시장에서 정체성을 '소비주의적 기호'로 전락시킬 위험 또한 내포한다(Goyal, *Runaway* 396; Eze 235). 이러한 이중성을 반영하듯, 아디치에의 『아메리카나』는 단지 세계시민주의적 성공담이 아니라, 정체성의 경계에서 흔들리며 구성되는 정치적 실천의 서사로 읽힌다. 이페멜루는 표면적으로는 글로벌 정체성을 구현하는 인물이지만, 그녀의 여정은 오히려 끊임없는 타자화와 불안정한 자기서사로 점철된다. 이러한 독해는 음벰베의 이론을 출발점으로 삼아, 아프로폴리탄 정체성 내의 윤리적 실천과 문화 자본화 사이의 긴장, 그리고 이 개념이 문학 안에서 비판적으로 재구성되는 방식을 분석하는 데 목적이 있다. 다시 말해, 본 소설은 아프로폴리타니즘이 지닌 윤리성과 시장성 사이의 충돌을 드러내며, 단순한 성공 서사가 아닌, 탈경계적 정체성의 정치성과 문학의 저항적 수행력을 입증하는 사례로 읽힌다.

음벰베는 2007년에 발표한 「아프로폴리타니즘」에서 아프로폴리타니즘을 혼종성, 이동성, 세계시민적 실천에 뿌리를 둔 하나의 윤리적, 문화적 실천 양식으로 제안한다. 그는 정체성을 민족이나 국적에 고정된 실체로 보지 않으며, 아프로폴리탄 정체성을 "아프리카적 세계에 뿌리를 두면서 동시에 세계 전체에 열려 있는 존재 방식"으로 정의한다(Mbembe, "Afropolitanism" 27). 음벰베에게 아프로폴리탄은 단지 하나의 문화적 정체성을 넘어서, "동시에 여러 세계의 후손으로서 살아가는" 아프리카인의 모순되고 복합적인 경험을 포착하는 개념이다(Ibid.). 이러한 정체성은 단순한 묘사나 설명을 넘어서며, 개방성, 다양성, 비판적 자의식에 기반한 윤리적 지향을 내포한다. 다시 말해, 그의 이론의 핵심은 본질주의적이거나 토착주의적인 아프리카 정체성의 구성을 거부하는 데 있다. 아프로폴리타니즘은 '뿌리(root)' 보다는 '경로(route)'를 중시하며, 고정된 영토의 순수성보다는 역사적 얽힘과 교류, 협상의 과정을 강조한다. 이러한 접근은 아프리카계 이론가 크와메 앤서니 아피아의 코스모폴리타니즘 개념과도 맞닿아 있다. 아피아는 『코스모폴리타니즘』에서 "다양성을 위협이 아닌 선으로 인식해야 하며, 서로 다른 이들과의 공존을 위한 습관을 길러야 한다"고 강조하며, 혈연이나 시민권에 한정되지 않는 보편적 타자 책임 윤리를 제안한다(Appiah, *Cosmopolitanism* xv). 두 이론가 모두 차이에 대한 윤리적 책임과 지구적 연대의 가능성을 중시하는 세계관을 지지한다.

그러나 음벰베는 이와 같은 윤리적 이상이 실제 세계문학 및 문화 시장에서 쉽게 왜곡될 수 있음 또한 경고한다. 그는 「아프리카적 자기-서술 방식」과 『죽음 정치』에서, 아프리카 주체가 종종 글로벌 문화회로 속에서 대상화되거나 고통의 기호로만 소비되는 현실을 비판한다. 『죽음 정치』에서 그는 다음과 같이 지적한다: "아프리카는 더 이상 세계사의 주체가 아니라, 세계의 비극적 이면을 상징하는 표식으로 작동한다"(Mbembe, *Necropolitics* 16-17). 다시 말해, 아프리카의 고통은 미학적 자본으로 전환되고, 아프리카 주체는 오로지 고통과 상실이라는 클리셰를 통해서만 인식 가능한 존재가 되어버린다. 이처럼 아프로폴리타니즘은 신자유주의적 정체성 소비의 논리에 쉽게 포섭되어, 윤리적 전환 가능성을 잃고 다문화적 신선함이라는 기호로 전락할 위험을 안고 있다. 이러한 점에서 음벰베의 아프로폴리타니즘은 하나의 이상적 모델이자 동시에 긴장과 모순이 내재된 실천이다. 이 개념은 아프리카 디아스포라 주체가 식민지 민족주의의 경계를 넘어서는 가능성을 긍정하면서도, 동시에 그 정체성이 글로벌 문화 자본주의 안에서 얼마나 쉽게 전유되고 미학화될 수 있는지를 경고한다. 바로 이러한 이중성이 오늘날 아프로폴리타니즘을 둘러싼 논쟁의 핵심을 이루며, 아디치에의 『아메리카나』와 같은 작품을 세계시민적 윤리와 문화적 상품화 사이의 긴장을 중심으로 독해하는 데 이론적 토대를 제공한다.

정체성의 상품화와 정치적 몸: 『아메리카나』 속 이페멜루의 딜레마

이러한 긴장과 이중성을 문학적으로 드러내는 대표적인 작품이 바로 『아메리카나』 이다. 이 소설은 주인공 이페멜루를 통해 아프로폴리타니즘이 지닌 윤리적 실천과 소비적 기호 사이의 긴장을 구체적으로 형상화한다. 이와 같은 맥락에서, 이페멜루가 프린스턴에서 경험한 인종적 깨달음을 블로그에 쓰는 장면은 디아스포라 주체가 윤리적 실천의 주체로서 발화하는 대표적인 사례다. 그녀는 "나는 인종이 문제가 되지 않는 나라에서 왔다. 스스로 흑인이라고 여기지 않았고, 미국에 와서야 비로소 흑인이 되었다"라고 서술함으로써(Adichie, *Americanah* 220), 정체성이 고정된 것이 아니라 장소와 맥락에 따라 구성되는 구조적 성격을 가지고 있음을 지적한다. 이러한 장면은 음벰베가 말한 '여러 세계의 후손'이라는 정의와 맞물려, 아프로폴리탄 정체성이 단일한 소속감이 아닌 혼종적이며 이동적인 주체의 윤리적 성찰로 이루어졌음을 보여준다(Mbembe, "Afropolitanism" 27). 그러나 이러한 윤리적 실천이 현실의 자본주의적 질서 속에서 어떻게 변형될 수 있는지를 보여주는 장면 또한 소설에 공존한다. 이페멜루가 블로그를 통해 사회적 인지도를 얻고, 뉴욕의 백인 남성과의 관계를 통해 사회적, 문화적 자본을 축적해 나가는 과정은, 음벰베가 『죽음 정치』 에서 경고한 바 있는 '아프리카적 고통의 상품화'를 떠올리게 한다(Mbembe, *Necropolitics* 16-17). 윤리적 실천의 가능성은 언제든지 문화 시장의 수용논리에 의해 전유될 수 있으며, 이는 아프로폴리타니즘이 세계문학 체제 내에서 문화적 상품으로 소비될 위험성을 경고하는 지점이다.

더 나아가 이페멜루의 귀국 이후 경험은 이러한 소비주의의 반대편, 즉 아프로폴리탄 정체성의 귀환 불가능성을 보여준다. 나이지리아로 돌아온 그녀는 '미국에서 돌아온 자'라는 사회적 낙인을 통해 타자화되고, 오히려 자신의 고향에서도 이방인의 위치에 놓인다. 이러한 경험은 아프로폴리타니즘이 단지 다문화적 성공서사가 아니라, 귀환 이후에도 여전히 타자의 위치를 감내해야 하는 윤리적 딜레마를 내포하고 있음을 보여준다. 결과적으로, 『아메리카나』는 아프로폴리타니즘의 윤리와 소비주의 사이의 복합적 긴장을 문학적으로 재현한다. 이 소설은 이동성과 혼종성을 단순히 찬미하기보다는, 그것이 문화자본화의 구조 속에서 어떻게 전유되고, 다시 저항할 수 있는지를 성찰하는 문학적 실천의 장으로 기능한다. 음벰베의 이론은 이 소설을 통해 아프로폴리탄 정체성이 지닌 가능성과 위험을 동시에 사고할 수 있는 비판적 틀을 제공하며, 세계문학 속 정체성 정치의 새로운 윤리적 조건을 모색하게 만든다.

이러한 맥락에서, 아프로폴리타니즘은 등장 초기부터 디아스포라 아프리카인들이 겪는 정체성의 억압과 분열을 단순히 진단하는 데 그치지 않고, 이를 윤리적, 미학적 실천을 통해 극복하려는 대담한 시도로 주목받았다. 특히 셀라시의 「안녕, 바바르」는 아프로폴리탄을 "뿌리를 넘나들며 사는 세련되고 세계적인 아프리카인"으로 규정하며, 미학적 혼종성과 다문화적 세련됨을 그 특징으로 내세운다(Selasi "Bye-Bye Babar"). 하지만 셀라시의 아프로폴리탄 개념은 정치적 투쟁보다는 정체성의 스타일화 된 재현에 가까워졌고, 이는 곧 세계문학 시장 안에서 소비 가능한 신유형의 아프리카성으로 전환되었다. 이러한 전환을 날카롭게 비판한 이가 고얄이다. 그녀는 『경계를 넘나드는 장르』에서 아프로폴리탄 서사가 종종 "흑인 고통을 유희화하고, 탈-정치화 된 세계문학 시스템의 트로피로 기능" 한다고 주장한다(Goyal, *Runaway* 410). 그녀에 따르면, 아프로폴리탄 서사는 아프리카적 고통과 정체성의 경계를 초월하는 동시에, 그 고통을 세계문학 시장에 팔기 좋은 기호로 재구성해 버릴 위험이 있다. 고얄은 특히 아디치에가 세계문학 시장에서 주목받는 스타 작가로 자리매김하면서도, 동시에 그 시장을 비판적으로 성찰하는 위치에 서 있음을 강조한다(*Ibid.* 403). 이러한 이중적 위치는 『아메리카나』에서 이페멜루라는 인물을 통해 구체화되며, 작품은 정체성의 유동성과 그에 수반되는 정치적, 사회적 긴장을 생생하게 드러낸다. 그녀가 겪는 경험들은 아프로폴리타니즘의 윤리성과 상품화 가능성 사이의 모순을 잘 보여준다. 그녀의 삶의 여정을 통해 짐작 가능하듯이, 외형상으로 보면 그녀는 셀라시가 말한 아프로폴리탄의 전형처럼 보인다. 다언어 구사능력, 글로벌 이동 경험, 문화적 유연성을 갖춘 이페멜루는 세계문학 시스템이 이상적으로 그려내는 '혼종적 주체'의 조건을 모두 충족한다. 그러나 겉으로는 유연하고 세련된 글로벌 주체로 비칠지라도, 실제로 그녀는 그 혼종적 위치에서 정체성의 자유가 아닌 억압과 자기 해체의 고통을 겪는다.

이러한 내면의 균열은 그녀가 미국에 처음 도착해 고용 문제에 부딪히는 순간 명확하게 드러난다. 사회보장번호와 같은 신분 증명이 없다는 이유로 합법적인 노동 기회가 차단되고, 경제적 생존을 위한 선택의 폭이 급격히 좁아진다. 동시에, 그녀는 피부색과 억양, 시민권 등의 외적 지표로 인해 '이방인'으로 분류되며, 미국 사회가 작동시키는 인종화 된 감시 체계와 정면으로 충돌한다. 이러한 경험은 이페멜루로 하여금 자신의 정체성을 새롭게 인식하고, 동시에 그 정체성의 구성 조건 자체를 비판적으로 성찰하게 만든다. 가장 상징적인 장면은 그녀가 미용실에서 자신의 머리를 여느 백인들과 닮은 스트레이트로 펴야 취업 면접에서 잘 보일 것이라는 말을 듣고, 머리를 펴는 과정을 묘사하는 부분이다: "그녀는 뜨거운 드라이어 바람 아래 고개를 숙였다. 두피가 타는 것 같은 느낌을 받으면서도, 면접에서 '특정 인종의 특징이 너무 두드러져 보이지 않아야 한다'고 생각했다"(Adichie, *Americanah* 251). 이 장면은 세련된 글로벌 정체성이라는 아프로폴리탄 이상이 실제로는 몸에 대한 폭력과 동화의 강요로 실현되고 있음을 보여주는 상징적 장면이다. 이페멜루는 머리카락이라는 신체적 부위를 통해 자신의 아프리카성을 제거하려 하며, 이는 세계에 어울리는 흑인이 되기 위한 자기 폭력적 실천이 된다. 이는 단지 미용의 문제가 아니라, 정체성의 표피를 글로벌 시장에 맞게 조정하는 정치적 몸의 수행이다. 이러한 정체성의 조정, 즉 자신의 모습을 새롭게 정의하고 상황에 맞게 바꾸는 과정은 고통과 침묵 속에서 이루어지며, 닉슨이 말한 '느린 폭력'과도 연결된다. 닉슨은 이 용어를 통해 "즉각적이지 않지만 지속적으로 존재를 파괴하는 구조적 폭력"을 설명한다(Nixon 2). 이페멜루의 경험은 이러한 느린 폭력의 전형이다. 그녀는 미국 사회에서 비가시적인 규율—피부색, 억양, 머리 스타일, 발음 등—을 통해 지속적으로 억압받으며, 소비 가능한 주체로 길들여진다.

이런 의미에서 아프로폴리탄 정체성은 벌런트가 정의한 '잔인한 낙관주의' 개념과도 상응한다. 벌런트에 따르면, 잔인한 낙과주의란 주체가 자신의 삶의 성취를 위해 의존하는 대상이 동시에 그 가능성을 가로막는 역설적 상황을 가리킨다(Berlant 1-2). 이페멜루는 미국 사회에서 성공을 위해 억양을 바꾸고, 머리를 펴고, 블로그에서 흑인으로 살아가는 법을 유머와 풍자 속에 가둔다. 이페멜루가 얻은 사회적 인정은, 실은 그녀의 고통이 백인 독자들에게 소비 가능한 형태로 가공되었기 때문에 가능했던 것이기도 하다. "사람들은 그녀의 블로그를 좋아했다. 그녀가 인종차별에 대해 이야기하면서도 사람들을 웃게 만들어서 좋았다. 그리고 그녀가 그들에게 죄책감을 느끼게 하지 않는 점도 마음에 들었다"(Adichie, *Americanah* 348). 이 구절은 디아스포라 주체의 고통이 세계문하 시장에서 얼마니 손쉽게 유쾌한 감상물로 전락할 수 있는지를 적나라하게 드러낸다. 이페멜루는 블로그를 통해 자신의 고통을 드러내지만, 그것은 종종 백인 독자들이 불편함을 느끼지 않도록 가공된 이야기로 수용된다. 이는 디아스포라의 말하기가 언제든지 세계문학 자본주의의 유희적 질서에 포섭될 수 있음을 보여주는 장면이다. 그렇기에 아디치에의 『아메리카나』는 단순한 정체성 탐색이나 성공적 혼종성의 서사가 아니다. 오히려 그것은 정체성이 어떻게 시장에 의해 형성되고, 감시되고, 소비되는지를 폭로하는 서사이며, 동시에 아프로폴리탄 이상이 얼마나 쉽게 비정치적 브랜드로 전환할 수 있는지를 비판적으로 드러내는 문학적 실천이다. 아디치에는 이페멜루라는 인물을 통해, 셀라시 방식의 아프로폴리탄 이미지에 문학적으로 균열을 가하고, 그 안에서 억압된 주체의 고통과 침묵을 되살려낸다. 이러한 문학적 전략은 단지 외부의 시선을 비판하는 데 그치지 않는다. 아디치에는 아프로폴리탄 주체가 내부적으로 어떤 윤리적 균열과 귀환 불가능성을 경험하는지를 치밀하게 추적한다.

귀환 불가능성과 윤리적 혼종성: 아프로폴리탄 주체의 자기 서사

아디치에의 비판적 실천에도 불구하고, 그녀는 아프로폴리타니즘의 대표 작가로 간주된다. 그녀의 작품은 전 세계적으로 번역되어 읽히며, TED 강연과 인터뷰는 글로벌 아프리카 지식인으로서의 그녀를 더욱 부각시킨다. 그러나 이러한 이미지와는 달리, 그녀의 소설은 아프로폴리탄 정체성을 무비판적으로 재현하기보다는 끊임없이 교란을 전복하는 전략을 채택한다. 『아메리카나』는 바로 이러한 아디치에의 비판적 작가 위치를 가장 잘 드러내는 작품이다. 이페멜루는 표면적으로 보자면 아프로폴리탄 주체다. 미국 유학, 고학력, 디지털 매체를 통한 자기표현, 도시 간 이동 등을 경험하며, 셀라시가 말한 아프리카에만 머물지 않는 존재에 부합하는 인물처럼 보인다. 하지만 아디치에는 이러한 표상에 의식적 균열을 만들어낸다. 대표적인 장면은 이페멜루가 블로그를 통해 미국의 인종 정치에 대해 서술하면서, 자신이 미국에서 처음으로 흑인이 되었다는 깨달음을 언급하는 부분이다: “미국인이 아닌 흑인에게, 당신이 미국에 가면 비로소 ‘흑인’이 된다... 이전에는 알지 못했던 ‘흑인성’을 발견하게 된다. 그리고 미국에서 흑인으로 산다는 것은 백인의 시선에 맞서 스스로를 정의해야 한다는 것을 배우게 된다"(Adichie, *Americanah* 273). 이 서술은 단순한 문화적 차이의 문제가 아니라, 정체성이 외부 권력, 즉 백인 시선에 의해 규정된다는 구조적 폭력을 폭로하는 것이다. 이페멜루는 스스로를 아프로폴리탄으로 그녀의 정체성을 형성하지 않는다. 오히려 그 개념이 요구하는 세련된 혼종성이 자신의 억압을 은폐하고, 상품화하는 기제로 작동함을 비판적으로 인식한다.

에이미 엘리아스는 이 장면을 디아스포라 주체의 자기-서술과 경계적 위치의 수행으로 읽는다. 그녀는 이페멜루가 디지털 서사를 통해 자신의 정체성을 재구성해가는 과정을 "'데이터화 된 자아'와 '디지털 국경'을 넘나드는 행위"로 분석하며, 이는 곧 이중 타자화의 조건을 스스로 서사화하는 윤리적 실천이라 평가한다(Elias 38-39). 아디치에의 이런 전략은 고얄이 언급한 이중적 위치성과도 맞닿는다. 고얄의 아디치에에 대한 평가에서도 알 수 있듯이(Goyal, *Runaway* 403), 아디치에는 유명세를 얻은 작가로서 세계문학 시장에 포섭되는 위치에 있으면서도, 그 속에서 아프로폴리탄이라는 개념 자체의 공허함을 소설적 장치로 비판하는 입장을 유지한다. 예컨대, 아디치에는 TED 강연에서 아프리카 정체성이 서구 사회에서 어떻게 단순화되고 소비되는지를 비판하며 다음과 같이 말한다: "미국에서 아프리카의 이야기가 종종 고통의 경쟁으로 소비된다. 전쟁이나 빈곤에 대해 다루지 않으면 '진정한 아프리카 이야기'로 받아들여지지 않는다"(Adichie, "Danger"). 이는 세계문학 독자들이 기대하는 아프리카성이 고통과 비극의 상품화에 있다는 점을 날카롭게 지적한 것이며, 동시에 아디치에가 자신의 문학과 정체성이 어떻게 소비되는지를 작품 안에서 비판적으로 반영하는 자기-인식의 방식이기도 하다. 따라서 아디치에는 단지 아프로폴리탄 정체성을 재현하는 것이 아니라, 그 개념 자체를 해체하며 비판적으로 전유한다.

이러한 자기 비판적 성찰은 이페멜루라는 인물을 통해 구체화 된다. 그녀는 『아메리카나』 전반에서 정치적 딜레마에 처한 아프로폴리탄 주체로 그려진다. 그녀는 어디에도 완전히 소속되지 못한 채, 미국에서도, 귀환한 나이지리아에서도 타자의 위치에 놓인다. 이페멜루는 이중적 배제의 상황 속에서 자신의 정체성을 끊임없이 재구성하며, 문화적 혼종성과 사회적 이방성 사이에서 윤리적 균열을 경험한다. 이는 아프로폴리탄 정체성이 단지 경계 너머의 정체성이 아니라, 경계 사이에서 지속적으로 흔들리는 존재 방식임을 드러낸다. 결국 『아메리카나』는 아프로폴리타니즘의 표면적 유연성 너머에 존재하는 정체성의 위기와 비판적 가능성을 함께 제시한다. 다시 말해, 그녀는 어떤 사회에도 완전히 소속되지 못하며, 동시에 온전히 환영받지도 못한다. 미국에서는 비-아프리카계 흑인이 아니기 때문에 이방인이며, 나이지리아에서는 미국 물 먹은 여자라는 낙인을 받는다. 이처럼 이페멜루는 이중의 경계, 이중의 시선, 이중의 언어 속에서 존재한다. 이러한 딜레마는 소설 후반부에서 그녀가 나이지리아로 귀국한 뒤 겪는 정체성의 위화감에서 잘 드러난다. 그녀는 어린 시절을 보낸 라고스에서 조차 더 이상 정상적으로 받아들여지지 않는다. 그녀의 언어는 미국식 억양이 섞였고, 가치관은 고국의 질서와 어긋난다. 다음과 같은 묘사에서 그녀는 단순한 문화 충격을 넘어, 정체성의 탈주와 분열, 그리고 그에 따른 정치적 고립을 표현한다: “사람들은 그녀가 변했다고, 이제는 너무 미국 사람 같다고 말했다. 그녀는 도시도 변한 것 같다고 느꼈다. 모든 것이 더 빠르고, 더 거칠어졌다고. 하지만 달라진 건 어쩌면 도시가 아니라, 정작 변한 것은 그녀 자신일지도 모른다고 느꼈다”(Adichie, *Americanah* 455). 이 장면은 단지 장소가 바뀐 것이 아니라, 이페멜루가 정체성의 위계질서 속에서 점점 더 소외되고 있음을 체감하고, 더 나아가 인식하고 있음을 극명하게 드러낸다.

음벰베는 이러한 상태를 현대적 존재의 식민화라 부른다. 그는 아프리카 주체가 국가와 시장, 시선과 언어에 의해 자기-서술 능력을 박탈당하는 구조에 주목한다(Mbembe, *Necropolitics* 29). 이페멜루의 위치는 바로 이러한 ‘자기-서술의 불가능성과 상품화의 경계에 선 주체’로서, 아프로폴리탄이라는 이상이 실제로는 얼마나 모순적이고 불완전한지를 극명하게 드러낸다. 벌런트의 잔인한 낙관주의 개념은 이페멜루의 딜레마를 분석하는 데 다시 유효하다. 그녀는 미국에서도, 나이지리아에서도 자유로운 주체로 존재하기 위한 욕망을 품지만, 그 욕망을 실현하는 사회 구조는 오히려 그녀를 더욱 분열시키고 소외시키는 장치로 작동한다. 그녀의 귀국은 귀향이 아니라, 정체성의 무중력 상태로의 진입이다. 이페멜루는 소설 말미에서 블로그를 그만두고, 침묵의 상태에 가까운 내적 혼란을 겪는다. 이는 단지 작가로서의 정체성을 상실했다는 뜻이 아니라, 자신의 말이 더 이상 유효하지 않게 된 구조적 환경에 대한 인식이다. 그러나 바로 그 말할 수 없음의 인식이 그녀를 새로운 발화의 가능성으로 이끈다. 소설의 마지막 장면에서 그녀는 오빈제와 다시 제회하면서 다음과 같이 말한다: “네가 있어서 돌아왔어”(Adichie, *Americanah* 588). 이 문장은 로맨틱한 귀결처럼 보일 수 있지만, 동시에 정체성의 혼종성과 정치적 부재에 대한 내적 화해의 시작이기도 하다. 이페멜루는 세계문학의 장과 미국 사회, 나이지리아 사회 어디에도 완전히 편입되지 않음으로써, 오히려 아프로폴리탄 주체로서 새로운 서사적 정치를 개시할 가능성을 얻는다.

경계 위의 삶:
디아스포라 주체성과 ‘이중 국경’의 감각적 정치학

21세기 디아스포라 문학은 단순히 한 개인의 국경 넘기, 즉 단순한 이민자 정착기와 관련한 서사의 반복이 아니다. 그것은 물리적 이동과 더불어, 존재의 해체와 재구성을 강요받는 정체성의 정치적 실험장이자, 인종, 계급, 젠더의 복합 권력이 교차하는 경계의 공간으로 확장된다. 이러한 맥락에서, 디아스포라 서사는 더 이상 이주와 정착, 낯선 환경에의 적응이라는 구조에 머물지 않고, 오히려 권력에 의해 정체성이 구성되고 재배치되는 ‘이중 경계’의 공간으로 기능한다. 이중 경계, 즉 이중 국경이란 단지 국가 간의 물리적 출입 통제를 의미하지 않는다. 그것은 피부색, 억양, 시민권, 젠더 수행성, 법적 신분과 같은 사회적이고 감각적인 분류의 경계를 아우른다. 디아스포라 주체는 이 두 가지 국경을 동시에 통과해야 한다. 이 때 이주는 단순한 이동이 아니라, 새로운 시선의 구조에 편입되는 동시에 배제 당하는 이중적 경험을 의미한다. 『아메리카나』에서 이페멜루의 삶은 이러한 복잡한 경계의 교차점에서 형성된 실존적 이야기다. 그녀가 미국에 입국하는 장면은 물리적 국경을 넘는 것이지만, 그 후 그녀가 마주하는 진정한 장벽은 제도, 시선, 언어, 문화로 구성된 두 번째 국경이다. 그녀가 미국에서 자신이 흑인으로 인식되기 전까지 자신을 단지 나이지리아인으로 여겼다고 고백하는 장면은 그녀가 통과한 두 번째 국경, 즉 인종화 된 시선에 의해 구성되는 사회적 정체성의 국경선을 상징적으로 드러낸다. 이페멜루는 미국에 도착하는 순간부터 자신의 정체성이 타자화 되는 새로운 감시의 질서 안에 편입되었음을 인식한다. 그녀는 이전까지 흑인이라는 범주가 자신에게 적용되지 않았음을 깨달음으로써, 그 범주의 정치성과 폭력성을 동시에 자각하게 된다.

이러한 경험은 지그문트 바우만이 『액체 근대』에서 제시한 이론과도 상통한다. 바우만은 현대 사회에서의 이동성이 해방의 도구라기보다, 유동성과 불안정성 속에서 신자유주의적 통제를 재구성하는 장치임을 강조한다(Bauman 9). 이페멜루의 이주는 더 나은 삶을 향한 자발적 선택이지만, 그녀가 직면하는 현실은 피부색, 억양, 문화 자본의 부족 등으로 인해 오히려 자유보다 통제에 더 가깝다.

그녀의 몸은 그 자체로 해석되며 분류되고, 특정 집단으로 배치된다. 이러한 분류는 언어와 억양에서도 나타난다. 미국에서 그녀는 '억양'을 통해 지속적으로 타자화 된다: "그녀는 나이지리아 억양으로 영어를 말했다. 그래서 언제나 '억양 있는 그 여자애'로 남았다"(Adichie, *Americanah* 178). 이 짧은 문장은 억양이 단지 발음의 차이가 아니라, 사회적 정체성을 구분하는 기준이자 배제의 메커니즘으로 작동함을 보여준다. 주디스 버틀러는 『전쟁의 틀』에서, 어떤 생명이 정치적으로 가시화되고 애도 받을 수 있는가의 여부는 결국 언어와 신체에 작용하는 사회적 규율에 의해 결정된다고 강조한다(Butler 5-6). 이페멜루의 억양은 그녀가 아무리 유창하게 영어를 구사하더라도, 미국 사회 내 인종적 위계질서에서 '외부인'으로 배치시킨다. 더욱이 이페멜루는 학생비자가 만료되면서 미국 내에서 '미등록자'가 되는 위기에 처한다. 이는 단지 합법성의 문제가 아니다. 그녀는 사회적 제도와 시장에서 존재는 하되, 보호받지 못하는 존재, 즉 음벰베가 『죽음 정치』에서 말한 생명과 죽음의 경계에서 존재하는 주체가 된다(Mbembe 23). 이 경험은 소설에서 매우 강렬한 장면으로 묘사된다. 생계를 위해 선택한 성적 거래 경험은 그녀의 서사에서 말해지지 못하는 고통으로 남는다: "그녀는 집세를 내기 위해 몸을 팔았다. 하지만 아무에게도 말하지 않았다. 그 이야기는 마치 자신의 것이 아닌 것처럼, 누군가 다른 사람에게 일어난 일처럼 느꼈기 때문이다"(Adichie, *Americanah* 198). 이는 신자유주의 사회에서 디아스포라 여성 주체가 자신의 신체조차 '타인의 이야기'로 분리되는 소외 경험을 적나라하게 보여준다. 그녀는 말하고자 하지만 말할 수 없는 위치에 있으며, 타인의 폭력과 제도의 침묵 사이에서 '발화 불능의 주체'로 전락한다.

그러나 이페멜루는 단지 피해자의 위치에 머무르지 않는다. 그녀는 정체성을 구성하는 또 다른 방식, 즉 '혼종성'을 통해 자신의 위치를 재구성하려 시도한다. 길로이는 흑인 디아스포라의 정체성을 국가 중심적 모델이 아니라, 대서양을 횡단하는 문화적 혼종성의 흐름으로 파악한다(Gilroy 4-5). 이페멜루는 미국과 나이지리아 어디에도 속하지 않지만, 바로 그 경계의 공간에서 새로운 정체성을 사유하게 된다. 그녀는 미국에서 '진정한 흑인'이 아니며, 나이지리아에서도 '진정한 아프리카인'이 아니다. 그녀는 언제나 이중 경계 바깥에서 정체성을 구성해야 한다. 이페멜루가 자주 듣는 말은 바로 '이제는 말투가 달라졌네' 혹은 '예전이랑은 달라졌네'와 같은, 정체성의 변형에 대한 불신이다. 그녀는 스스로 묻는다: "사람들이 그녀에게 '미국에 와서 운이 좋다'고 말할 때, 그녀는 무슨 말을 해야 할지 몰랐다. 정말 그녀는 운이 좋은 걸까? 이게 과연 행운이었던가?"(Adichie, *Americanah* 152). 이러한 질문은 '이주=기회'라는 낙관적 담론을 전면 부정한다. 이페멜루는 이동을 통해 자율성과 성공을 얻는 것이 아니라, 오히려 혼종성과 분열, 침묵의 정체성을 얻게 된다. 길로이의 혼종성이 문화적 창조의 공간이라면, 아디치에가 그리는 혼종성은 통제와 감시가 교차하는 경계에서 발화되는 저항의 공간이다. 결국, 이페멜루의 세계는 중심에도, 변방에도 속하지 않는다. 그녀는 시민권도, 법적 지위도 없이 감시되고 상품화되는 경계적 존재다. 그녀의 블로그는 국가의 검열이나 제도적 언어를 벗어난 비국가적 발화의 장으로 기능하지만, 그마저도 때로는 백인 독자의 소비를 위한 "정치적으로 안전한 고백"이 되곤 한다(Elias 43). 치아는 이러한 디아스포라의 상태를 탈-국가적 존재의 윤리로 읽으며, 문학이 그런 존재를 세계 속에 위치시키는 "세계-되기"의 장치라고 강조한다(Cheah 73). 이러한 맥락에서, 이페멜루의 존재는 말할 수 없는 경계에서 문학적 증언과 윤리적 재구성의 가능성을 품고 있는, 이 시대 디아스포라 주체의 전형이다.

말할 수 있는 자, 말해야 하는 자: 디지털 시대의 세계-되기와 증언 서사

치아는 『세계란 무엇인가?』에서 문학을 단순히 세계를 재현하거나 반영하는 수동적 매체로 보지 않는다. 그는 오히려 문학을 '세계-되기'의 수행적 실천이라고 규정하며, 특히 "주변부 주체들"이 문학을 통해 세계 안에 자신을 위치시키는 윤리적 행위를 수행한다고 주장한다(*Ibid.* 73-4). 이러한 관점은 문학이 단지 의미를 전달하는 기호체계가 아니라, 실제로 세계를 조직하고 세계 질서에 개입하는 도구로 작동한다는 점을 부각시킨다. 문학은 세계 안에서 발화되지 못했던 존재들에게 말할 수 있는 공간을 제공하고, 세계의 권력 구조와 감각적 위계에 도전하는 윤리적 수행의 장이 된다.

아디치에의 『아메리카나』 속 주인공 이페멜루의 블로그는 바로 이 개념을 서사적으로 구현한 사례다. 그녀의 블로그는 개인적 일상이나 감정의 기록을 넘어, 미국 사회 내에서 디아스포라 주체가 경험하는 인종화, 억양 차별, 사회적 규율과 같은 문제들을 정치적 언어로 변화하여 말하는 공간으로 기능한다. 즉 이 블로그는 이페멜루에게 있어 단지 온라인 공간에 불과한 것이 아니라, 그녀가 세계 속에서 윤리적으로 '말하는 존재'로 재구성되는 장소다. 그녀는 이 블로그를 통해 주변화 된 주체로서의 경험을 기록하고, 이를 공론장의 담론으로 재구성한다. 그렇게 함으로써 블로그는 문학과 디지털 서사가 결합한 하나의 '세계-되기' 장치로 기능한다. 엘리아스는 이페멜루의 블로그를 "디지털 시대의 증언 서사"로 규정하면서, 이 공간이 디지털 감시 사회 안에서도 주체가 말할 수 있는 조건을 확보하게 해주는 중요한 비국가적 공간이라고 평가한다(Elias 43). 블로그는 전통적인 출판 구조나 검열 기제를 우회하며, 그 자체로 다중적 청중과의 소통을 가능케 하는 윤리적 공동체 형성의 장이다. 다시 말해, 그녀의 블로그는 개인적 체험을 공적 언어로 전환하는 매개체로 작용하며, 독자와 맺는 윤리적 소통을 통해 새로운 형태의 연대 공간을 구성한다. 그녀는 이 글쓰기를 통해 단순히 주변화 된 주체의 경험을 발화하는 데 그치지 않고, 언어를 통해 세계를 다시 구성하려는 윤리적 주체로 자리매김한다.

이페멜루의 블로그에서 가장 두드러지는 서사 전략 중 하나는 풍자다. 그녀는 단지 인종차별의 사실을 나열하거나 감정적으로 호소하지 않는다. 대신 미국 사회가 인종 문제를 어떻게 '예의'라는 이름으로 은폐하고, 침묵을 미덕으로 삼는지를 날카롭게 조명한다: "미국에서는 인종에 대해 덜 이야기할수록 더 예의 바른 사람으로 여겨진다"(Adichie, *Americanah* 288). 표면적으로는 정중함을 요구하는 사회적 질서가 실상은 인종 문제에 대한 논의를 회피하거나 억압하는 구조적 메커니즘으로 작동함을 이 문장은 날카롭게 드러낸다. 이처럼 블로그의 언어는 감정적 토로가 아닌, 사회적 구조에 대한 진단과 정치적 저항의 전략으로 구성되어 있다. 그러나 이 블로그가 완전히 해방적이거나 자율적인 공간이라고만 보기는 어렵다. 가야트리 차크라보르티 스피박의 『서발턴은 말할 수 있는가?』에서 서발턴, 즉 하위주체의 말하기는 언제나 지배 담론과 수용자의 시선에 의해 매개된다고 비판하며, 이러한 말하기가 진정으로 자율적일 수 있는가에 의문을 제기한다(Spivak 104). 이페멜루의 경우도 마찬가지다. 그녀는 백인 독자의 반응을 의식하면서, 점차 자신이 어떤 말은 해야 하고 어떤 말은 피해야 하는지를 판단하게 된다. 이페멜루의 글은 점차 '독자에게 받아들여지기 위해 조율된 언어'로 변화해간다. 이러한 긴장은 다음 문장에서 극명하게 드러난다: "그녀[이페멜루]는 사람들이 듣고 싶어 하는 이야기만 쓰고 있는 것은 아닐까 걱정했다"(Adichie, *Americanah* 374). 이는 그녀의 말하기가 더 이상 온전히 자신의 목소리가 아닐 수 있다는 점에 대한 자기 성찰적 불안을 반영하며, 발화 주체로서의 자율성과 외부 기대 사이의 긴장을 드러낸다. 처음에는 억압받던 현실에 대해 발화하던 그녀가, 점차 '말할 수 있는 흑인 여성 이민자'라는 정체성을 유지하기 위해 백인 독자들을 대상으로 예상 가능한 언어로 말해야 하는 자기검열의 상황에 놓이는 것이다. 다시 말해, 그녀의 블로그는 해방의 장이자 동시에 자기 상품화의 통로로 변질될 위험을 품고 있는 복합적 공간인 셈이다.

이와 같은 복합적인 정체성과 발화의 긴장 구조는, 디지털 시대의 정체성 재현에 주목한 난잘라 냐볼라의 비판적 논의와도 긴밀하게 맞물린다. 그녀는 『디지털 민주주의, 아날로그 정치』에서 디지털 플랫폼이 주변부 주체에게 이전보다 더 많은 말하기의 기회를 제공하지만, 동시에 그 플랫폼이 감시, 검열, 상품화의 장치로 작동할 수 있다는 이중적 속성을 강조한다(Nyabola 117-19). 이페멜루 역시 블로그를 통해 디지털 서사에 참여하면서도, 그 말하기가 다시 감시와 규율, 기대와 검열의 장치 안에 갇히게 되는 모순을 경험한다. 결과적으로, 이페멜루의 블로그는 단지 흑인성, 디아스포라, 이민자 정체성에 대한 감정적 고백의 장소가 아니다. 그것은 문학적 글쓰기를 통해 세계에 진입하고, 동시에 그 세계가 말하는 주체를 어떻게 다시 규정하고 제도화하는지를 드러내는 장치다. 이페멜루는 자신의 삶을 말하며 세계를 구성하고자 하지만, 그 구성 과정에서 세계문학 시장의 수용 방식과 디지털 감시 사회의 규범에 부딪히며 발화의 윤리적 복잡성에 직면한다. 결국, 『아메리카나』는 이페멜루의 블로그를 통해, 디아스포라 주체의 말하기가 어떻게 해방과 통제를 동시에 수반하는 정치적 행위로 작동하는지, 그리고 그 행위가 글로벌 자본주의 질서와 문학적 소비 구조 속에서 어떻게 조정되고 위태롭게 위치하는지를 조명한다. 이 작품은 글쓰기의 윤리성과 세계에 대한 개입이라는 문학의 본질적 질문을 다시 상기시키며, 디지털 시대의 문학적 실천이 지닌 가능성과 한계를 동시에 보여준다.

경계 위의 언어, 디아스포라의 문학적 실존: 말할 수 없는 존재에서 세계를 말하는 주체로

21세기 세계문학의 지형에서, 『아메리카나』는 세계문학 시장의 중심에서 가장 주변부적인 위치에 놓인 흑인 여성 디아스포라 주체의 발화 가능성을 비판적으로 재구성하는 정치적 서사다. 이 소설은 단순한 이민자 정체성의 탐색이나 사랑 이야기로 환원되지 않는다. 이 작품의 진정한 핵심은 감시와 소비, 침묵과 발화, 규율과 저항이 교차하는 권력 구조 속에서 윤리적 주체가 어떻게 형성되는지를 철학적이면서도 문학적으로 성찰하는 데 있다. 이러한 복합적 탐구를 통해, 이 소설은 경계 위에 놓인 존재들이 겪는 긴장과 저항의 서사를 정교하게 구축해낸다. 지금까지 소설 속 이페멜루라는 인물을 중심으로, 디아스포라 주체가 억압적 권력 구조 속에서 어떻게 '말할 수 없는 존재'에서 '윤리적이고 세계적인 주체'로 재구성되는가를 고찰했다. 이페멜루의 삶은 단순한 이민자의 경험담이 아니라, 디아스포라 정체성이 사회적 시선, 제도적 언어, 문화 자본, 그리고 세계문학 시장의 상품화 논리 속에서 어떻게 구성되고, 때로는 해체되는지를 집요하게 보여주는 서사적 실험이다. 동시에, 그녀의 이야기는 문학이 윤리적 주체 형성의 장이 될 수 있음을 증명하는 섬세한 수행이기도 하다. 이러한 정체성의 정치학은 이페멜루가 미국에 발을 들여놓는 순간부터 즉각적으로 가시화된다. 그녀가 미국에 도착하며 마주하는 것은 단지 물리적 국경이 아니다. 그녀는 미국이라는 국가 공간에 진입하면서 동시에 새로운 시선의 질서에 포획된다. 그녀의 피부색, 억양, 머리 모양은 단순한 신체적 속성이 아니라, 백인이 정해 놓은 시선의 질서 속 인종적 코드화와 계급화, 그리고 감시의 표식으로 기능한다. 푸코가 『감시와 처벌』에서 말했듯이, 현대의 권력은 더 이상 감옥이나 감금과 같은 물리적 수단에 의존하지 않는다. 대신, 권력은 정상성이라는 이름으로 몸과 언어를 규율하고, 시선의 내면화를 통해 주체 스스로를 감시하게 만든다(Foucault 136-38). 이페멜루가 면접에서 특유의 억양으로 인해 면접에서 불이익을 당하고, 그녀의 머리카락이 '비정상'의 신호로 해석되는 현실(Adichie, *Americanah* 203)은 그녀의 몸이 이미 감시의 대상이자 규율의 장소에 노출되어 있음을 보여준다. 그녀는 단지 흑인으로 규정된 것이 아니라, '어떻게 흑인인지'를 끊임없이 증명해야 하는 상황에 처한다. 이는 존재의 본질이 아니라, 제도화된 차별의 언어 속에서 구성된 정체성을 증명해야함을 의미한다.

그럼에도 불구하고, 이페멜루는 이 억압적 구조에 침묵하지 않는다. 그녀는 블로그라는 디지털 공간을 통해 자신의 경험을 서사화하며, 개인적 고통을 윤리적 발화로 전환하고, 감시 체제를 되비추는 거울로 만든다. 더 나아가 그녀의 블로그는 다시 정치적 언어로 번역되어 독자와의 소통을 시도한다. 이페멜루는 블로그를 통해, 미국 사회에서 이민자가 경험하는 인종 정체성이 결코 개인의 자율적인 선택이나 문화적 배경에 따라 형성되지만은 않는다는 점을 강조한다(*Ibid.* 273). 그녀가 지적하는 '흑인으로서의 자각'은 어떤 자율적인 인식의 결과가 아니라, 미국 사회가 부여하는 시선과 제도적 분류의 결과로 발생하는 것이다. 다시 말해, 개인은 자신이 누구인지를 스스로 결정하는 것이 아니라, 국가, 즉 미국이라는 사회적 구조가 누구인지를 규정해주는 방식에 따라 그 정체성이 결정된다. 이러한 주체화의 과정은 단순히 경험의 공유를 넘어, 인종이라는 범주가 얼마나 강력하게 외부의 권력 작용을 통해 부여되고 내면화되는지를 보여준다. 이는 치아의 '세계-되기' 개념과도 맞닿아 있다. 이러한 맥락에서 이페멜루의 블로그는 단순한 감정 서술이 아니라, 그녀가 세계의 구조를 진단하고, 그 진단을 서사로 전환하여 윤리적 공동체를 호명하는 문학적 실천의 공간인 셈이다. 다시 말해, 그녀의 블로그는 바로 그러한 실천의 장으로 기능하며, 그녀의 발화는 문학적, 윤리적 수행이 된다.

그러나 블로그를 통한 이페멜루의 말하기는 완전한 자유의 장은 아니다. 그녀가 발화할 수 있는 언어와 방식은 여전히 독자의 시선, 특히 백인 중심 사회의 기대와 반응에 의해 조율되고 제한된다. 이처럼 그녀의 글쓰기는 발화의 공간이자 동시에 자기검열의 공간으로 작동하며, 말하기 자체가 또 다른 방식의 규율과 타협 속에서 이뤄진다. 스피박이 지적하듯이, 하위주체의 발화는 언제나 제도적 언어의 틀 안에서 매개되고, 종종 지배적 담론에 의해 재구성된다(Spivak 104). 이페멜루 또한 이 같은 구조 안에 놓인다. 그녀는 점차 백인 독자의 기대에 부합하는 방식으로 글을 조정하며, 유머와 풍자는 불편함을 피하기 위한 수사 전략으로 기능한다. 결국 그녀의 말하기는 단순한 자기표현이 아니라, 감시와 소비, 규율과 정동이 교차하는 지점에서 형성된 복합적 실천이다. 이는 디아스포라 주체의 윤리적 위치가 결코 자명하지 않으며, 오히려 끊임없는 자기 조율과 침묵의 경계에서 구성된다는 사실을 드러낸다. 이페멜루의 블로그가 많은 이들에게 호감을 산 이유를 독자들에게 죄책감이나 불편함을 주지 않는 방식으로 흑인성에 대해 이야기했기 때문이라는 구절(Adichie, *Americanah* 348)에서 짐작 가능하듯이, 이페멜루의 말하기가 어떻게 위협적이지 않은 흑인성으로 소비되고 환원되는지를 적나라하게 보여준다. 실제로 사람들은 그녀의 블로그를 읽으면서 자신들이 비난 받거나 책임을 느껴야 한다는 부담 없이, 편안하게 글을 받아들일 수 있었기 때문에 자연스럽게 그녀의 글에 호감을 가질 수 있었다. 다시 말해, 그녀의 글은 독자들에게 죄책감을 유발하지 않으면서 흥미롭게 다가갔기 때문에, 많은 이들이 긍정적으로 받아들였던 것이다. 이러한 점에서, 이페멜루의 목소리는 미국 사회에서 '불편함을 주지 않는 흑인성'으로 소비되는 양상을 보인다. 이러한 발화는 자율적인 정체성을 드러내는 말하기라기보다는, 시장의 기대에 부응하며 '소비 가능한 이야기'로 재구성되는 과정이다. 겉으로는 해방을 약속하는 듯하지만, 실상은 또 다른 억압의 회로 속으로 회수되는 이중적인 구조를 지닌다. 이처럼 말하기가 곧 억압의 방식으로 전환되는 모순은, 디아스포라 주체가 처한 윤리적 긴장을 고스란히 드러낸다.

이러한 맥락에서 『아메리카나』는 아프로폴리타니즘이라는 이론적 프레임과 깊은 비판적 대화를 이어가는 동시에, 그 개념이 함축하고 있는 윤리성과 모순을 문학적으로 구체화한다. 아피아와 셀라시가 제시한 아프로폴리타니즘은 국경, 인종, 언어의 경계를 넘어서는 문화적 유연성과 세계시민주의적 이상을 강조하며, 트랜스내셔널 시대의 아프리카 주체를 긍정적으로 재구성하고자 한다. 아피아는 『세계시민주의』에서 "타자에 대한 도덕적 책임은 혈연이나 시민권에 한정되지 않는다"(Appiah, *Cosmopolitanism* xv)며, 전 지구적 공존을 위한 윤리적 습관과 타문화적 이해의 중요성을 강조한다. 이러한 윤리적 기획은 셀라시의 '아프로폴리탄 선언'에서도 구체화된다. 셀라시는 문화적 혼종성과 자기 비판적 태도를 통해, 아프리카 디아스포라의 새로운 주체성을 "단일한 국적이 아닌 세계의 아프리카인"으로 재정의한다("Bye-Bye"). 그러나 고얄이나 에제 등의 비평가들은, 이 개념이 신자유주의적 세계문학 체제 안에서 지나치게 미학화 되고 상품화 되며, 결과적으로 '스타일화 된 흑인성' 또는 '소비 가능한 아프리카성'으로 환원될 위험성을 지적해왔다(Goyal, *Runaway* 396; Eze 240-46). 이러한 논쟁의 핵심은 바로 윤리적 실천으로서의 정체성이 어떻게 자본주의적 욕망에 의해 포획되는가, 그리고 그 과정에서 디아스포라 주체가 어떻게 말할 수 있는지를 묻는 데 있다. 이페멜루는 바로 이 경계에 서 있는 인물이다. 미국에서는 흑인이라는 사회적 정체성을 처음 부여받고, 나이지리아로 귀환한 후에는 미국화 된 이방인으로 간주되며, 어디에도 온전히 속하지 못한 채 이중의 타자화 구조를 경험한다. 그녀의 삶은 유동성과 혼종성의 특권적 모델이 아니라, 경계 위를 불안정하게 오가는 존재의 증표이며, 그 자체로 세계문학적 '경계의 정치'를 구현하는 서사다. 이페멜루가 겪는 정체성의 균열은 단순한 이민자의 고군분투가 아니라, 지구적 문화 권력이 어떻게 언어와 신체, 서사를 통제하며, 디아스포라 주체를 어떻게 재구성하고 해체하는지를 드러낸다. 그녀가 블로그를 통해 자신의 경험을 글로 구성하고, 그 글쓰기를 통해 사회와 대화하는 방식은 문학과 디지털 담론이 결합하여 새로운 발화 공간을 창출하는 대표적인 사례이다.

이러한 서사는 단지 정체성을 탐색하는 내러티브가 아니라, 세계문학의 체제 속에서 디아스포라 주체가 어떻게 자신을 발화하고, 그것이 다시 소비되는지를 반영하는 윤리적 실천의 서사다. 이페멜루는 처음에는 침묵할 수밖에 없는 구조 속에 있었지만, 점차 블로그라는 디지털 플랫폼을 통해 자기 경험을 서사화하며, 자신만의 언어와 시선을 조직해낸다. 그러나 이 발화는 언제나 긴장 상태에 있다. 그녀의 글은 독자들의 기대에 부응해야 하고, 때로는 고통을 유머로 포장해야 하며, 정체성은 언제든 상품화될 수 있다는 구조적 위협 아래 놓여 있다. 다시 말해, 이페멜루의 서사적 실천은 발화의 가능성과 억압의 구조 사이에서 끊임없이 조율되고 교란되며, 바로 그 모순과 긴장이 그녀의 윤리적 정체성을 형성한다. 이러한 점에서 『아메리카나』는 아프로폴리타니즘의 한계와 가능성을 모두 드러내는 문학적 장치이자, 세계문학이 수행할 수 있는 비판적 기능의 전형이다. 이 소설은 '말할 수 있는 권리'와 '말해도 들리지 않는 현실' 사이의 간극을 서사적으로 가시화함으로써, 오늘날의 디아스포라 문학이 윤리적 긴장 속에서 어떤 정치적 효과를 만들어낼 수 있는지를 보여준다. 이페멜루의 목소리는 단지 자신을 표현하기 위한 것이 아니라, 세계 속에서 자신의 위치를 재조명하고, 듣는 자와의 관계 속에서 윤리적 공동체를 재구성하려는 시도이다. 그녀는 말함으로써 세계를 해석하고, 다시 구성하며, 디아스포라 주체로서의 윤리적 존재방식을 실천한다. 궁극적으로, 이 소설이 던지는 질문—누가 말할 수 있는가, 그 말은 어디까지 들리는가, 그리고 그 말은 누구의 귀에 어떻게 도달하는가—는 단지 소설의 주제를 넘어서, 오늘날 세계문학이라는 장이 직면한 윤리적 과제이자 정치적 요청이기도 하다. 이페멜루의 발화는 말함으로써 자신을 드러내는 것에 머물지 않고, 자신이 위치한 세계의 권력 질서를 해체하고 재구성하려는, 하나의 문학적 '세계-되기'의 실천이다.

향후 연구는 이 논의들을 더욱 다층적이고 구체적인 방향으로 확장해 나갈 필요가 있다. 『아메리카나』의 블로그 서사를 디지털 시대의 페미니즘 저항 담론의 맥락에서 재조명하는 접근은, 젠더화된 말하기의 정치성과 감시 권력의 교차 지점을 분석하는 유의미한 경로를 열 수 있다. 또한 이 작품을 번역, 수용, 유통이라는 세계문학 시장 흐름의 구조적 맥락 속에서 읽는다면, 비-서구문학이 어떻게 문화적 정체성을 유통하고 조정 당하는지를 비판적으로 조망할 수 있다. 나아가 셀라시, 짐바브웨이 출신의 노바이올렛 불라와요와 같은 아프리카 여성 작가들과의 비교를 통해, 아프로폴리타니즘 내부의 윤리적 분기와 이데올로기적 복잡성을 보다 세밀하게 분석할 수 있을 것이다. 마지막으로, SNS 기반 문학 담론이 신자유주의 시대에 어떻게 정치성과 상품성을 동시에 내포하는지를 비교문화적 관점에서 고찰하는 연구는, 문학의 기능과 한계를 다시 성찰하게 하는 중요한 이론적 통찰을 제공할 것이다. 이처럼 디지털 환경과 세계문학적 맥락 속에서 문학이 직면한 정치성과 상품화의 긴장을 전제한다면, 『아메리카나』는 정체성의 회복을 목적으로 하는 고전적 서사가 아니라, 오히려 정체성의 구성 조건 자체를 전면에서 질문하는 문학적 기획이며, 말할 수 없는 존재가 세계를 말하는 주체로 이행해가는 복합적 과정 그 자체를 구현하는 윤리적 실존의 장치다. 이페멜루의 말하기는 그 자체로 하나의 세계를 구성하고, 독자와의 관계 속에서 그 세계의 윤리를 질문하게 만든다. 디아스포라 주체가 감시받는 동시에 감시를 서사화하며, 침묵하는 동시에 말하고, 소비되는 동시에 전복하는 방식으로 존재하는 것, 그것이 바로 『아메리카나』가 보여주는 문학의 정치적 가능성이다. 아디치에의 텍스트는 이처럼 문학이 단순히 현실을 재현하는 수단에 머무르지 않는다. 오히려 그것은 발화할 수 없었던 존재를 윤리적 주체로 구성하고, 그 주체의 시선과 언어를 통해 기존의 세계 질서를 다시 사유하게 만드는 강력한 인식론적 장치로 기능한다. 다시 말해, 문학은 세계를 모사하는 것이 아니라, 세계를 구성하고 윤리적으로 개입할 수 있게 하는 실천적 공간임을 아디치에의 작품은 설득력 있게 증명하고 있다.

에필로그 ✎
감시와 소비를 넘어서, 말하기의 윤리를 향해

『아메리카나』의 이페멜루는 어쩌면 우리 모두의 또 다른 얼굴이다. 그녀는 자신이 태어나고 자란 고향을 떠나야 했고, 낯선 환경 속에서 익숙했던 언어를 내려놓은 채 새로운 언어 안에서 삶을 이어가야 했다. 이 과정에서 그녀는 단순히 언어적 어려움만을 경험한 것이 아니라, 자신의 몸과 목소리가 타인의 시선에 의해 얼마나 손쉽게 분류되고 규정될 수 있는지를 뼈아프게 체험한다. 피부색, 억양, 행동 하나하나가 '타자화'의 잣대로 기능하는 현실 속에서, 그녀의 정체성은 안정된 실체로 존재하기보다 끊임없이 흔들리고 재편된다. 그렇게 이페멜루의 삶 속에서 드러나는 '나'라는 존재는 고정된 하나의 정체성이 아니라, 계속해서 번역되고 때로는 오역되는, 경계 위에서 형성되는 서사임이 점차 밝혀진다. 그러나 그녀의 이야기는 단지 이러한 경계의 불안정성에 멈추지 않는다. 오히려 이페멜루는 그 경계를 삶의 끝으로 받아들이지 않고, 그 안에서 자기 자신을 새롭게 써 내려간다. 다시 말해, 타인의 시선 속에서 끊임없이 규정되는 객체로 남는 대신, 그녀는 글쓰기를 통해 스스로의 경험을 언어화하며 발화의 주체로 서서히 자리 잡아 간다. 이러한 변화는 단순한 개인의 내적 성장이나 자기 확신의 회복을 넘어서는 의미를 가진다. 그녀가 택한 '쓰기'라는 행위는 감시당하는 위치에서 벗어나 자신을 규정하는 권력을 되찾는 과정이며, 또한 침묵을 강요하는 구조에 균열을 내는 시도이다. 특히 이 과정에서 언어는 단순한 의사소통의 수단을 넘어선다. 그것은 관계와 권력이 얽히는 장이되고, 동시에 저항의 가능성을 품은 공간이 된다. 그녀가 새로운 언어 속에서 자신을 표현하려 애쓰는 순간들 속에는 언제나 힘의 불균형과 불안정성이 드리워져 있지만, 바로 그 언어를 통해 그녀는 다시금 자신을 주체로 세운다. 따라서 언어는 그녀의 삶에서 단순히 세계를 설명하는 도구가 아니라, 권력과 저항이 교차하고 충돌하는 치열한 정치적 공간으로 기능한다. 결국 『아메리카나』 속 이페멜루의 여정은, 경계 위에서 흔들리며 살아가는 존재가 어떻게 다시 발화의 자리로 나아가는지를 보여주는 서사로 완성된다.

『아메리카나』가 특별한 이유는 바로 이러한 전환에 있다. 이 소설은 흑인 여성 이민자의 삶을 단순히 재현하는 데서 멈추지 않고, 독자에게 직접 질문을 던진다. "당신은 언제부터 '누군가'가 되었는가? 언제부터 '다른 사람의 시선' 속에서 자신을 의식하기 시작했는가?" 이 질문들은 단순한 수사가 아니다. 그 질문 앞에서 우리는 발걸음을 멈추게 된다. 그것은 우리로 하여금 과거의 경험을 되짚게 하고, 현재 우리가 처한 위치를 성찰하게 만들며, 더 나아가 우리가 속한 사회 구조가 작동하는 방식을 직시하도록 요구한다. 이 소설을 따라 읽으며 우리는 깨닫게 된다. 이페멜루가 경험한 이방성과 경계, 감시와 침묵의 구조는 결코 먼 나라의 누군가만의 이야기나 소수자만의 문제가 아니라는 것을. 피부색과 억양, 국적과 이름, 성별은 물론이고, 오늘날에는 온라인에서의 언어 선택과 이미지 관리, 소비 패턴과 알고리즘적 추천까지—이 모든 것이 누군가를 판단하고 서열화하는 기준으로 작동한다. 이는 '말할 수 있는 자'와 '침묵해야 하는 자'를 구분 짓는 사회적 장치이며, 이러한 기제는 지금 여기에서도 여전히 작동하고 있다. 더욱이 현대 사회의 감시 체제는 더 이상 전통적인 국가 권력기관이나 제도적 장치에만 국한되지 않는다. 글로벌 미디어 기업과 디지털 플랫폼은 우리의 이미지를 재구성하여 소비 가능한 형태로 전환하고, 우리의 목소리마저 상품화한다. 그렇게 상품화된 목소리는 본래의 맥락을 잃고 소비자의 취향과 기대에 맞춘 '이국적 장식품'으로 변형되며, 발화는 자기 경험을 드러내는 도구가 아니라 누군가의 욕망을 충족시키는 재료로 전락한다. 이페멜루의 서사는 바로 이러한 현실을 반영하며, 언어와 정체성이 어떻게 상품화되고 어떻게 소외되는지를 적나라하게 드러낸다.

그러나 『아메리카나』는 단순히 이러한 구조를 폭로하거나 비판하는 데서 그치지 않는다. 오히려 이 소설은 그 안에서 새로운 가능성을 제시함과 동시에 우리에게 말할 수 있는 용기를 건넨다. 이페멜루가 블로그를 통해 자신만의 목소리를 만들어 가는 과정은 완벽하지 않아도, 규범에 맞지 않아도, 자기 언어로 말하는 것이 가능하다는 사실을 증명해 보인다. 그녀의 글쓰기에서 중요한 것은 '지금 여기에서, 자기 목소리'로 말하는 일이라고. 이러한 목소리 내기는 단순한 개인적 서술이 아니라 윤리적 실천이자 공동체적 책임으로 확장된다. 즉, 자기 목소리를 낸다는 것은 곧 자신을 드러내는 동시에 타인의 침묵을 깨우는 행위이며, 이는 감시와 소비의 시대를 넘어설 수 있는 가장 근본적인 윤리적 출발점이기도하다. 이제

책을 덮는 순간, 이페멜루의 삶을 간접적으로 경험한 이들에게 남는 것은 한 여성의 이민 서사만이 아니다. 그것은 곧 우리 자신에게 되돌아오는 질문들이다: "나는 지금 어디에 서 있는가", "나는 누구의 시선을 통해 나를 바라보고 있는가", 그리고 "나는 지금, 무엇을 말하고 있으며, 무엇을 침묵하고 있는가." 이러한 질문들은 단순한 독서의 여운을 넘어, 우리가 세계 속에서 발화하는 방식, 즉 우리가 속한 사회의 권력 구조와 언어의 질서 자체를 재고하게 한다. 경계에 선 사람들은 흔들릴 수밖에 없다. 그러나 바로 그 경계 위에서만 가능한 시선이 있다. 결국 『아메리카나』가 남기는 가장 강력한 여운은, 경계 위에서의 흔들림이 결코 약함이나 불안정성만을 의미하지 않는다는 깨달음이다. 오히려 그 흔들림 속에서 우리는 더 멀리 바라보고, 더 깊이 사유하며, 더 넓은 세계와 연결될 수 있다. 경계는 고립의 장소가 아니라 연결의 다리가 될 수 있으며, 침묵을 강요받던 자리가 새로운 발화의 공간으로 전환될 수 있다. 이페멜루가 그랬던 것처럼, 그리고 어쩌면 지금의 우리가 그렇듯, 경계 위에서의 말하기는 자기 자신을 구하는 동시에 타인과 세계를 잇는 가능성의 실천이 된다. 그렇기에 『아메리카나』는 이방인의 이야기를 넘어 결국 우리 모두의 이야기로 확장되며, 감시와 소비를 넘어서는 윤리적 발화의 길을 우리 앞에 열어 보인다. "당신은 어디에 속해 있는가? 아니면 어디에도 속하지 않음으로써 더 많은 곳과 연결되어 있는가?" 이 질문은 소설이 남긴 궁극적인 메시지이자, 우리가 지금 여기에서 새롭게 써 내려가야 할 이야기의 출발점일 것이다.

참고 문헌

Adichie, Chimamanda Ngozi. *Americanah*. Alfred A. Knopf, 2013.

______. "The Danger of a Single Story." *TEDGlobal*, 2009. https://www.ted.com/talks/chimamanda_ngozi_adichie_the_danger_of_a_single_story. Accessed 7 Aug. 2025

Appiah, Kwame Anthony. *Cosmopolitanism: Ethics in a World of Strangers*. W. W. Norton & Company, 2006.

______. *The Ethics of Identity*. Princeton UP, 2005.

Bauman, Zygmunt. *Liquid Modernity*. Polity Press, 2000.

Berlant, Lauren. *Cruel Optimism*. Duke UP, 2011.

Browne, Simone. *Dark Matters: On the Surveillance of Blackness*. Duke UP, 2015.

Butler, Judith. *Frames of War: When Is Life Grievable?* Verso, 2009.

Cheah, Pheng. *What Is a World? On Postcolonial Literature as World Literature*. Duke UP, 2016.

Elias, Amy J. "Narrating Diaspora: Cultural Hybridity in Americanah." *Journal of Transnational Studies*, vol. 4, no. 2, 2017, pp. 30-50.

Eze, Chielozona. "Rethinking African Culture and Identity: The Afropolitan Model." *Journal of African Cultural Studies*, vol. 26, no. 2, 2014, pp. 234-47.

Foucault, Michel. *Discipline and Punish: The Birth of the Prison*.

Translated by Alan Sheridan, Vintage, 1995.

Gilroy, Paul. *The Black Atlantic: Modernity and Double Consciousness*. Harvard UP, 1993.

Goyal, Yogita. "Africa and the Black Atlantic: Literature, Modernity, and Globalization." *Research in African Literature*, vol. 45, no. 3, 2014, pp. 133-50.

______. *Runaway Genres: The Global Afterlives of Slavery*. NYU Press, 2019.

Lyon, David. *Surveillance Studies: An Overview*. Polity, 2007.

Mbembe, Achille. "African Modes of Self-Writing." *Public Culture*, vol. 14, no. 1, 2002, pp. 239-73.

______. "Afropolitanism." *Africa Remix: Contemporary Art of a Continent*, edited by Simon Njami and Lucy Durán, Hayward Gallery, 2007, pp. 26-30.

______. *Necropolitics*. Translated by Steven Corcoran, Duke UP, 2019.

Nixon, Rob. *Slow Violence and the Environmentalism of the Poor*. Harvard UP, 2011.

Nyabola, Nanjala. *Digital Democracy, Analogue Politics: How the Internet Era Is Transforming Kenya*. Zed Books, 2018.

Selasi, Taiye. "Bye-Bye Babar." *The Lip*, 2005, www.thelip.robertsharp.co.uk/?p=76. Accessed 16 June 2025.

Spivak, Gayatri Chakravorty. "Can the Subaltern Speak?" *Marxism and the Interpretation of Culture*, edited by Cary Nelson and Lawrence Grossberg, U of Illinois P, 1988, pp. 271-313.

Taddeo, Julie Anne. *Blogging in Literature and History*. Routledge, 2020.

주

1) 본 글에서는 미국 내 인종 정체성을 지칭할 때 일반적으로 사용되는 '아프리칸 아메리칸' 또는 보다 광범위한 '아프리칸'이라는 표현 대신, '흑인'이라는 단어를 의도적으로 선택하였다. 이는 치마만다 응고지 아디치에의 『아메리카나』가 다루는 인물들이 아프리카계 디아스포라 주체로서의 정체성, 곧 이주와 타자화, 감시를 겪는 '흑인의 몸'으로 규율되는 경험을 중심에 두고 있음을 반영한 것이다. '흑인'이라는 용어는 사회적으로 구성된 인종 범주이자, 제도적 시선과 감시의 언어가 작동하는 정치적 기표로서의 '흑인성(blackness)'을 드러내기 위한 전략적 용어 선택이며, 이는 인종 정체성이 단지 민족적 기원을 가리키는 것이 아니라, 사회적 시선과 권력 작용에 의해 구성된 존재 양태임을 강조하기 위함이다. 따라서 본 글에서 '흑인'이라는 용어는 단순한 번역어가 아닌, 문학과 비판인종이론의 분석 맥락에서 선택된 인식론적 표기임을 밝힌다.

* 이 글은 『새한영어영문학』 제66권 4호(2024)에 「아프로폴리타니즘에서 글로벌 대화로: 치마만다 응고지 아디치에의 『아메리카나』에서 정체성과 저항의 세계문학적 재구성」을 바탕으로, 감시와 문화 자본의 교차 속 억압의 이중성과 증언 서사의 정치성에 초점을 맞춰 분석 관점을 확장, 심화한 것임.

차드 태생 시인 니므롯이 펼쳐보이는 구름과 빛의 연금술

송홍진

차드에서 프랑스로: "걷는 나무"의 여정

중앙아프리카의 내륙국 차드 태생의 니므롯(Nimrod Bena Djangrang)은 1990년대 이후 활동하는 시인 중 프랑스어권 아프리카 시가 도달한 문학적 성취의 경지를 가장 잘 보여주고 있는 시인으로 손꼽히고 있다. 하지만 국내에는 거의 알려지지 않은 작가이기에 우선은 작가에 대한 전기적 사실들을 살펴볼 필요가 있다. 니므롯의 태생과 삶의 궤적은 시 세계의 근원을 이루는 중요한 요소이기 때문이다. 니므롯은 차드 남부에 있는 코욤(Koyom)이라는 마을에서 1959년에 태어났다. 그가 태어난 마을은 당시에는 가구 수가 많지 않은 부락이었으며 부족어 중 하나인 킴어(Kim語)를 사용하는 지역으로 교육을 받은 소수 부족이 그러하듯 다언어 환경이었다. 언어적, 문화적 다양성을 특징으로 하는 차드는 북부는 이슬람 문화권이며 남부는 가톨릭 문화권을 이룬다. 그중에서도 니므롯의 고향은 개신교 우세 지역이었다. 프랑스어와 아랍어가 공식어인 상황에서 공인되지 않은 로곤강 유역의 여러 지방어들이 공존하고 있었기에, 니므롯은 유년기에 이미 여섯 개 언어를 구사할 줄 알았다고 한다. 그럼에도 니므롯을 둘러싸고 있던 언어적 상황의 복합성은 루터교 목사였던 그의 아버지가 능통했던 세 언어, 즉 영어, 하우사어, 마사어를 아들은 알지 못했다는 점에서 특히 잘 드러난다. 선교를 위해 늘 망명 속에 있었던 아버지의 부재와 이 언어적 바벨 속에서 성경은 니므롯에게 단일한 지평을 제공했고 그는 자연스럽게 성서적 풍경 속에서 살았다. 초등학교에 입학해서 프랑스어를 배우게 되면서부터 그는 프랑스어를 자신의 언어로 삼았다. 당시의 교사는 시를 암송하길 좋아했던 어린 니므롯이 작가가 될 것임을 알아보았다고 한다. 미래의 시인은 자신이 나고 자란 성서적 세계를 숙명으로 받아들이고 시적 언어의 탑을 쌓기루 결심한다. 2010년에 발표되었으며 이듬해 막스 자콥상(prix Max Jacob)을 수상한 바 있는 자전적 연작 산문시집 『바벨, 바빌론』의 서두에서 시인은 이렇게 고백하고 있다.

> 내 이름을 니므롯이라고 지어준 유일한 사람은 루터교 신부님이었는데, 그분이 내 아버지였다. 그런 이름을 가진 사람은 탑을 쌓아야 한다. 탑을 허무는 사람들도 탑을 세우는 원리를 바꾸지는 못한다. 나는 행복한 운명으로 인도되었다.

시인의 이름이자 필명인 니므롯은 주지하다시피 구약성경에 등장하는 노아의 손자로 창세기 10장에 의하면 대홍수 이후 시날(수메르) 평지에 여러 도시를 건설한 최초의 장사, 힘센 사냥꾼이었다.

그 제국의 중심지가 바빌론이며 언어가 하나였던 시기에 그곳에 세워졌던 거대한 탑이 '신의 문'을 의미한다고 전해지는 바벨이다. 단일한 언어적 힘으로 하늘에 닿고자 하는 인간의 오만과 그에 대한 신의 영벌의 상징이 된 니므롯의 바벨탑을, 현대의 시인 니므롯은 자신에게 부여된 숙명으로 기꺼이 받아들인다. 하늘의 아버지에게 대항한 반항자(유대 전통에서의 니므롯)의 운명을 타고난 시인에게 반복되는 내전의 고통으로 황폐해진 그의 고향 땅은 "길도 없고, 땅도 없고, 물도 없고, 샘도 없고, 자원도 없"는 '도둑맞은 땅'이며 "신비로울 건 거의 없"이 "수변의 매력이 펼쳐"지는, 그러나 귀 뒤로 총알 소리 들리는 "바벨 속의 도시, 도시 속의 바벨"이다. 그 "유령들의 도시", 영벌 받은 코욤-바빌론에서 아버지가 부재하는 집은 언어들의 바벨(어원적 의미에서)을 이루며 황폐한 땅의 폐허 속에 언어의 집을 지으려는 시인에게는 역설적 풍요의 공간을 이룬다.

> 나는 도망치지 않습니다. 도망칠 일도 없으니까요. 불행의 동반자인 고난은 결코 나를 떠나지 않습니다. 하늘은 나의 교회이고, 그 궁륭은 나의 노래이며, 청회색은 가장 고고한 초연함의 색깔입니다.

시인은 자신에게 주어진 시간과 공간의 경계들(고향과 망명지 사이, 어린 시절과 현재 사이)에 대한 정주와 탈주의 강박으로부터 자유로워지고자 한다. "아무것도 아닌 것으로 휘묻이 된 생각들"일 뿐인 바벨의 문에 시인은 굶주림을 새긴다. "나는 바벨의 문에 나의 굶주림을 새겼습니다. 시는 / 꿈꾸는 아이, 젖 먹는 은총입니다." 니므롯에게 "아버지의 집"이 "시의 고통에 이르기까지 / 말을 몰아붙이"는 공간이라면, '꿈을 꾸는 아이'인 시를 기르고자 하는 시인은 언어적 허기를 "어머니의 집, 내 영혼의 하늘"과 지평 사이에서 달래고자 한다.

이렇듯 1979년 미래의 시인이 스무 살이 되던 해에 발발한 내전으로 인해 수도 은자메나와 그의 고향 마을은 문자 그대로 혼돈의 도시 바벨이 되었다. 그 혼란 속에서 시작된 그의 글쓰기는 "어린 시절을 적어 옮기는" 것일 따름이었다. 스물다섯의 니므롯은 대륙을 횡단하여 서아프리카의 코트디부아르로 향했고 그곳에서 철학을 공부했다. 보들레르와 랭보 그리고 레오폴 세다르 상고르와 에메 세제르는 물론이거니와 생-종 페르스, 기 티롤리앙, 이브 본푸아, 로랑 가스파르를 탐독했다. 그는 첫 시집인 『돌, 먼지(Pierre, Poussière)』 (1989)가 주목을 받은 후, 유학을 위해 도불하여 철학박사학위를 취득한 아미앵에서 교수직을 수행하며 활발하게 작품활동을 하고 있다. 발표하는 작품마다 대부분 수상의 영광을 누렸다는 점에서 알 수 있듯이, 그의 작품들은 시, 소설, 에세이 등을 막론하고, 차드의 남부에서 프랑스 북부의 아미앵에 이르기까지 자신이 지나온 삶의 궤적과 시대에 대한 깊은 성찰 그리고 아름답고도 밀도 높은 시적 언어에 관한 집요한 탐구를 녹여낸 수작들이다.

니므롯의 인생 도정으로부터 우리는 그의 시 세계에서 중요한 문제의식 두 가지를 발견한다. 하나가 시인을 둘러싼 언어적 혼란 내지는 다양성으로부터 시적 언어를 탐구하여 언어의 집을 세우는 일이라면 다른 하나는 시인의 끊임없는 이주의 내력을 반영하는 탈경계적 지평의 상상력이다. 2017년에 직접 엮은 자신의 시선집 『유목으로 지은 왕국을 세우리(J'aurais un royaume en bois flottés)』의 제목이 이 점을 상징적으로 나타내고 있다. 이 시선집의 제목은 강물 위를 부유하는 유목이라는 유동성의 이미지와 왕국이라고 하는 부동성의 이미지 결합을 잘 보여주고 있다. 이주와 정주의 시학은 2020년에 출판된 시집 『자연 빛에 대한 작은 예찬(Petit éloge de la lumière nature)』 속에서 구름이라는 꿈의 형상을 좇아 "걷는 나무(l'arbre qui marche)"인 시인이라는 주제로 표현되었다. 시집으로서는 최근작인 이 시집은 그 탁월한 언어적, 미적 성취를 인정받아 같은 해에 아폴리네르 상 수상이라는 영예를 차지했다. 시집 『자연 빛에 대한 작은 예찬』 속 "걷는 나무"의 발자취를 좇아보자.

자연 예찬, 위대한 시적 전통의 '소박한' 부활

표제와 같은 제목의 부로 문을 여는 시집 『자연 빛에 대한 작은 예찬』은 다음과 같이 총 6부로 구성되어 있다.

1) 자연 빛에 대한 작은 예찬 (Petit éloge de la lumière nature)
2) 걷는 나무 (L'arbre qui marche)
3) 풍경 (Paysage)
4) 바오밥과 장미 (Le Baobab & La Rose)

5) 물의 복 / 하늘의 복 (Fortune des eaux / Fortune des ciels)

6) 강 위의 거처 (Résidence sur le fleuve)

시집과 각 부분의 제목을 살펴보면 자연의 빛을 시작으로 "걷는 나무"인 시인 니므롯이 풍경과 식생(바오밥과 장미), 물과 하늘 그리고 강에 이르기까지 자연을 이루는 근원적인 요소들에 관심을 기울이고 있음을 알 수 있다. 시인은 자연에 대한 관심에 "예찬"을 보냄으로써 유구한 서양 문학 장르의 전통과 연결된다. 예찬은 일반적으로 어떤 대상이나 인물에 대해 개인적이거나 사회적인 애정이나 존경을 표하기 위해 찬양하는 담론의 한 형태라고 정의될 수 있는데 예찬의 대상은 사물이 될 수도 있고, 살아있는 인물이거나 기리고자 하는 망자가 될 수도 있다. 서아프리카 지역 구술 전통을 대표하는 그리오(griot) 문화에서도 알 수 있듯이 예찬은 필멸의 무언가를 기억하고 전승하기 위한 노래라는 점에서 인류가 공유하는 보편적인 문학 형식이다. "éloge"는 축사 내지는 찬사(éloge panégyrique)에서 추도사(éloge funèbre)에 이르기까지 고대 그리스 로마의 수사학 전통에서 찬양을 표현하는 중요한 장르이면서도, 르네상스 시기 에라스무스의 『우신예찬』의 경우처럼 강도 높은 비판을 위한 수사적 장치로 널리 활용되기도 했다.

그런데 니므롯의 시집에서 예찬의 대상이 자연이라는 점 그리고 그 자연이라는 대상이 아프리카와 유럽 대륙, 즉 사바나 지대로부터 프랑스 북부에 이르기까지 시인이 나고 자라 거쳐온 풍경을 이루는 구성 요소들이라는 점에서, 우리는 이 시집에서 그의 예찬시에 직접적 영향을 끼친 대표적인 두 시인의 현대화된 목소리를 듣는다. 하나는 생-존 페르스이며 다른 하나는 상고르이다. 우선 1887년 프랑스의 해외 레지옹인 카리브해 서인도제도의 섬 과들루프에서 태어난 생-존 페르스는 1899년 부모를 따라 프랑스 남서부의 포(Pau)로 이주하기까지 열대 섬의 자연환경 속에서 유년기를 보냈다. 그의 대표작 『예찬(Éloges)』은 보르도대학에 재학과 군 복무 기간인 1904년에서 1910년 사이에 쓰인 작품으로 회고적 시선으로 되살린 원초적 열대섬의 자연에서의 추억을 순수하고도 생생한 감각으로 예찬한 것으로 잘 알려져 있다. 여기에서 시인은 열대 고향 마을의 지리적이거나 지역적인 특수성을 제거하고 감각의 풍요를 가져다주는 열대 자연을 그 속에서 인간이 느낄 수 있는 우주적 조화가 실현된 보편적 이상향으로 그리고 있다. 이 시집에서 표현된 하늘, 대지와 바다 사이에서 자신을 감싸고 있는 대기의 변화를 온몸으로 느끼는 인간으로서의 주관적 감각과 자연에 바치는 시적 찬사의 측면은, 아래에서 구체적으로 살펴보겠지만 니므롯이 자연을 감각하고 찬사를 바치는 방식에 있어서 생-존 페르스의 영향의 크기가 어떠한지를 짐작하게 한다.

예찬의 문학적 전통에 있어서 특히 프랑스어권 아프리카 문학에 가장 넓고도 깊은 영향을 끼친 시인은 네그리튀드(Négritude) 운동을 전개했던 상고르이다. 상고르는 첫 시집 『어둠의 노래들(Chants d'ombre)』에서 식민주의와 이산(diaspora)으로 인한 전통과의 단절을 낙원의 실추로 인식하고 "유년의 왕국"을 시적 환기술을 통해 되살려내고자 했다. 잘 알려져 있듯이 상고르가 유년 시절 고향 마을의 자연과 사람들과 사물들을 예찬하는 특유의 방식은 대표적으로 시 「신의 밤(Nuit de Sine)」이나 「흑인 여자(Femme noire)」에서처럼 아프리카 여인의 여성적 아름다움이 지닌 관능성과 모성을 감각적 시어와 위안을 주는 리듬으로 탁월하게 묘사하는 데 있다. 그런데 그 시적 표현의 아름다움 이전에 상고르의 예찬의 본질은 시 「조알Joal」에서처럼 19세기 세레르족 족장이었던 쿰마 은도펜(Koumba N´Dofèn)의 이름이나, "코르 시가!(Kor Siga)"와 같은 고향의 말들을 "유럽에서의 긴 나날들" 속에서 상기시키는 데 있다. 존재의 집인 언어가 사라지면 집단의 기억 속에서 대상은 망각과 함께 소멸하게 마련임을 잘 알고 있었던 상고르는 "유년의 왕국"을 되살리기 위해 'tann(연안습지)', 'borong(갯골)', 'Kouss(정령)' 등 프랑스어로는 그 이름을 불러낼 수 없는 세레르 마을을 이루는 자연의 요소들을 고향의 언어로 호명한다. 이를 통해 독자는 되살아난 아프리카 세레르족 마을의 원초적 풍경 속에 함께 하는 듯한 일체감을 느끼게 된다.

상고르처럼, 니므롯은 유학을 위해 체류한 "종종 슬픈 이 긴 유럽에서/마흔 살에 유배의 깊은 곳에서", "나무를 헐벗기는 하르마탄"을 생각하며 "하늘의 주둥이 아래에서 방랑하는 풀라인"이다. 니므롯은 상고르처럼 "서른아홉 이후로 다시 보지 못한 도시 말람지가"와 "시예 동쪽의 부요 마을에서 우리를 보호해준 진흙 오두막"을, "땅과 가시나무들을 같은 색, 같은 말로 연결했던" "투구라의 오두막"을, 즉 "실제 장소에 대한 향수"를 시어로 새기는 방식으로 자신이 떠나온 차드의 풍경을 되살리고자 한다.

내가 서른아홉 이후로 다시 보지 못한 말람지가 도시에서.
우리네 도로와 비슷한, 도로변을 둘러싼 공터에서.
전수되고, 희미한, 그것들이 공유한 비밀에서.
기억의 동굴들에서.
실제 장소에 대한 향수에서.
시예 동쪽의 부요 마을에서 우리를 보호해 준 진흙 오두막에서.
투구라의 흙집에서. 그것은 땅과 가시들을 같은 색, 같은 단어로 연결해 주었다.
우물가에서 귀한 물을 담은 표주박을 들고 만난 소녀에게서.
그 소녀의 열렬한 시선, 존경의 대상이 된 그녀의 선물에서.
소녀의 아버지이자 우리 안에 있는 수많은 편견을 뒤흔든 노인에게서.
우리를 어디든 인도해 준 낮의 별에서.
우리의 잠을 자극했던 밤의 별에서.
우리에게 한낮의 열기 속에서 그토록 많은 새로운 길을 열어 줄 길의 별에서.

「소설은 끝난다(Le Roman s'achève)」라는 제목의 이 작품은 시집 1부에 해당하는 <자연 빛에 대한 작은 예찬>의 마지막 작품이다. 이 작품에서 니므롯은 소설이 완결을 이루는 여러 장소와 사람들과 자연 요소들을 나열한다. 이를 통해 우리는 아프리카 고향 마을을 떠나온 시인이 호명하는 각각의 대상마다 한 편의 장구한 이야기를 담고 있으리라는 것을 추측할 수 있다. 그리고 최종적으로 그가 기억하고자 하는 것, 소설의 결말이 담게 되는 것, 즉 예찬의 대상이 되는 것은 다름 아닌 빛이다. "낮의 별(태양)", "밤의 별

(달)”, “길의 별(인간?)”이 발산하는 빛이다.

니므롯의 시 세계에는 생-존 페르스와 상고르의 자연에 바치는 예찬의 방식이 녹아들어 있지만 니므롯이 자연을 예찬하는 방식이나 어린 시절을 기록하는 방식에 있어서는 차이가 있다. 니므롯은 이들보다 훨씬 더 미묘한 방식으로 자연과 유년의 왕국을 되살리고 있다. 시인은 특히 자신이 떠나온 아프리카를 떠올릴 때 구체적인 지명이나 사물들을 가리키는 고유명사를 사용함에 있어서 상당히 제한적이다. 상기 작품을 통해서 알 수 있듯이 지명을 언급할 때도 그 외의 요소들에 대해서는 매우 암시적인 표현을 사용한다. 그는 하늘, 바람, 햇빛, 달, 강물 등 보편적인 자연 요소들을 군더더기 없는 언어로 예찬하면서, 현재 자신이 바라보고 있는, 끊임없이 새롭게 발견하는 유럽의 풍경들 속에서 드문드문 바람처럼 불어오는 유년 시절의 풍경들을 엿보도록 한다. 니므롯의 하늘에는 “암시적인 새들”이 날아다닌다.

‘자연 빛’에 대한 랭보적 감각과 언어의 연금술

니므롯이 예찬하는 자연의 성격 내지는 시인의 자연에 대한 감각의 특성이 어떠한 것인지, 독자는 시집의 제목과 제사(épigraphe)를 통해 쉽게 짐작할 수 있다. 시인은 아르튀르 랭보의 『지옥에서 보낸 한철』 중 한 구절을 시집의 첫 머리에서 인용한다.

> 끝으로, 오 행복이여, 오 이성이여, 나는 하늘로부터 거무스름

한 푸른빛을 떼어 놓았다. 그리고 나는 '자연' 빛 그 황금 불티가 되어 살았다.

이 구절은 「착란II: 언어의 연금술」의 운문시 「영원」으로 이어지는 부분이다. 니므롯은 이 구절의 '자연 빛'에 대해 "소박한 예찬(petit éloge)"을 보내고자 한다. 시인은 순수한 '자연 빛'에 대한 자신의 감각 방식을 랭보에게서 발견하고 제사로 인용한 것으로 보인다. 아무런 전치사나 연결사 없이 서로가 서로에게 한정사의 역할을 하는 것처럼 읽히기도 하는 '자연 빛'은 하늘로부터 푸른 빛을 떼어 놓는 행위(창공의 푸른색은 검정이기도 한데 왜냐하면 빛이 없을 때 창공을 이루는 색은 검은색이기 때문이다), 즉 일반적인 감각으로부터 해방의 결과이며, 랭보의 시적 화자는 감각의 착란 속에서 자연 그 자체인 빛과 융화되는 행복감 속에 있다.

니므롯의 시집에서 빛은 어디에나 편재한다. 시원의 빛("빛의 화석(des lumières fossiles)")이 비추는 아프리카 사바나의 초원과 하르마탄 불어오는 사헬로부터 프랑스 코트다쥐르(Côte d'Azur) 지역 이예르(Hyère)에 있는 포크롤섬(l'île de Porquerolles)과 아르데슈(Ardèche)를 거쳐 노르망디의 르아브르(Le Havre)에 이르기까지 시인의 도정을 따라 낮이나 밤이나 만물을 비춘다. 니므롯은 시집의 2부인 <걷는 나무>에서 이동하는 나무의 이미지를 통해 정주성과 이동성을 동시에 가진 자로서의 문학적 정체성을 구축하고자 한다. 이러한 자기규정은 망명의 현실 속에 있으면서도 여전히 아프리카 고향에 뿌리를 둔 채 이중의 정체성 속에서 혼란을 겪어온 많은 네그리튀드 내지는 미그리튀드(migritude) 작가들과는 구분된다. 니므롯은 끊임없는 이주 속에서 망명지 영토의 땅과 대기를 자양분 삼아 형성되는 혼종적 정체성을 이동하는 나무의 이미지로 탁월하게 구현하고자 했다. 특히 <걷는 나무> 편의 마지막 시 「이예르 - 르 아브르」에서 남프랑스에서 프랑스 북부의 노르망디에 이르는 여정을 묘사한다.

시인은 이렇게 시집 전체를 비추는 빛에 주권자적인 힘을 부여한다.

> 선옹초도 부재도 돌서덜 물길을 지키지 못합니다. 주권자는 빛입니다. 먼지가 수다를 그칩니다. 어둠이 우리의 숨을 빨아들입니다.

아름답지만 치명적인 독초인 선옹초가 핀 돌 많은 강과 같은 자연의 요소들이 존재의 부재와 침묵과 어둠의 이미지 속에서 모호하고 암시적인 풍경화를 이루는 것 같은 이 시구절에서 유일하게 분명한 점은 주권적인 힘을 가진 빛의 존재이다. 랭보의 착란처럼 "물과 빛과 새들로 취한 기운에 휩싸여 허우적거리는" 시인은 촛불의 불빛과 달빛을 예찬한다.

시 「감각」에서처럼 서구 문명과 사회적 인습으로부터 해방되어 순수한 자연과의 일체감 속에서 무한한 행복을 추구하려는 어린 랭보에게, 현실의 감각 속에서 영원의 시간을 투시하고자 하는 '견자' 랭보에게 비물질적이면서도 감각적인 빛은 자연과 일체를 이루는 황금빛 불티의 초자연적 체험을 (비록 그 실패의 순간들이 가혹한 것이라고 할지라도) 경험하게 하는 요소로 작용한다. 이 점을 잘 알고 있는 니므롯에게 우물 속에서 투명하게 빛나는 달은 시 「달은 우물 깊은 곳을 비추며...(La lune a brillé au fond du puits...)」에서처럼 시인의 "반향실" 역할을 한다. 투명하게 빛나는 달빛을 통해 자연과 시인 사이에 랭보적인 일체감이 형성된다.

니므롯에게 자연-빛과의 이러한 동일화는 특히 <걷는 나무> 장을 여는 작품인 「나무-빛(L'arbre-lumière)」의 도입부에 잘 표현되어 있다.

> 나의 이 피부
> 한낮의
> 참나무 닮아
> 서정적 여신을 맞이하니
> 넉넉한
> 그 빛
> 물질 아래
> 스스로를 모색하는 길과 같은
> 새벽의 공간

정오의 참나무와 시인의 흑갈색 피부는 "서정적 여신"인 넉넉한 빛 속에서 동질적인 일체를 이룬다. 빛이 시작되면서 창조하는 공간 속에서 시인은 "첼로 모음곡의 / 오랜 충만함의 소리를 듣"고, "순수한 공간의 새"는 시인의 생각에 영감을 준다. 시인에게 인간은 걸어 다니는 나무와 같은 존재이기에 빛으로 가득찬 아침은 희망이 넘치는 지복의 공간으로 인식된다.

이제 하늘, 바람, 대지, 사막, 초원과 강을 가로지르는 걸어다니는 나무이자 빛 자체가 된 시인은 개양귀비, 작약꽃, 장미꽃, 무덤의 이름 모를 꽃들과 풀들을 비춘다. 이러한 니므롯의 비춤은 자연 대상이 지닌 아름다움에 대한 시적 예찬과는 다른 방식을 보여준다. 또는 롱사르식으로 자연의 아름다움에 자신의 지나간 감정들, 애도, 덧없음, 고통이나 회한 등을 투사하는 것과도 구분된다. 니므롯은 아무도 듣지 못하는 개양귀비의 외침에 세심하게 귀를 기울일 뿐 그 외침의 내용에 대해서는 말하지 않는다. 아버지에 바친 시 「이름 모를 꽃(La fleur anonyme)」은 아버지에 대한 애도의 시처럼 읽히지 않는다. 마른 꽃들은 현존하는 부재의 증표이며 시인은 이를 통해 존재와 부재, 꿈과 현실의 경계를 우리에게 단지 드러내 보이는 방식으로 마땅히 이름 지어져야 할 것들을 담담히 호명할 뿐이다.

이 시집의 많은 작품에서 앞서 본 시 「소설은 끝난다」의 경우처럼 구체적 대상들에 대한 환기로부터 빛에 대한 관심으로 시선이 옮겨가는 것을 독자는 느낄 수 있다. 그 과정에서 우리는 언어로 짓는 "자연 빛" 또는 그 역으로 빛에 대한 예민한 감각을 통해 획득한 언어의 반짝임을 포착하는 기쁨을 누린다. 그러나 "언젠가는 모든 감각들에 다다를 수 있는 시의 언어를 창안하리라"는 착란의 이상을 품었지만, 위대한 실패의 고통 속에 있었던 랭보에게서처럼, 니므롯에게도 이러한 행복은 결코 쉽게 달성될 수 없다. 이는 본질적으로 언어의 문제로 인한 것이다. 이 문제는 언어 자체의 실패이면서 이중의 언어 현실 속에 있었던 시인의 소외와 연결된다.

시인이 시집의 서시에 해당하는 시 「나는 말을 잃었네(J'ai perdu

la langue)」에서 밝히고 있는 것이 바로 이 언어적 상처, 모국어의 실패이다. “나는 그토록 사랑받는 어머니로부터 / 멀리 떨어져 나의 향수를 극진히도 보살폈다(Je maternais ma nostalgie / loin de cette mère tant aimée)”고 고백하는 니므롯의 향수를 간직하고 있는, 이제는 잃어버린 차드 킴족의 언어, “악몽 속에서 내게 돌아오곤 했던” 언어, “그 모국어는 / 언제나 실패”였다. 이 “근원적인, 심오한 모성의 언어”를 되살릴 수 있는 것은 밤새 젖은 침대보를 말려줄 “이 태양, 다시 살아나는 모어의 증인”이다.

모국어의 실종과 실패로 인해 프랑스어로 적힐 수밖에 없었던 니므롯의 시집 속에서 모국어는, 보이지는 않지만, 만물을 보이도록 하고 존재하게 하는 태양 빛으로 편재한다. 그 빛으로 빛나는 “걷는 나무”인 니므롯은 프랑스 북부에서 아프리카의 태양을 좇아 아프리카를 향해 남으로 간 랭보의 여정과는 반대로 거대한 사막의 남쪽에서 물의 땅 유럽을 향해 북으로 가면서 두 대륙의 하늘과 대기와 바람과 별을 노래했다.

구름의 연금술: 보들레르적 상상력

지구적인 풍경 속에서 자유로이 경계를 가로지르는 니므롯의 여정이 보여주는 빛의 상상력은 바람의 구두를 신고 보헤미안처럼 방랑하는 랭보의 것이면서도 보들레르의 시적 상상력과 닮았다. 연작 시집 『바벨, 바빌론』(2010)에서 시인은 다음과 같이 고백하고 있다.

> 나는 음란한 것도 싫고 멜로드라마도 싫어요. 저녁마다 강변을 산책하는 꿈을 꿉니다. 공기는 상쾌하고 아이들은 노래합니다. 나는 야외에서 까무러치는 어린 소녀들의 가슴을 사랑합니다. 추한 만큼이나 아름다운 약혼녀의 젖은 머리털을 어루만지며 나는 그렇게 시인이 되었습니다. 내 약혼녀는 사랑으로 아름답습니다. 상고르가 풍경을 가로질러 갔습니다. 보들레르였을까요? 나는 혀끝에 시 한 수를 읊으며 태양에 속한다는 신념을 마음에 품었습니다...

자신이 시인이 되는 데에 있어 바탕이 된 실체적 감각과 관능성의 시적 풍경이 상고르의 것이었는지, 보들레르의 것이었는지를 자문한 니므롯은 일찍이 이 시집에서도 '어머니처럼 보살피다/기르다'라는 뜻을 가진 'materner' 동사를 사용하여 자신의 시 세계에서 태양의 중요성을 강조한다. 빛에 대한 시인의 감수성에 대해서는 그것에 랭보의 영향이 깊게 새겨져 있음을 앞서 우리가 확인한 바 있다.

그런데 니므롯의 작품에서 종종 등장하는 이름인 보들레르가 시인에게 끼친 영향을 가장 잘 보여주는 이미지는 바로 하늘의 구름이다. 『자연 빛에 대한 작은 예찬』의 서시 「나는 말을 잃었네」는 다음과 같이 시작한다.

> 나는 구름들과 저녁이면
> 그것들 감싸는
> 자줏빛 금빛 천을 노래했다

시집의 첫대목에서 구름과 그 영롱한 저녁노을의 빛깔을 예찬하는 니므롯의 시선에서 독자는 보들레르의 산문시집 『파리의 우울』을 여는 첫 번째 산문시 「이방인」에서 구름을 응시하는 이방인의 시선을 단번에 알아본다.

— 아니 ! 희한한 사람아, 그댄 그러면 무얼 좋아하는가?
— 나는 구름을 사랑하지요... 흘러가는 구름들을... 저기... 저기... 경이로운 구름들을 !

이방인의 유일한 관심의 대상인 흘러가는 경이로운 구름들의 아름다움이 『파리의 우울』의 세계뿐 아니라 보들레르 미학에서 핵심적 요소 중 하나임은 잘 알려져 있는 사실이다. 산문시 「항구」에서 보들레르의 시적 화자의 "눈을 '경이롭게도' 즐겁게 하는 프리즘"을 이루는 요소 중 하나가 바로 "구름의 움직이는 구조"이다. 또 다른 산문시 「수프와 구름」에서 화자의 시선은 눈앞의 음식이 아니라 저 멀리 창밖의 구름의 "신이 증기로 만드는 움직이는 건축적 모양, 만질 수 없는 경이로운 건축물"에 있다. 보들레르는 『1859년 살롱평』의 <풍경화> 장에서 '구름의 화가' 외젠 부댕 작품 속 "기상학적인 아름다움"을 지닌 "환상적이고 찬란한 형태를 띤 그 모든 구름들"의 놀라운 움직임과 다채로운 색채들을 아편 복용자의 환상에 비유하며 경탄한 바 있다. "구름장수"(「수프와 구름」)를 자처하는 보들레르에게 구름은 놀라운 색채의 마술을 보여주는 이미지이면서, 시의 대응물로써 감각계에서 벗어나 있는 것처럼 보이는 비가

시적이고 비물질적인 요소들의 탁월한 물질화의 표현이라는 점에서 중요한 미학적 위치를 차지한다. 나아가 보들레르에게 구름은 끊임없이 움직이면서도 언제나 매 순간 환상적인 형태를 포착하도록 함으로써 영원 속의 순간, 부동 속의 운동 그리고 유한 속 무한이라는 현대성의 상상력을 완벽하게 구현하고 있는 자연 속 초자연의 이미지이다.

니므롯이 보들레르처럼 시집을 구름에 바치는 예찬으로 시작했다는 점은 다분히 의도적인 것으로 그가 보들레르처럼 구름의 시적 연금술을 추구하고자 했음을 의미하며 자신 시집의 시적 건축술에 있어서 랭보와 더불어 보들레르가 또 다른 한 축을 담당하리라는 것을 예고한다.

구름이라는 꿈의 형상화를 좇는 걸어 다니는 나무인 시인 니므롯의 시적 풍경 곳곳에는 여러 형태와 색채의 구름이 걸려 있다. 시인의 여정에서 시적 꿈이 머물 수 있었던 곳은 "저기 저곳 / 천사들과 구름들 사이 / 빙산들과 창공 사이"이다. 구름은 어린시절의 순수성을 환기하는 것이기도 하고, 평원에서 나무에 흰 주름 장식깃을 걸어주는 효과를 주기도 한다. 나무-시인에게 이것은 시성으로서의 축성과도 같은 것이다. 무엇보다 구름은 석양빛에 빛나는 놀라운 색채로 시선을 사로잡는다.

가장자리가 잘 다듬어진 구름들
황금빛과 은빛 태양이 스며든
황혼의 작고 둥근 조각들

이 시구는 니므롯의 구름의 연금술을 가장 잘 보여주는 부분일 것이다. 두 가지 측면에서 그러하다. 석양에 비친 구름의 풍경에 대한 이 묘사 속에서 구름 이미지를 이루는 요소는 우선 색채이다. 황금빛과 은빛으로 빛나는 구름에 대한 예찬에는 앞서 살펴본 것처럼 태양 빛이 핵심적인 요소로 작용한다. 다음으로, 주목할 점은 시인의 구름 예찬은 결국 언어의 연금술로 완성될 것이라는 점이다. "Nuages léchés(잘 다듬어진 구름들)"는 문자 그대로의 의미로는 '혀로 핥은 구름'이라는 뜻이다. 앞서 보았듯 시인은 서시 「나는 말(혀)를 잃었네」에서 언어의 실패를 고백하고 잃어버린 모어가 태양 빛으로 다시 살아나게 될 것임을 말한다. 이 혀로 공들여 다듬어진 구름의 이미지가 내포하는 것은 구름에 대한 예찬이 언어적 탐구를 통한 것이라는 사실이다.

그런데 구름의 미학에서 니므롯이 보들레르의 명백한 영향 속에 있다는 점을 확인할 수 있지만 분명한 차이점도 존재한다. 그리고 그 차이는 니므롯이 생-존 페르스, 상고르 등 자연 예찬의 전통을 계승하면서 랭보의 근원적인 "자연 빛"에 대한 감각을 이어받고 있다는 점에 기인한다. 자연 자체보다는 도시적 상상력에 기반을 둔 보들레르의 경우와 달리, 시인으로서의 정체성을 '나무-빛'으로 삼고 있는 니므롯의 경우 생-존 페르스나 폴 클로델에게서 볼 수 있는 계절과 날씨의 변화에 따른 기상 변화에 대한 자연 감각과 유사한 감수성을 공유하는 부분이 있다. 하르마탄 불어오는 아프리카 적도 부근으로부터 북유럽에 이르기까지의 여정을 나타내는 시집의 구성을 통해서 니므롯은 자신이 거쳐온 대륙과 대양의 서로 다른 식생들 그리고 햇빛과 대기의 순환으로부터 받는 감각들을 기록했다. 물, 불, 흙, 공기라고 하는 자연을 이루는 원초적 4요소들의 결합 내지는 길항 작용들이 빚어내는 감각들에 대한 니므롯의 기상 감수성은 물과 대기의 상상력, 바슐라르적인 물질적 상상력으로 실현되는 것처럼 보인다. 햇빛은 물을 만나 구름을 만든다. 구름을 만드는 요소인 물은 시집 후반부에 가장 중요한 요소로 풍부하게 등장한다. 5부인 <물의 복/하늘의 복(Fortune des eaux / Fortune des ciels)> 편은 한 편의 장시 「산의 물(L'eau montagnard)」로 이루어져 있는데 프랑스 아르데슈 지방의 수원으로부터 흘러나오는 물의 아름답고도 장대한 흐름을 표현한다. 시인은 물이 풍요의 기회를 얻은 곳, 유럽에서 가장 큰 화산지대인 아르데슈의 몽페자(Montpezat)에 있는 자신의 위치를 상기시키는 것으로 시를 시작한다. 그의 "계획은 물을 말하는 것"이며, 이제 물의 여정이 시작된다. 폭포를 이루며 떨어진 태초의 물은 산에서 흘러내려 자연에 생명을 불어넣어주고 바람과 함께 속삭이며 샘과, 새들과 함께 노래한다. 시는 시간과 공간의 경계를 가로지르며 고대와 현대, 동양(중국)과 서양의 이미지들을 물 흐르는 듯한 율동감 있는 리듬으로 펼쳐보인다. 흘러내리는 강물들은 보이지 않는 언어들로 증발되어 구름의 이미지를 만들 것이다. 그리고 그 구름들은 "떠다니는 보물들 / 꿈을 간직하고 있는 천상의 보물들"이다.

구름의 미학은 경계를 종횡하는 상상력을 보여준다. 이러한 탈경계적 상상력과 이질적 이미지들의 중첩은 니므롯이 아폴리네르와 같은 현대 프랑스시의 초현실주의적 이미지들을 염두에 두고 있는 것이 아닌지를 생각하게 하는 면이 있다. 프랑스 현대시의 독자라면 길게 이어지는 「산의 물」의 리듬감과 고대와 현대의 풍경을 중첩하는 수법 따위가 아폴리네르의 시집 『알코올』의 서시인 장시 「구역(Zone)」과 닮았음을 알아챌 수 있다. 시집의 마지막을 장식하는 <강 위의 거처>는 물의 세계를 그린다. 니므롯은 루앙 인근 센 강변에 대한 관조 속에 아프리카 고향의 수변을 겹쳐놓는다. 니므롯의 풍경 묘사는 단순한 묘사의 차원을 넘어서 있으며 자신의 실존을 둘러싼 구체적 자연 풍경에 대한 깊은 관조를 통해 끌어올린 시적 상상력의 아름다움을 보여준다. 이렇게 시집의 마지막 작품인 시 「저녁에서 배운 것들(Les leçons du soir)」은 시인이 시집의 첫머리에서 예찬한 구름의 미학에 대한 시인 자신의 해설과도 같다.

> 이리저리 거니는 어떤 날에는 막힌 길을 따라 어린 시절이 떠오르곤 합니다. 신성한 보들레르처럼 나도 구름처럼 포근하고 솜털처럼 부드러운 침대와 집을 꿈꿉니다. 그들의 우아함과 외설은 나를 행복하게 하기에 충분합니다. 충분히 강하고 충분히 강력한 사람이 구름을 올려다볼 배짱을 가질 수 있을까요? 구름은 드높고 너그럽기 때문에 인간보다 우월합니다.
> 물건들을 소유하고 있다고 으스대는 사람들은 구름을 생각해 본 적이 없습니다. 그렇지 않으면 정말 우리에게 속한 것은 아무것도 없다는 것을 알게 될 것입니다. 구름은 왕족의 영혼이 부러워할 만한 웅장함을 우리 눈앞에서 움직입니다. 그것이 창조적 조건입니다. 영혼에서 방랑기를 조금 빼앗는 것이지요.
> 길 위에서 나는 사랑, 아름다움, 은혜와 같은 위대한 단순한

> 것들을 꿈꿉니다. 저는 그곳 유대 언덕에서 세 가지 은총을 위한 천막 세 동을 짓는 꿈 자체를 꿈꿉니다. 하늘의 창문처럼 나는 모든 뒷문과 길, 샛길을 경계하고 있었기 때문입니다. 아무도 없는 이 땅에서 나는 큰 소리로 꿈을 꾸었습니다.
> 말은 내 안에서 장엄합니다. 내 시들은 항상 단어들로 넘쳐나는 강, 그 근원에서 태어납니다. 이것이 바로 구름입니다. 신화적이고 휘발성 있는 물질에 대한 직관 또는 환상이죠. 나는 샘물로 갈증을 해소하고 싶었던 사마리아 여인이었습니다.
> 고개를 들기만 하면 하늘에 우물이 나타날 것만 같았습니다.

신성한 플라뇌르(flâneur)인 니므롯-보들레르의 세계에서 만물을 비추는 생의 근원인 찬란한 태양 빛은 온갖 형태로 모습을 바꾸며 자연을 순환하는 물에 작용하여 구름의 연금술을 펼친다. 시인은 그 연금술의 비밀을 감추지 않는다. 니므롯은 하늘의 수원, 말들로 가득한 구름에서 쏟아지는 언어로 자라나는 "걷는 나무"이다.

니므롯에게 자연은 빛의 공간으로 인식된다. 그렇기 때문에 그의 예찬은 빛을 향해 있다. 우리는 그의 시집 『자연 빛에 대한 작은 예찬』을 읽으며 오늘날의 프랑스어권 아프리카 시의 한 성취를 보여주고 있는 시인이 망명과 향수 사이에서, 선택한 언어와 잃어버린 모어 사이에서, 모색하고 있는 치열한 시적 탐구의 여정을 따라가 보았다.

차드 태생의 시인 니므롯은 시적 예찬의 전통 속에서 두 대륙을 연결하면서 랭보와 보들레르라고 하는 프랑스 현대시의 정수를 자신의 수원으로 삼아 자신만의 방식으로 놀라운 언어의 마술을 보여주었다. 망명의 여정 속에서 유년 시절의 풍경들은 망명자의 회고적 관점에서 새로운 감각으로 되살아나고, 이방인의 시야로 새로 발견하는 유럽의 낯선 풍경들은 아프리카 소년의 감각으로 새로운 상상력을 불러일으킨다. 니므롯은 센 강이 보여주는 물의 풍요와 아프리카 고향 마을 강변의 만연한 가뭄을 대비시키면서도 공기와 빛에 대한 감각의 동일성 속에서 센 강과 로곤강의 풍경을 겹쳐 보여준다. 태양, 달, 별을 보고 바람을 느끼면서 시인은 자연이 변화 속에서도 영원하고 보편적 지평을 열어준다는 것을 잊지 않는다. 예민한 감각들(시인은 청각 이미지의 재현에도 세심하다)을 통해 센 강변에 대한 관조가 아프리카의 풍경을 되살리기에 이른다.

니므롯은 시간과 공간의 경계를 초월하는 자연에 대한 관조, 근원에 대한 심오한 탐색을 통해 시적 언어의 아름다움을 추구한다. 그렇다고 해서 니므롯의 '자연 빛'이, 부정할 수 없는 아프리카의 개인적이면서 사회적이고 또 시대적인 고통과 불행을 외면하고 표백한다고는 결코 생각할 수 없다. 시인은 직접적인 사회적 개입의 문학을 추구하지 않으면서도 아프리카의 고통을 비추기를 피하지 않았다. 근본적인 고통에도 불구하고, 아니 오히려 그 고통을 치유하기 위해서 시인은 언제나 태양을 향해 있다. 니므롯에게 '자연 빛'에 대한 예찬은 감각들을 일깨우는 힘, 잃어버린 언어들과 세계를 되살리는 창조력에 찬사를 보내는 일, 말의 강을 비추어 구름의 연금술을 펼치게 하는 빛의 힘에 대한 믿음에 다름 아니다. 이러한 믿음 속에서 망명 중의 시인은 스스로를 더 이상 '뿌리뽑힌

(déraciné)'자가 아니라 빛을 받으며 구름과 함께 언제나 "걷는 나무"로 긍정하게 된다.

* 이 글은 『프랑스학연구』 제 104집(2024)에 「구름의 연금술: 차드 시인 Nimrod의 『자연 빛에 대한 작은 연구』 – 랭보와 보들레르의 영향을 중심으로」 라는 제목으로 실린 논문을 수정·보완한 것임.

신화로 이어지는 아프리카와 유럽

오정숙

"O mon corps, fais de moi toujours un homme qui interroge !"
Frantz Fanon, *Peau noire, masques blancs*

신화는 단순한 옛날이야기가 아니다. 문명 간의 교차와 이동을 보여주는 중요한 단서이자 열쇠가 될 수 있다. 그래서 여러 학자들이 신화가 문화의 확산과 교류를 어떻게 드러내는지 연구해 왔다. 조지프 캠벨(Joseph Campbell)은 신화의 보편적 주제와 구조를 연구하며, 다양한 문화 속의 신화가 어떻게 비슷한 영웅의 여정을 공유하는지 조명했다. 심리학자인 융(Carl Gustav Jung)은 집단 무의식과 원형 이론을 통해 서로 다른 문화에서도 비슷한 신화적 주제가 나타나는 이유를 설명하면서 신화가 인류의 공통된 심리적 구조를 어떻게 반영하고 있는지 분석했다. 종교학자인 미르체아 엘리아데(Mircea Eliade)는 신화가 문화적·종교적 의식을 통해 어떻게 전파되고 변형되는지를 연구하면서 신화가 시간과 공간을 초월하여 인간 경험의 본질적인 부분을 드러낸다고 생각했다. 이러한 학자들은 신화가 단순한 이야기를 넘어, 인류 문화의 깊은 연결성을 보여준다고 공통적으로 강조했다.

여기에서는 고대 그리스와 고대 이집트의 대표적인 두 신화의 궤적을 따라가 보면서, 신화가 인류의 문화적 교류와 이동을 어떻게 보여주는지 조명해 보려고 한다.

그리스 이오 신화와 아프리카

그리스 신화에서 가장 널리 알려진 이오의 이야기는 다음과 같다. 이오는 아르고스의 왕 이나코스의 딸로 제우스의 사랑을 받게 된다. 제우스는 헤라의 질투를 피하기 위해 이오를 암소로 변신시킨다. 그러나 헤라는 이를 알아차리고 암소가 된 이오를 아르고스라는 백 개의 눈을 가진 괴물에게 지키도록 한다. 제우스는 헤르메스를 보내 아르고스를 잠들게 하고 이오를 구출한다. 이후 이오는 여러 지역을 방랑하다 결국 이집트에 도착하고, 그곳에서 본래 모습으로 돌아와 신성한 여신으로 숭배받게 된다. 그래서 이오의 이야기는 그리스 신화와 이집트 신화의 연결고리로 여겨진다.

【제우스, 헤라, 암소로 변한 이오, 아르고스, 헤르메스】
BC 5, Museum of Fine Arts Boston

그렇다면 기원전 1세기에서 2세기경 아테나이의 학자로 알려진 아폴로도로스는 이오에 대해 어떻게 쓰고 있을까? 그의 책은 그리스 로마 시대로부터 전해진 유일한 신화 책이자 가장 방대하고 체계적으로 그리스 신화들을 담고 있는 안내서의 역할을 하고 있다. 다른 신화 이야기들은 출전이 불분명하거나 문학적 효과를 위해 나중에 만들어진 경우가 많지만, 이 책은 구술되어 내려오는 주요 신화들을 있는 그대로 전해주기에 현존하는 그리스 신화 관련 책 중 가장 신뢰할 만한 책으로 평가받는다. 아폴로도로스가 기술하고 있는 이오의 이야기를 들어 보자.

> "제우스는 헤라의 여사제로 있던 이오를 유혹하다가 헤라에게 들키자 이오를 어루만져 흰 암소로 변하게 한 다음 자기는 그녀와 교합 한 적이 없다고 맹세했다. (...) 이에 헤라는 그렇다면 암소를 자기한테 선물하라고 하여 천리안 아르고스를 시켜 감시하게 했다. (...) 헤르메스는 제우스로부터 암소를 빼돌리라는 명령을 받았으나 (....) 암소를 빼돌릴 수 없게 되자 돌을 던져 아르고스를 죽였다. 그 뒤 헤라가 쇠파리를 보내 암소를 괴롭히자 암소는 먼저 그녀의 이름에서 따와 이오니오스 만이라고 부르는 곳으로 갔다. 그다음 그녀는 (...) 그녀의 이름을 따 보스포로스라고 부르는 곳을 건넜다. 그곳을 떠난 그녀는 (...) 광활한 육지를 헤매고 광대한 바다를 헤엄친 뒤 마침내 아이귑토스에 도착했다. 그곳에서 본래 모습을 되찾은 그녀는 네일로스 강변에서 아들 에파포스를 낳았다."[1)]

그리스의 여인 이오는 유럽 전역에 걸친 방랑을 마치고 마지막으로 북아프리카에 도착한다. 여기서 흥미로운 대목은 이오가 아이귑토스에 도착해 본래 모습을 되찾은 후 네일로스 강변에서 제우스의 아들 에파포스를 낳았다는 대목이다. 아이귑토스는 그리스어로 이집트를, 네일로스는 나일강을 의미한다. 이오가 에파포스를 기르는 과정도 순탄하지 않다. 아폴로도로스는 다음과 같이 적고 있다.

> "헤라는 쿠레테스들을 시켜 아이를 빼돌렸다. (...) 한편 이오는 아이를 찾아 나섰다. 그녀는 온 시리아 땅을 헤맸다. 뷔블로스 왕의 아내가 그곳에서 자기 아이를 기르고 있다는 사실이 그녀에게도 알려졌기 때문이다. 에파포스를 찾은 뒤 그녀는 아이굽토스로 돌아가 당시 아이굽토스인들의 왕인 텔레고노스와 결혼했다. 그리고 그녀는 아이굽토스인들이 이시스라고 부르는 데메테르의 신상을 세웠는데 그들은 이오도 이시스라는 이름으로 불렀다."2)

또다시 헤라의 개입으로 납치된 이오의 아들은 페니키아에 있는 도시 뷔블로스에서 왕비에 의해 양육되지만, 이오는 결국 에파포스를 되찾아 이집트로 돌아간다. 아폴로도로스는 이오가 이집트의 왕인 텔레고노스와 결혼하여 이집트 여신인 이시스의 이름으로 불리게 되면서 점차 이시스와 동일시되었다는 점을 밝히고 있다. 이미 기원전 5세기경의 학자인 아이스킬로스 역시 이집트의 왕 다나오스의 50명의 딸들 이야기인 『탄원하는 여인들』에서 이오의 이집트 정착과 에파포스의 출생, 그리고 그의 후손들에 대해서 언급한 바 있다.

아폴로도로스에 따르면, 이오는 이집트 최고의 여신 이시스와 동일시되며 에파포스는 신성한 황소 아피스와 동일시된다. 에파포스는 나일강의 신의 딸 멤피스와 결혼하여 리비아와 리시아나사 두 딸을 낳는다. 에파포스는 자신이 태어난 곳에 도시를 건설한 뒤, 아내의 이름을 따서 멤피스라고 불렀으며, 이집트와 아프리카 등지를 다스리게 된다. 리비아가 포세이돈과의 사이에서 낳은 벨로스와 아게노르를 비롯하여, 에파포스의 후손들은 그리스·페르시아·아프리카 등지로 퍼져나가 여러 왕가의 조상이 된다. 다시 말하면, 제우스와 이오의 아들 에파포스는 향후 그리스의 일부를 식민화하게 될 여러 후손들의 조상이 되는 것이다.

현대의 많은 신화학자들은 그리스 이오 신화를 소개할 때 이오가 이집트 나일 강변에서 에파포스를 낳고 이 아들이 후에 이집트, 그리스의 아르고스와 테베, 페니키아 왕가들의 조상이 된다는 점에 대부분 동의하고 있다. 19세기 독일의 신학자이자 신화연구가였던 구스타프 슈바브(Gustav Schwab)는 이집트 사람들은 소로 변했다가 구원받은 이오를 신처럼 공경했고, 어머니와 아들이 죽은 후에 나일 백성들은 신전을 세우고 이오를 이시스라는 신으로, 에파포스를 아피스라는 신으로 존경하였다고 적고 있다[3]. 미국의 작가이자 신화학자였던 제임스 볼드윈(James Baldwin)은 이집트 사람들은 이오에게 매우 친절히 대해 주었고, 이오의 자손 중 하나가 바로 헤라클레스라고 쓰고 있다[4].

그러나 서구의 모든 학자들이 이오와 아프리카와의 관계성을 인정하는 것은 아니다. 특히 국내에서 그리스 신화의 고전으로 널리 알려진 토마스 불핀치(Thomas Bulfinch)의 『신화의 시대』에는, 이오가 나일 강변에 도착해 자신의 본모습을 찾은 것까지는 동일하게 기술되어 있다. 하지만 불핀치는 이오가 이집트에 정착해 에파포스를 낳았다고 언급하지 않고 아버지와 자매들이 있는 곳으로 돌아가게 되었다고 적고 있다[5].

이번에는 아프리카에 뿌리를 두고 있는 학자들의 관점을 살펴보자. 과들루프 출신의 역사학자 장 필립 오모툰데(Jean Philippe Omotunde)는 『유럽 문명의 아프리카적 뿌리』에서 이오는 이집트, 즉 아프리카에 정착했고, 아들 에파포스는 아프리카에서 성장하여 현지 여인과 결혼함으로써 완벽한 아프리카인이 되었고, 따라서 그의 후손 역시 아프리카인이었음을 강조한다[6]. 그는 에파포스의 아프리카 후손들이 오늘날의 학교에 해당하는 이집트의 '생명의 집'에서 교육받은 뒤, 그리스, 페니키아 등지에서 왕국을 건설하며 이집트의 종교 풍습을 전수하는 것에 그치지 않고 이집트의 발전된 과학 기술 지식은 물론 화장술, 복식술, 수사학까지도 전수했음을 강조한다.

그리스에 아프리카의 문명 전파에 대해서는 아프리카 학자들뿐만 아니라 고대 그리스의 여러 학자들도 기록을 남겨 놓고 있다. 예를 들어 헤로도토스는 이집트 이시스 여신의 축제에 해당하는 그리스의 데메테르 축제에 관해 다나오스의 딸들이 이 예식을 이집트로부터 가져 와 그리스의 펠라스기족 여인들에게 전수했다고 적고 있다[7]. 그는 역사가답게 이오 신화를 역사적 관점에서 기술함으로써, 다른 신화학자들의 묘사에서는 찾아보기 어려운 보다 객관적이고 다양한 관점들을 제시하고 있다. 특히 이오 신화를 둘러싼 페르시아 버전과 페니키아 버전을 비교해 봄으로써, 재미있는 신화적 이야기를 넘어서서 이 이야기에 담겨있는 그리스와 아시아의 역사적 갈등에 대한 근거를 제시하고 있다.

이오 신화의 페르시아 및 페니키아 버전

먼저 헤로도토스가 밝히는 이오 이야기의 페르시아 버전을 살펴보자. 당시 그리스에서 첫 번째로 큰 왕국이었던 아르고스에 페니키아인들이 도착한다. 고대 지중해 인근에 무역업을 통해 해상왕국을 건설했던 페니키아인들은 그 땅에 도착하자마자 각종 물건들을 늘어놓는다. 아르고스의 여인들은 바닷가로 몰려와 물건들을 구경하는데, 이 여인들 사이에 아르고스의 왕인 이나코스의 딸 이오도 있었다. 흥분한 페니키아인들이 여인들을 덮치려 하자 아르고스의 여인들은 대부분 도망가지만, 이오를 비롯해 몇 명의 여인들은 포로로 잡혀 이집트로 끌려가게 된다. 페르시아 버전에서 페니키아인들은 장사에 능하고 여인을 탐하는 탐욕스런 모습으로 형상화되고 있고, 이오는 제우스의 사랑과 헤라의 질투 때문에 아르고스를 떠난 게 아니라 페니키아인들에 의해 억지로 이집트로 납치된 것으로 이야기된다.

이번에는 반대로 헤로도토스가 기록한 이오 이야기의 페니키아 버전을 살펴보도록 하자. 페니키아인들은 페르시아인들의 주장처럼 이오를 납치한 것이 아니라, 이오가 아르고스에서 배의 선장과 사랑에 빠져 임신을 하게 되고, 이 잘못이 알려질까 봐 두려워 페니키아인들을 기꺼이 따라갔다는 것이다. 따라서 페니키아 버전에 따르면, 이오의 이집트 정착은 제우스와의 사랑 때문이 아니라 페니키아 선장과의 허락되지 않은 사랑 때문인 것이다.

헤로도토스는 각 나라의 연대기 작가들에 의존하면서 글의 진위에 대한 책임을 지고 있지는 않지만, 페니키아인들이 이오를 이집트로 데려간 사실만은 부정하고 있지 않다. 신화적 이야기와 역사적 사실이 조우하는 지점에서 이오의 납치와 관련된 부분이 그리스와 아시아의 적대관계가 시작되는 출발점을 제공한 것만은 설득력이 있어 보인다.

한편 오모툰데는 이오의 납치에 대한 복수로 후에 그리스인들이 페니키아의 공주 에우로페를 납치한 것이라고 설명하고 있다.[8] 에우로페 신화와 관련하여 고대 그리스 신화에서 가장 널리 알려진 버전으로는, 제우스가 페니키아의 공주인 에우로페에게 반해 황소로 변신하여 그녀에게 접근했고 그녀가 황소에 올라타자 제우스는 바다를 건너 크레타 섬으로 그녀를 데려갔다고 한다. 그곳에서 제우스는 본래의 모습으로 돌아왔고, 에우로페와의 사이에서 미노스, 라다만티스, 사르페돈이라는 아들을 낳았다고 전해진다. 에우로페의 이름에서 유럽 대륙의 이름이 기원했음은 널리 알려진 사실이다.

흥미로운 점은 에우로페가 이오의 아들 에파포스의 먼 후손이라는 점이다. 그렇다면 페니키아인들이 이오를 납치하여 이집트로 데려감으로써 이오는 이집트의 왕비이자 여신이 된 것이고, 그리스인들이 후에 에우로페를 크레타로 납치하여 그녀가 유럽의 기원이 되었다는 말이 된다.

이집트의 이시스 신화

이번에는 이집트 신화에서 종종 그리스의 이오랑 동일시되는 이시스 여신과 관련된 신화의 의미를 간략히 살펴보도록 하자.

이집트 신화의 중심 신들로는 먼저 우주 발생 이전의 상태이자 신의 아버지로 불리는 눈(Nun), 태양의 신 라(Ra), 태초의 빛 아툼(Atum), 대지의 신 게브(Geb), 하늘의 여신 누트(Nut), 공기의 신 슈(Shou), 습기의 여신 테프누트(Tefnut)를 꼽을 수 있다. 대지의 신 게브와 하늘의 여신 누트가 만나 다섯 명의 자식이 태어나는데, 대(大) 호루스(Horus), 오시리스(Osiris), 이시스(Isis), 세트(Seth), 네프티스(Nephthys)가 그들이다. 이집트 최초의 파라오로 칭송되는 오시리스와 그의 왕비 이시스 사이에서 태양의 신 호루스와 사랑의 신 하토루(Hathor)가 태어난다.

이집트의 이시스 신화는 오시리스 신화와 불가분의 관계에 있다. 오시리스와 이시스는 누트의 자궁 속에서부터 이미 사랑에 빠졌고 이후 결혼하여 모든 이집트인들에게 존경받는 왕과 왕비가 된다.

【호루스, 오시리스, 이시스】
BC 9, Musée du Louvre

하지만 동생 세트의 질투와 계략으로 오시리스는 관 속에 갇힌 채 나일강에 던져진다. 이시스는 오시리스의 시신을 찾기 위해 방랑길을 떠나게 되는데, 결국 페니키아의 뷔블로스에 있는 타마리스크 나무속에 그 관이 박혀 있다는 것을 알게 된다. 이시스는 뷔블로스 왕의 갓 태어난 아기의 병을 고쳐줌으로써 감사의 선물로 관이 들어 있는 나무 기둥을 받게 된다. 이집트로 돌아온 이시스는 오시리스의 관을 은밀히 감추어 놓는다. 하지만 세트는 그 관을 발견해 오시리스의 시신을 열네 토막으로 잘라 이집트 전역에 뿌리고 그의 남근을 나일강에 던져 버린다. 이시스는 여동생이자 세트의 아내인 네프티스의 도움을 받아 남편의 시신 조각을 거두어들이고 남근 모형을 만들어 제사를 올린다. 이렇게 해서 오시리스는 부활하고 이시스는 임신해 아들 호루스를 낳는다.

오시리스는 죽음과 부활의 신이다. 그는 죽은 자들의 신이면서 산 자들의 신이다. 또한 그는 불모지에서 싹을 틔울 수 있는 경작과 풍요의 신으로서 그의 얼굴은 흔히 식물의 재배를 상징하는 초록색으로 표상된다. 이집트의 벽화에 담겨있는 오스리스의 모습을 보면, 그는 가짜 수염을 붙이고 손에는 파라오를 상징하는 도리깨와 갈고리를 들고 있다. 오시리스는 육체적 죽음과 부활의 기적을 보여준 최초의 신으로서 후에 예수의 죽음과 부활에 비견되었고, 지금도 이 둘의 유사성에 관련된 논쟁은 신학적으로나 종교적으로 아직도 계속되고 있다.[9]

이제 이시스로 돌아와 보자. 이집트 신화에서 최고의 여신인 이시스는 이집트의 왕비이자 오시리스의 아내이며 호루스의 어머니로서 이집트 전역에 걸쳐 숭배되었다. 오시리스를 부활에 이르게 한 사랑의 신이자, 병든 아이를 돌보는 모성의 신이고, 이집트 여인들에게 직물 짜는 법과 알파벳을 가르친 지혜의 신이자, 자연 현상을 지배하는 풍요의 신이기도 했다. 이시스라는 이름은 '자리', 또는

【시스트럼을 들고 있는 이시스】

'왕관'을 상징한다. 왼쪽의 벽화에서 보듯이,[10] 그녀는 흔히 계단 모양의 왕관을 머리에 쓰거나 암소의 뿔과 달의 원반으로 장식된 머리 장식을 쓰고 있는 모습으로 형상화된다.

이오 신화와 이시스 신화의 공통점

이오 신화와 이시스 신화는 이야기 구조 차원에서 상당한 공통점을 내포하고 있다. 이 구조는 크게 사랑-시련-방랑-해소-시련-방랑-모성으로 요약될 수 있다. 이오와 제우스, 이시스와 오시리스의 사랑을 방해하는 첫 번째 시련은 헤라와 세트의 질투다. 이오 신화에서 이오는 헤라의 질투로 암소로 변해 백리안 아르고스에게 감시당한다. 그녀는 제우스의 부탁을 받은 헤르메스의 도움으로 아르고스에게서 해방되지만, 헤라가 보낸 쇠파리 때문에 전 유럽을 떠도는 처지가 된다. 이시스 신화에서 이시스는 세트의 질투로 남편이 관에 갇혀 나일강에 던져지는 시련을 겪게 된다. 그녀 역시 오시리스의 관을 찾아 이오처럼 방랑길에 오르게 된다. 이러한 방랑 끝에 두 여인은 일시적인 시련의 해소를 경험하게 된다. 이오는 긴 방랑을 끝내고 나일 강변에 정착해 암소의 모습에서 벗어나 자신의 본

모습을 되찾은 후 제우스의 아이를 잉태한다. 이시스는 뷔블로스에서 결국 남편의 관을 찾아내어 이집트의 은밀한 곳에 감추어 놓는다.

하지만 이들은 곧 새로운 시련에 맞닥뜨리게 된다. 이오는 헤라에 의해 자신의 아이를 납치당하고, 이시스는 세트에 의해 오시리스의 시신이 열네 토막으로 나뉘어 산산이 흩어지게 되는 고통을 겪게 된다. 이로부터 아이를 찾고 시신을 찾기 위한 두 여인의 방랑은 다시 시작된다. 결국 이오는 뷔블로스에서 아이를 찾아 이집트에서 행복하게 살게 되고, 이시스는 남편의 시신 조각과 남근을 거둬 오시리스의 부활을 일궈내고 아들 호루스를 낳게 된다. 두 신화 모두 남녀 간의 사랑으로 시작하여 모성애로 마무리되는 해피엔딩 구조를 가지고 있다.

이 두 신화는 이야기의 구조 외에도 여러 면에서 놀라운 공통점을 가지고 있다. 먼저 페니키아의 뷔블로스라는 도시의 등장이다.

【나일강의 신이 이오를 이시스에게 데려오다】 폼페이 이시스 신전 벽화, Museo Archeologico Nazionale (Naples)

이오 신화에서 뷔블로스의 왕은 헤라가 납치한 아이를 키워주는 은혜로운 왕이다. 이시스 신화에서 뷔블로스는 오시리스의 관을 간직했다가 이시스에게 선물로 주는 역시 은혜로운 장소이다. 두 번째 공통점은 두 여신 모두 모성적 이미지와 깊게 연관되어 있다는 점이다. 이오는 납치된 아이를 찾아 나서며 온갖 고생을 하고, 이시스는 병든 아이를 지극정성으로 돌봐 치유에 이르게 한다. 세 번째 공통점은 이오와 이시스 모두 암소의 상징성으로 표상된다는 점이다. 제우스는 이오를 헤라의 눈을 피해 암소로 둔갑시켰고, 이시스는 고대 벽화에서 종종 암소의 뿔을 쓴 모습으로 형상화된다. 고대 이집트의 우주론에서 황소가 생식력을 상징하는 남성성의 표상이라면, 암소는 젖과 양육을 상징하는 여성성의 표상이다.

마지막으로 두 여신 모두 남자와 성관계 없이 자가 수태를 한다는 점이다. 나일 강변으로 암소를 따라온 제우스는 암소의 목을 쳐서 이오의 본모습을 찾아 주지만 바들바들 떨고 있는 그녀를 건드리지 못한 채 그곳을 떠나고 만다. 하지만 이오는 제우스의 '부드러운 숨결'을 통해 에파포스를 잉태한다. 이시스는 오시리스의 시신을 남근 모형과 함께 수습해 성유를 붓고 린넨 천에 싸 놓는다. 그 결과 오시리스는 부활하게 되고, 그들 사이에 '정신적 결합'이 일어나 호루스가 잉태된다. 이런 점에서 이 두 신화는 동정녀 성모 마리아의 수태 신화와 연결되기도 한다. 테오필 오방가(Théophile Obenga)와 같은 콩고 출신의 학자는 로마 카톨릭 교회의 성모 마리아 숭배가 이시스 숭배를 그 직접적인 원형으로 삼고 있다고 지적하고 있다.[11]

유럽문명의 뿌리에는 아프리카가 있다!

이시스 신화와 이오 신화의 사례가 보여주는 것처럼, 아프리카와 유럽은 문명적으로 밀접하게 연결되어 있다. 많은 사람들이 고대 그리스 문명이 현재 서구 문명의 기원이자 요람이라고 생각해 왔다. 그런데 20세기에 들어서 아프리카 출신의 젊은 지식인들이 식민본국이었던 프랑스에 유학하면서, 식민통치자의 관점 또는 유럽 중심적인 시각에서 벗어나 주체적이고 내재적인 관점에서 자신들의 고향 아프리카의 역사와 문명을 학문적으로 연구하기 시작한다. 이런 맥락에서 몇몇의 아프리카 출신 지식인들이 고대 이집트를 중심으로 한 흑아프리카의 문명이 고대 그리스 문명의 뿌리가 되었다는 새로운 관점을 제기한다.

세네갈 출신의 역사학자이자 인류학자인 체이크 안타 디오프(Cheik Anta Diop, 1923-1986)는 유럽의 문명이 흑아프리카 문명에서 기원했음을 객관적 사료와 실험에 근거에 과학적으로 입증하려고 했던 대표적인 아프리카 중심주의 학자다. 그는 23세에 파리로 유학해 물리학과 화학을 공부하다가 당시에 저명한 프랑스의 민속학자이자 서아프리카 신화연구가였던 마르셀 그리올(Marcel Griaule, 1898-1956)을 만나게 된다. 그의 지도 아래 디오프는 1954년에 자신의 박사학위 논문에서 고대 이집트 문명이 흑아프리카인들이 이룩한 문명임을 주장하여 당시 학계에 파란을 일으킨다. 르몽드 지의 한 기자는 이 논문의 발표를 "지성의 전당이라는 조용한 하늘에 울려 퍼진 요란한 천둥소리"[12]에 비유할 정도였다. 이 젊은 세네갈 학생의 논문은 당시에 거부되었다가 1960년에야 통과된다.

하지만 이 논문의 주요 관점은 『흑인 국가들과 문화』라는 제목하에 1954년에 단행본으로 먼저 출간된다. 그는 헤로도토스, 스트라본과 같은 고대 역사학자들의 저서를 토대로 이집트 문명이 곧 흑인 문명이었음을 보여주고자 한다. 그리스의 역사가 헤로도토스는 이집트인들이 검은 피부와 곱슬거리는 머리를 가지고 있었다고 이미 적고 있었다. 디오프는 이를 과학적으로 입증하기 위해 파리의 인류박물관에 있는 이집트 미라의 표본을 채취하여 멜라닌 테스트를 시행한다. 그 결과 고대 이집트인들이 오늘날의 흑아프리카인들과 흡사한 외모를 가지고 있으며 고대 이집트인들의 피부가 흑인처럼 검은색이었음을 밝혀낸다. 그는 또한 언어학적 분석을 통해 고대 이집트의 언어가 현재 아프리카에서 말해지는 언어와 음성학적으로 연관성이 있다는 점도 지적한다.

디오프는 1967년에 출간된 『흑인 문명의 선행성 : 신화 또는 역사적 진실』이라는 저서에서, 인류의 요람으로서 아프리카는 그리스 문명에 앞서는 찬란한 문명의 발상지였음을 조명한다. 특히 탈레스, 피타고라스, 플로티노스, 플라톤, 에우독소스, 아리스토텔레스 등과 같은 저명한 그리스 철학자들이 흑이집트의 사상을 적극적으로 배우고 수용했음을 강조한다. 이러한 주장은 그리스 문명이 서구 문명의 기원이자 요람이라는 지극히 보편화된 상식을 뒤집는 파격적인 것이었고, 반대파들의 극렬한 반론에 부딪혀야 했다. 하지만 결국 1974년 유네스코가 주관한 카이로 국제학술대회에서 전 세계에서 참가한 대부분의 학자들이 디오프의 관점을 인정함으로써 20여 년간의 논란은 마침내 종지부를 찍게 된다. 디오프는 유럽에 의해 자행된 흑인매매 이전의 고대 아프리카 역사를 연구한 최초의 학자였다. 일각에서는 그의 관점들이 열등한 아프리카인들이 보여주는 아프리카 중심주의적, 편협한 민족주의적 시각을 반영하고 있다고 비판하기도 한다. 하지만 그는 새로운 연구 분야를 개척하여 기존의 정설을 전복하며 후대에게 새로운 길을 제시하고 동시에 막중한 임무를 지워준 선구자로서, "20세기에 가장 영향력을 행사한 아프리카 작가"[13)]로 꼽히게 된다.

디오프의 연구업적은 콩고공화국 출신의 테오필 오방가, 콩고민주공화국 출신의 조제 카푸타 로타(José Kaputa Lota), 과들루프 출신의 장 필립 오모툰데 등과 같은 후학들에 의해 확산 심화된다. 그의 연구에 깊은 영향을 받은 조제 카푸타 로타는 다음과 같이 적고 있다.

> "흑이집트는 그리스 사상에 상당한 영향을 미쳤다. 이 지역은 고대 그리스인들에게 항상 모든 학문과 지혜의 요람으로 여겨져 왔다. 그리스의 유명한 현자들과 철학자들은 오늘날 아프리카 흑인들이 유럽에 박사과정을 밟으러 가듯이 바다를 건너 나일 강 계곡의 스승들 곁에서 새로운 학문에 입문해야만 했다."[14)]

이집트학의 권위자이자 언어학자인 테오필 오방가는 디오프의 정신을 이어받아 서구중심주의적 세계관에서 벗어나 그리스 문명의 뿌리로서 흑아프리카 문명의 찬란함을 전 세계에 알리는 데 평생을 바친다. 그는 1992년 『이집트학과 아프리카 문명 연구』라는 학술지를 파리에서 창간하면서 발간사에서 디오프의 방대하고도 귀중한 연구 작업의 의미와 관점에 따라 아프리카 문명 연구를 계속할 것임을 표명한다.

오방가는 고대 이집트어가 흑아프리카에서 사용되는 언어들과 수많은 공통적 특징들을 갖는다는 점을 언어-역사학적으로 분석한다. 그는 고대 이집트어를 '흑이집트어'라고 명명하며 고대와 현대의 흑아프리카어들의 '공통적 조상'이라고 말한다.15) 그의 이러한 연구는 이미 세네갈 인근 서아프리카의 토착어인 올로프어가 고대 이집트어와 유사성이 많다는 점을 지적했던 디오프의 연구를 확장 심화시킨 것이다. 디오프와 오방가의 연구는 언어학적으로 많은 비판을 받은 것이 사실이다. 예를 들어, 흑아프리카 언어학자였던 프랑스의 앙리 투르뇌(Henry Tourneux)는 오방가가 아프리카의 차드어와 곱트어의 두 언어만을 이집트어와 비교분석 한 후 이 결과를 전체 흑아프리카 언어에 적용한 것은 무리가 있다고 비판한다.16)

그리스와 이집트를 가르는 문화적 억압

하지만 유대계 영국인이자 미국 코넬대 교수였던 마틴 버낼(Martin Bernal)의 연구는 이들 아프리카 학자들의 관점이 전혀 근거 없는 것이 아님을 잘 보여준다. 영국에서 중국학을 전공한 유대계 영국인이었던 버낼은 우연히 인도유럽어로 설명할 수 없는 그리스어 어휘가 1/4～1/3 가량이나 된다는 점을 깨닫고, 그리스어와 이집트어를 비교 연구하기 시작한다. 그는 대다수 그리스 신의 이름과 여러 지명을 비롯하여 그리스어 어휘 가운데 20~25%의 어원을 이집트어에서 발견하게 된다. 1987년 출간된 그의 대작 『블랙 아테나』의 참고문헌을 보면, 디오프의 책들은 언급되었지만 오방가의 책들은 언급되어 있지 않다. 이를 통해 볼 때, 버낼은 오방가를 읽지 않은 채 상당 부분 그와 유사한 결론에 이른 것으로 판단할 수도 있을 것이다.

마틴 버낼은 이집트에 생각이 미치면서부터 "그리스와 이집트를 연계시키는 것을 방해하는 매우 뿌리 깊은 문화적 억압이 존재"[17] 한다는 것을 깨닫고, 본격적으로 그리스의 아프리카적 기원에 대한 연구를 시작한다. 그는 그리스사를 파악하는 두 모델을 '아리안 모델'과 '고대 모델'로 구분한다. 현재 보편적으로 받아들여지고 있는 아리안 모델은 고대 이집트와 페니키아가 그리스에 미친 영향을 부정하고, 유럽 문명의 순수한 기원으로서 고대 그리스 문명을 추앙하며 그리스인을 유럽인이나 아리안과 연결 짓는다. 반면 고대 모델은 고전기와 헬레니즘 시대에 그리스인들이 가지고 있던 생각, 즉 그리스 문화는 기원전 1500년경 이집트와 페니키아의 영향을 받아 발전했다는 생각을 기반으로 한다.

버낼에 따르면, 18-19세기 유럽의 낭만주의자들과 인종주의자들이 인종주의와 유럽중심주의에 물들어 의도적으로 고대 모델에서 아리안 모델로의 전환을 꾀했다는 것이다. 왜냐하면 그들은 "유럽의 축소판이자 순수한 유년기로 여겨진 그리스가 원주민(유럽인)과 식민자(아프리카인 및 셈족)의 혼합에서 비롯했다는 사실"[18]을 받아들일 수 없었기 때문이다. 그래서 버낼은 이러한 역사 왜곡을 지적하며 그의 『블랙 아테나』 1권의 부제를 『날조된 고대 그리스,

1785-1985』라고 명명한 것이다. 그는 1840년대부터 아리안 모델이 강화된 배경으로 인도유럽어에 대한 연구의 발전을 꼽는다. 당시 언어학자들은 그리스어와 고대 동부 지중해의 두 비인도유럽어 (즉 이집트어와 셈어)의 관련성을 전혀 인정하지 않았다. 버낼이 『블랙 아테나』 연작의 셋째 권 주제로 언어학적 논증을 택한 것은 우연이 아니다.[19]

버낼은 그리스 문명을 유럽 문명의 기원으로 보는 전통적 시각에서 벗어나 그리스 문명의 뿌리는 오히려 고대 이집트 문명이었고, 18-19세기 유럽의 팽창기에 많은 역사학자들이 이 사실을 왜곡하면서 지금의 유럽중심적인 사고가 확산되었다고 지적한다. 디오프와 그의 후계자들의 관점을 잇는 그의 연구는 아프리카인이 아닌 유럽인에 의해 행해진 것이라는 점에서 더욱 의미가 있다.

국내의 많지 않은 이집트 전문가 중 한 명인 정규영은 세계 4대 문명 가운데 하나인 이집트 문명이 세계 문명에 끼친 영향을 언급하며, "고대 이집트 신화는 그리스 신화보다 연대적으로 1,500년 이상 앞서며 그리스 신화는 대부분 이집트 신화와 매우 밀접한 관련"[20]이 있음을 강조한다.

실제로 우리는 그리스의 이오 신화와 이집트의 이시스 신화를 예로 들어 간략히 비교 분석해 본 결과, 두 신화는 놀라울 정도로 많은 공통점을 가지고 있었다. 이야기 구조가 완벽하게 일치하는 것 외에도, 페니키아의 뷔블로스라는 도시의 등장, 두 여신의 모성적 이미지, 암소의 상징성으로 표상된다는 점, 자가 수태를 통해 성모 마리아와 연결된다는 점 등의 의미심장한 유사성을 보여주었다. 우리는 두 신화의 비교를 통해 이집트를 중심으로 한 아프리카 문명의 선행성을 조금이나마 엿볼 수 있었다.

마틴 버낼은 이집트와 그리스 신들 이름의 고유명사를 비교 분석함으로써 이집트 신들이 그리스화 되는 과정에 대해 연구한다. 두 여신 이외에도 오시리스와 디오니소스, 호루스와 아폴론, 네이트와 아테나, 네프티스와 아프로디테, 세트와 티폰 등 수많은 이집트의 신들과 그리스의 신들은 유사성과 공통점을 가지고 있다.

또한 오모툰데는 그리스인들이 자신들의 신앙이나 전설 안에 다양한 이집트의 텍스트들 (사자의 서, 피라미드 문서, 오시리스·이시스·세드 이야기 등)을 짜 맞추어 집어넣었다는 점을 강조한다. 그는 유럽에 이식된 흑인 신들이 모든 유형의 악 (강간, 간통 등)을 저지르는 존재로 변형되었고, 이오 이야기도 가정을 가진 제우스의 간통 이야기로 변질되었음을 지적한다. 디오프 역시 오시리스 신화가 디오니소스 신화로 이식되면서 가정을 파괴하는 비도덕적인 신으로 변모되었다고 언급한 바 있었다. 이런 이유 때문에 그리스 신화의 의미를 더 잘 파악하기 위해서는 최소한의 이집트학 공부를 해야 한다는 당위성이 제기되기도 한다.

유럽 문명의 흑아프리카적 뿌리에 대해 최초로 연구했던 디오프, 그 이후 세대인 오방가, 오모툰데, 로타 등과 같은 아프리카 출신 학자들은, 그리스 문명에 앞서 발전했던 고대 이집트 문명의 선행성을 다각도로 입증한 후 궁극적으로 고대 이집트 문명이 흑아프리카인에 의해 이룩된 문명임을 보이고자 했다.

마틴 버낼은 온갖 비판에 시달리면서도 600여 쪽이 넘는 방대하고도 용감한 연구를 마무리하면서, "내가 이 책에 대해 자부할 수 있는 것은 답변 되어야 할 문제를 제기했다는 점뿐"[21]이라고 쓰고 있다. 우리는 그리스와 이집트의 쌍둥이처럼 닮아 있는 신화를 비교해 읽어보면서, 지금까지 당연하다고 여겨져 온 것, 즉 고대 그리스가 유럽 문명의 순수한 기원이라는 명제를 뒤집으며 세상에 흑아프리카의 문명적 가치를 널리 알리고자 애쓴 사람들의 치열한 노력을 엿볼 수 있었다.

주

1) 아폴로도로스, 『원전으로 읽는 그리스 신화』, pp. 99-100.

2) 아폴로도로스, *Ibid.*, p. 100.

3) 구스타프 슈바브, 『그리스 로마 신화. 1 : 신과 인간의 시대』, 물병자리, 2006, p. 67.

4) 제임스 볼드윈, 『오래된 그리스 신화』, 느낌이 있는 책, 2007, p. 60.

5) 토마스 불핀치, 『그리스 로마 신화』, 범우사, 1993, p. 62.

6) Jean Philippe Omotunde, *Les racines africaines de la civilisation européenne*, MENAIBUC, 2002, pp. 104-105. (『유럽 문명의 아프리카 기원』, 오정숙 외, 지식을만드는지식, 2015.)

7) Jean Philippe Omotunde, *Ibid.*, p. 106.

8) Jean Philippe Omotunde, *Ibid.*, p. 104.

9) 맹성렬, 『오시리스의 죽음과 부활』, 르네상스, 2009, pp. 20-21.

10) 그림 출처 : 정규영, 『나일강의 선물 이집트』, p. 50.

11) Théophile Obenga, "La déesse Isis et son odyssée en Europe occidentale", *Revue d'Egyptologie et des Civilisations africaines*, n° 17, 2008, pp. 86-131.

12) Fabrice Hervieu Wané, "Cheikh Anta Diop, restaurateur de la conscience noire", *Le Monde diplomatique*, janvier 1998.

13) Bernard Nantet, *Dictionnaire de l'Afrique. Histoire, civilisation, actualité*, Larousse, 2006, p. 96.

14) José Kaputa Lota, *Identité africaine et occidentalité - Une rencontre toujours dialectique*, L'Harmattan, 2006, p. 50. (『아프리카인이 들려주는 아프리카 이야기 - 만들어진 정체성과 포스트식민주의』, 이경래 외, 새물결, 2012.)

15) Théophile Obenga, *Origine commune de l'égyptien ancien, du copte et des langues négro-africaines modernes. Introduction à la linguistique historique africaine*, L'Harmattan, 1993, p. 373.

16) Henry Tourneux, "L'argument linguistique chez Cheikh Anta Diop et ses disciples", *Langage, Langues et Cultures d'Afrique noire*, Karthala, 2000, pp. 79-102.

17) 마틴 버낼, 『블랙 아테나. 제1권 : 날조된 고대 그리스, 1785-1985』, 소나무, 2006, p. 12.

18) 마틴 버낼, *Ibid.*, p. 35.

19) Martin Bernal, *Black Athena: The Afroasiatic Roots of Classical Civilization, Volume III: The Linguistic Evidence.* Rutgers University Press, 2006.

20) 멜리사 리틀필드 애플게이트, 『벽화로 보는 이집트 신화』, 해바라기, 2001, p. 4.

21) 마틴 버낼, 『블랙 아테나. 제1권 : 날조된 고대 그리스, 1785-1985』, p. 614.

* 이 글은 『프랑스학연구』 제60집(2012)에 「유럽문명의 기원으로서의 아프리카 : 그리스 이오 신화와 이집트 이시스 신화를 중심으로」 라는 제목으로 실린 논문을 수정 보완한 것임.

다시 읽는 에메 세제르

최일성

탈식민주의 비평 '다시 읽기'

서구 중심의 역사 서술에 맞서 등장한 '탈식민주의'는 서구 패권의 문제를 비서구의 관점에서 드러냈다는 점에서 중요한 학술적 의의를 지닌다. 이들은 서구중심주의를 담론 차원에서 비판한 해체주의자들과 달리, 정치·경제·사회·문화 전반에 걸쳐 누적된 식민주의적 피해를 고발하고 왜곡된 역사를 바로잡기 위해 '역사투쟁'에 집중한다. 특히 16세기 이후 유럽이 자행한 중상주의적 경제 침탈과 19~20세기에 절정에 이른 제국주의 식민 지배의 문제를 제기하며, 오늘날 비서구에 남겨진 정치·경제·문화적 충격을 대변한다.

이들이 일궈낸 의미 있는 성과 중 하나는, 비서구 국가의 정치적 독립이 곧바로 경제·사회·문화적 해방을 보장하지 않는다는 사실을 밝혀냈다는 점이다. 이는 맑스주의, 민족주의, 여성주의, 해체주의 등 서구의 해방 담론이 비서구 사회에 그대로 적용될 수 없다는 사실을 함축한다. 이런 이유로 탈식민주의 비평가들은 서구를 무비판적으로 모방한 산업화·기계화의 흐름을 일찍부터 경계하며, 그것이 비서구 사회를 소외하고 파괴할 것이라 경고한다. 제2차 세계대전 이후 비서구에 강제로 이식된 '개발주의' 담론의 실패는 이러한 경고를 상징적으로 입증한다.

그러나 소기의 성과에도 불구하고 탈식민주의 비평은 여러 측면에서 서구 중심의 전통과 결별하지 못한 채, 때로는 그러한 전통과 연대하며 이론적 기반을 구축했다는 점도 부정하기 어렵다. 이는 해당 비평의 학술 가치를 깎아내리는 것은 아니지만, 탈식민주의 비평을 읽을 때 반드시 되짚어야 할 문제 가운데 하나이다. 사실 탈식민주의 비평은 '화자'의 정체성, 비평의 '언어', 그리고 식민주의의 폐해를 비판하고 해방을 모색하기 위해 활용된 '대항 담론' 차원에서 여전히 서구와 긴밀히 얽혀 있다. 이는 무엇보다 탈식민주의 사상가 대부분이 서구 학계에서 교육받고 성장한 이른바 서구 전통의 '후예'였기 때문이다. 그러므로 이들은 해방의 주체인 비서구 민중이 쉽게 접근하기 어려운 서구 언어—특히 영어와 프랑스어—를 통해 해방을 말해야 했으며, 자신들이 극복하려 했던 식민주의자의 관점에서 비서구의 미래를 논하는 모순된 상황에 봉착했다. 게다가 이들이 참조한 이론들 역시 맑스주의·여성주의·해체주의 등 서구의 지적 전통에 근거를 두고 있어 비서구의 미래 전망이 역설적으로 서구의 역사에 종속되는 한계를 드러냈다.

물론 이러한 한계가 탈식민주의 서사 그 자체의 논리성을 근본적으로 훼손하는 것은 아니다. 그러나 탈식민주의 비평이 궁극적으로 비서구의 역사적 변혁을 목표로 삼는다면, 그것이 반드시 비서구적 기원을 가져야 하는 것은 아닐지라도 피식민 민중을 실질적으로 움직일 수 있는 이론적·실천적 역량을 갖추고 있는지는 여전히 중요한 과제가 된다. 번역과 해석을 통한 간접적 영향력을 부인하는 것은 아니지만, 비서구 민중의 삶·언어·경험이 스며 있는 역사적 현실 속에서 이러한 비평이 실제로 어떤 변화를 끌어낼 수 있는지는 담론의 성패를 결정할 문제가 되기 때문이다.

사실상 비서구 저항 담론은 일반적으로 서구 학계에서 생산·전개되기 때문에, 이를 실제로 읽고 해석할 수 있는 '실제독자'와 메시지가 궁극적으로 전달되어야 할 '내포독자'가 일치하지 않을 가능성이 크다. 탈식민주의 비평의 경우 내포 독자는 대체로 서구 담론의 외부에서 지속해서 '타자화'된 피식민 민중이지만, 정작 그들을 위한 메시지가 본의 아니게 이들을 배제하는 역설적인 상황이 연출될 수 있다. 그런 의미에서 탈식민주의 비평에 대한 이른바 '다시 읽기'는 해당 비평을 비서구적 수준의 저항 담론으로 치부하는 데에 그칠 것이 아니라, 그것의 가능성과 한계를 동시에 성찰하는 비판적 성찰의 차원으로 나아갈 필요가 있다. 구하(R. Guha)와 스피박(G. Spivak)이 제기한 '하위계층(subaltern)' 이론은 이러한 문제의식을 반영한 대표적인 사례로 이해된다.

이 글에서 필자는 탈식민주의 비평 가운데 '네그리튀드(Négritude) 운동'의 창시자로 평가되는 에메 세제르(Aimé Césaire, 1913~2008)의 비평을 다시 읽어보고자 한다. 이는 세제르의 탈식민주의 비평을 '화자', '언어', '대항 담론'이라는 세 가지 관점에서 그 가능성과 한계를 재검토하려는 시도가 될 것이다. 이 글이 세제르의 탈식민주의 정치사상을 새롭게 성찰하는 계기가 될 수 있기를 기대한다.

'화자'로서의 세제르

세제르의 이력은 여러 모순을 내포한다. 그는 프랑스 식민지 마르티니크(Martinique) 출신의 흑인이었지만, 고향 주민들이 주로 크레올(Créole)어를 사용한 것과 달리 평생 불어로 작품 활동을 한 프랑스 문인이었다. 1945년 프랑스공산당(PCF: Le Parti communiste français)에 입당해 정계에 진출한 이후 1993년까지 프랑스 의회에서 마르티니크 대표로 활동한 그는, 동화주의적 식민정책에 맞서 싸운 투사였음에도 제2차 세계대전 이후 도래한 탈식민의 기회 속에서 독립을 거부하고 오히려 동화주의적 '도(道) 통합(Départementalisation)'을 지지한 역설적인 정치인이기도 했다. 또한, 그는 '흑인(noir)' 혹은 '검둥이(nègre)'라는 정체성을 기반으로 네그리튀드 운동을 주도했으나, 사후에는 팡테옹(Panthéon)에 안장될 정도로 프랑스 지성사의 중심 인물로 추앙받았다. 사상적으로는 서구 문명이 낳은 식민주의를 급진적으로 비판한 탈식민주의 사상가였지만, 동시에 초현실주의와 맑스주의 등 서구 이론의 발전에 기여한 서구 학계의 지식인이기도 했다.

그렇다면 '화자'로서의 세제르는 어떻게 평가될 수 있는가? 1913년 프랑스 식민지 카리브해의 작은 섬 마르티니크에서 흑인 행정가의 아들로 태어난 세제르는, 소수의 흑인 엘리트만이 누릴 수 있었던 식민 교육 체제 속에서 뛰어난 성적으로 프랑스 바칼로레아(Baccalauréat)에 합격하였다. 이 성취를 바탕으로 그는 장학금을 받아 1931년 프랑스 파리로 유학을 떠났고, 명문 귀족학교인 루이-르-그랑(Louis-le-Grand) 고등학교에 입학했다. 그렇지만 그가 프랑스를 막연히 동경하거나 혹은 고향 마르티니크의 비참한 현실을 무작정 측은하게 생각해서 고향을 떠났던 것은 아니다. 이 당시 이 젊은 지식인의 비판 의식은 무엇보다 유럽 문명을 맹목적으로 숭배하고, 그들의 양식을 모방하는 아류 계층, 즉 정복자의 언어와 문화를 추종하는 식민지 사회의 '흑인 상류층'을 겨냥하고 있었기 때문이다. 그가 보기에 이들은 프랑스의 동화주의적 식민주의를 지탱하는 타락한 계급이자, 피식민 민중의 입과 목소리를 억압하며 일종의 "마르티니크적 불안"[1])을 확산시키는 주범이었다.

화자로서 세제르의 정체성은 이러한 "마르티니크적 불안"에 기원을 두고 있다. 청년 시절 그가 체득한 식민주의의 모순은 고향 마르티니크의 내적 계급 분열이라는 왜곡된 현실에 녹아 있었다. 이러한 맥락에서 세제르는 '흑인'이라는 추상적이고 일반화된 범주보다는, 오히려 그 사회 내부에서도 멸시의 대상이 되었던 '검둥이', 즉 백인에게서뿐만 아니라 같은 처지의 흑인들 사이에서조차 멸시를 받는 존재 속에서 자신의 화자로서의 정체성을 마련했다. 세제르가 자신의 저작에서 반복적으로 소환했던 '검둥이'는 그의 화자적 정체성을 대변하는 상징적 존재라 할 수 있다. 그의 네그리튀드 사상은 이러한 상징성 위에 구축된다.

실생활에서 '검둥이'라는 어법은 흔히 '흑인'을 경멸해서 지칭할 때 사용된다. 세제르는 이 용어를 전유하여 '네그리튀드(Négritude, 라틴어 Nègr- + -tudo)'[2)]라는 조어를 만들었는데, 이는 그에게 양가적 함의를 제공한다. 첫째, 그것은 '백인'과의 대립 속에서 '검둥이'의 고유성과 특수성을 확인하는 인종적 함의를 지닌다. 잘 알려져 있듯, 이러한 의미의 네그리튀드는 세제르와 같은 마르티니크 흑인에게만 한정되지 않고, 아프리카 본토의 흑인뿐 아니라 노예무역을 통해 유럽, 아메리카, 카리브해 등지로 흩어진 흑인 디아스포라가 공유하는 근본적인 정체성으로 이해된다. 그 근원에는 15세기 이래 아프리카에서 납치되어 노예선 바닥에 묶인 채 폭력과 모욕을 당하며 대륙으로 이송되었던, 그리하여 결국 짐짝처럼 사물화되었던 아프리카 흑인의 공통된 조상이 존재한다. 세제르에게 지구상의 모든 '검둥이'는 바로 이 사물화된 조상들의 후손이다. 따라서 그의 유명한 공식, '식민주의=사물화'[3)]가 논리성을 획득한다. 이 공식에 따르면, 유럽의 백인은 주권적·주체적·합리적인 '주인'으로 규정된 반면, '검둥이'는 언제든지 처분 가능한 사물화된 '노예'로 전락한다. 그러므로 '백인/흑인'의 인종주의적 대립 구도는 부지불식간에 '주인/노예'의 계급주의적 대립 구도로 전환되며 일체성을 획득한다.

그런데 다른 한편에서 세제르의 네그리튀드는 '백인/흑인' 혹은 '주인/노예'라는 인종적·계급적 이분법을 뛰어넘어, '흑인/검둥이'라는 내부적 분열을 상징하는 두 번째 계급주의적 프레임으로 확대된다. 앞서 살펴본 바와 같이 식민주의의 모순은 식민자와 피식민자 간의 관계뿐 아니라 피식민 사회 내부의 관계조

차도 '주인/노예'의 구도로 양분하기 때문이다. 이런 이유로 세제르는 자신의 『식민주의에 대한 담론(1950)』에서 백인이라는 외부의 인종적·계급적 적뿐 아니라 식민지 영토에서 극복해야 할 내부의 계급적 적, 곧 유색인 프티부르주아를 매우 반복적으로 지목한다. 그는 이렇게 선언한다. "동지들아, 그대들에게는 고상하고, 투명하게 그리고 줄기차게 물리쳐야 할 공공의 적들이 있다. […] 이들은 모두 자본주의의 주구이자 직·간접적인 지지자들이다".[4] 세제르에 따르면 이들은 자신이 '검둥이'임을 수치스럽게 여기며, '유색인(coloré(e))'이나 '피부가 검은 사람(peau noire)' 등과 같은 완곡한 표현을 통해 '검둥이'와의 일체성을 거부한다. 따라서 이들은 인종적으로는 흑인이지만 계급적으로는 부르주아가 되어 식민지 내부의 '공공의 적'으로 규정된다. 네그리튀드는 바로 이들을 향한 저항과 투쟁을 요구하는 개념으로 성장한다.

세제르의 탈식민주의 사상은 1935년 흑인 동료 상고르(L.S. Senghor), 다마(L.-G. Damas) 등과 함께 저널 『흑인학생(L'Étudiant noir)』을 창간하면서 더욱 무르익었다. 같은 해 발간된 제3호 「인종의식과 사회혁명」에서 그는 '검둥이'의 입장에서 마련된 탈식민주의적 대안, 즉 네그리튀드 사상을 처음으로 세상에 소개했다. 그는 말한다. "혁명을 하기 전, 표면의 살랑거림이 아닌 파괴적인 격변과 같은 진짜 혁명을 하기 위해 다음과 같은 조건이 필수적이다. 인종을 식별하는 장치를 깨부수고, 피상적인 가치들을 찢어버리고, 우리 안의 순수한 검둥이를 발견하여 우리들의 네그리튀드가 가장 진실한 열매를 맺을 때까지 아름다운 나무로 키워야 한다."[5] 1967년 진행된 르네 데페스트르(René Depestre)와의 대담에서 그는 이 당시 자신이 얼마나 열정적으로 '검둥이'의 입장을 대변하려 했는지를 언급하였다. 사실 그는 자신이 흑인 동료들과 함께 『흑인학생(L'Étudiant noir)』을 창간할 때 진심으로 그것의 제목이 『검둥이학생(L'Étudiant nègre)』이길 원했다고 덧붙였다.

네그리튀드 운동이 20세기 중후반 비서구—특히 '아프리카'—의 탈식민주의적 저항에 중요한 혁명적 에너지를 제공했다는 점은 부인하기 어렵다. 그러나 우리의 입장에서는 다음과 같은 지적도 숙고해볼 필요가 있다. 즉, 세제르의 네그리튀드 사상은 '검둥이'라는 피식민 민중의 목소리보다는 파리의 문학 살롱과 같은 지식사회에서 교류한 흑인 엘리트들, 곧 그가 비판해마지않던 '유색인 프티부르주아'와의 교감을 통해 구체화된 일종의 구성적 담론이라는 점이다. 사실 세제르는 자신의 『귀향수첩(Cahier d'un retour au pays natal, 1939)』에서 자신이 말할 수 없는 불행한 자들의 입을 대신할 것이며, 자신의 목소리가 절망의 감옥 속에서 쓰러진 자들의 자유를 대변할 것이라고 선언했다. 여기서 '말할 수 없는 불행한 자들'과 '절망의 감옥 속에서 쓰러진 자들'은 바로 피식민 사회의 하위계층, 즉 '검둥이'를 가리킨다. 그런데 세제르는 이들과 직접 소통하며 교류하기보다 서구식 교육과 세례를 받은 흑인 문인들과 사상적으로 교류하는 데 더 큰 관심을 보였고, 이런 만남을 통해 흑인 디아스포라가 공유한 역사적 경험과 정체성을 깨닫기 시작했으며, 그리고 이것이 그가 제국주의와 동화주의를 비판적으로 인식하게 되는 중요한 기반이 되었다. 그는 훗날 상고르 등과 같은 흑인 상류층과의 지적 교류를 회상하며 '난 누구인가?', '우린 누구인가?', '백인들의 세계에서 우리는 무엇인가?'라는 물음을 고민했고, 그 대답으로서 흑인 인종주의에 빠지지 않으면서도 진정한 의미의 흑인 고유성을 찾으려 했다고 고백한 바 있다.

여기서 피식민 민중인 '검둥이'의 처지를 대변하려고 한 세제르에게 스피박(G. Spivak)의 논쟁적인 글 「하위계층은 말할 수 있는가(1988)」에서 촉발된 중요한 질문을 던져볼 필요가 있다. 그것은 바로 '검둥이'와 같은 하위계층이 세제르에게서 어떻게 재현되는가의 문제이다. 이론적인 차원에서 세제르의 네그리튀드는 피식민 하층민인 '검둥이'를 화자로 만드는 효과를 가진다. 이는 '검둥이'와 같은 피식민 민중의 경험이 서구 학계의 지적 투쟁, 요컨대 '서구 학계의 후손들'을 통해 온전히 재현될 수 있다는 가설을 시사한다.

그러나 이러한 가설은 '흑인(사상가)/검둥이'뿐만 아니라 '서구(학자)/비서구(민중)' 사이에 존재하는 정치적·경제적·사회적·문화적 차이를 무력화하는 의도치 않은 결과로 이어진다. 페리(B. Parry)는 호미 바바(Homi J. Bhabha)의 탈식민주의 비평에서 이러한 차이의 무효화를 보았고, 그 결과 비서구 민중의 '실천으로서의 저항'이 무의미해질 위험이 커졌다고 지적했다. 억압받는 자의 실제 경험이 투쟁의 기반으로 활용되기보다는 서구 이론가의 지적 재료로 단순히 소비되고, 따라서 피식민 민중의 목표인 ‘역사투쟁’이 서구 학계의 ‘담론투쟁’으로 대체되면서 투쟁의 동력이 상실되기 때문이다.

물론 이러한 비판이 ‘검둥이’와 같은 하위계층은 말할 수 없다거나, 세제르가 지나치게 쉽게 ‘검둥이’의 경험을 간과하고 있다는 의미로 해석되어서는 안 된다. 세제르와 같은 흑인 지식인이 자기 시대에서 가장 억압받는 존재인 ‘검둥이’를 대변하고자 하는 것은 당연하며, 학문적으로도 필요한 행위이기 때문이다. 그러나 네그리튀드 사상에 몰입한 서구 사회의 흑인 지식인은 ‘검둥이’가 말하는 것처럼 보이게 하는 데 집중한 나머지, 피식민 민중이 실제로 말하지 못하는 왜곡된 재현 체계가 존재한다는 역사적 사실을 쉬이 간과할 수 있음을 지적할 필요는 있다. 서구 학자의 시각에서 ‘검둥이’가 주권적으로 발언하는 것처럼 보이는 데 몰두한 나머지 실제 비서구에서 ‘검둥이’가 직면한 현실적 문제를 놓치고 있다는 비판이다. 세제르의 비평에서도 ‘검둥이’와 같은 피식민 민중의 실제적 현실이 사회적·정치적 사실관계에 근거를 두기보다는, ‘총체적 빈곤’, ‘기근’, ‘불평등’, ‘억압’ 등과 같은 이른바 ‘빈곤의 언어학’으로 표출되는 것도 이러한 한계와 무관치 않다.

세제르의 언어

1969년 발표된 『어떤 태풍(Une Tempête)』은 ‘언어’에 대한 세제르의 입장을 상징적으로 대변한다. 이 작품에서 세제르는 셰익스피어(W. Shakespeare)의 희곡 『태풍(The Tempest, 1610?)』을 탈식민주의적 관점에서 재해석한다. 그의 작품에서 식민지배자 프로스페로(Prospéro)에게 굴욕적으로 순종했던 흑인 노예 칼리반(Caliban)은 탈식민주의적 저항의 상징이 된다. 저항의 핵심은 프로스페로가 칼리반에게 가르친 '지배자의 언어'에 대한 거부에서 시작된다. 세제르는 칼리반의 입을 통해 이렇게 말한다. "내 결심했소이다. 더는 나를 칼리반이라고 부르지 마시오. [···] 칼리반이 내 이름이 아니기 때문이오. [···] 날 X라고 불러 주시오. 그게 가장 어울릴 것 같소. 이름이 없는 인간이라는 뜻으로 말이오. 좀 더 정확히 말하자면, 이름을 도둑맞은 인간이라는 뜻으로 말이오."6)

'칼리반'이라는 이름은 셰익스피어가 스페인어 '카니발(Canibal)'을 변형하여 만든 것이다. 스페인에서 '카니발'은 아메리카 대륙 진출 초기에 점령한 지역명인 '카리브(Caribs)'와 마찬가지로 '식인종'을 의미했다. 따라서 카리반에는 본질적으로 원주민에 대한 모욕과 멸시의 의미가 내포되어 있다. 식민주의 역사에서 이러한 언어적 식민화는 무수히 관찰된다. 16세기 이후 서구인은 남아프리카 원주민을 '호텐토트(Hottentots)'라 불렀는데, 이는 칼라하리(Kalahari) 사막 주변에 거주하던 코이코이인(Khoikhoi people)을 모욕적으로 부르던 용어였다. 당시 식민지 경략을 주도한 네덜란드인은 코이코이인의 흡기음(click sound), 즉 스타카토(Staccato)식 언어가 말더듬이를 조롱하던 네덜란드식 표현인 '호텐-토텐(hotten-totten)'과 유사하다고 여겨

멸시하듯 '호텐토트'라 부르기 시작했다. 또 다른 유럽인은 아프리카 산인(San people)의 작은 체구와 황갈색 피부를 깔보면서 '부시맨(Bushmen)', 즉 '수풀에 사는 사람'이라 조롱했으며, 코사인(Xhosa)의 짙고 검은 피부를 이유로 '무언가를 감추고 있는 이교도'라는 뜻의 '카피르(Kaffir)'라 부르며 비하하였다. 이러한 표현들은 단순한 조롱을 넘어, 서구에 의한 비서구의 굴종, 수치, 치욕, 모멸의 역사를 노골적으로 반영하며, 주인과 노예, 지배와 피지배, 식민자와 피식민자, 서구와 비서구 사이의 위계관계를 내면화하는 데 핵심적인 역할을 수행한다. 이 때문에 세제르는 『어떤 태풍』에서 무엇보다도 식민지배자의 언어에 대한 저항, 즉 "날 X라 불러 주시오"와 같은 선언을 상징적으로 요구했던 것이다.

여기서 세제르의 저항 언어 'X'가 상징하는 바를 간략히 살펴볼 필요가 있다. 1924년에 초현실주의 선언을 이끌었던 브르통(A. Breton)은 제2차 세계대전이 한창이던 1941년 비쉬(Vichy) 정권의 프랑스를 떠나 뉴욕으로 향하다가 우연히 마르티니크에서 세제르의 『귀향수첩』을 접할 수 있었다. 이 작품에 감명을 받은 그는 세제르를 '위대한 흑인 시인(Un grand poète noir)'이라 칭송했는데, 그의 작품에서 시인 랭보(Rimbaud)가 추구했던 초현실주의적 해체의 언어를 발견했기 때문이다. 1967년 데페스트르와의 대담에서 세제르도 이 당시 자신이 초현실주의를 받아들일 준비가 되어 있었다고 밝혔는데, 그것은 초현실주의가 혼돈 속에서 자신이 찾고 있던 것, 즉 식민지배자의 언어인 불어를 파괴하는 무기를 제공할 수 있을 것으로 생각했다고 설명하였다. 다시 말해 세제르는 저항의 언어를 마련하기 위해 초현실주의적 해체의 방법론을 차용하고자 했고, 그 결과 'X' 혹은 'X화된 불어'를 무기로 내세웠다는 것이다. 세제르는 이러한 언어적 저항이 식민지배자의 언어인 불어를 혼란스럽게 하고 궁극적으로 피식민 민중에게 '해방', 곧 '자유'를 제공할 수 있다고 믿었다. 세제르(칼리반)는 외친다. "나의 유일한 관심은 자유이외다. 자유, 알아듣겠소? […] 네놈은 […] 나 칼리반에 대해 숱한 거짓을 늘어놓았소. 그리고 끝내 내게 내 자신의 부정적인 이미지를 각인시켰소. 네놈의 표현을 빌면 야만인이라는 둥, 능력이 없는 인간이라는 둥, 그게 네놈이 내게 가르쳐 준 내 자신의 모습이었소. 이제, 나는 그 모습을 거부하오… 그건 거짓이므로! […] 자유 만세! 자유 만세."[7)]

그러나 이 지점에서 우리는 세제르의 초현실주의적 저항을 조금 다른 시각에서 검토해볼 필요가 있다. 그것은 바로 이러한 해체적 저항이 '어떤 언어로 수행되는가'의 문제이다. 세제르의 언어적 저항은 식민지배자의 언어를 초현실주의적 방식으로 해체하는 데 있지만, 역설적이게도 이 과정은 식민지배자의 언어, 즉 프로스페로가 칼리반에게 가르친 언어 없이는 불가능하다는 모순을 바탕으로 한다. 지배자에 대한 예속과 순응의 고리를 끊기 위해 먼저 지배자의 언어를 습득해야만 하는 역설적인 상황이 연출되는 것이다. 만일 칼리반이 지배자의 언어를 이해하지 못한다면, 불행히도 지배자에 대항한 언어적 해체와 저항은 수

행될 수 없다. 따라서 칼리반은 텍스트(역사)를 제공하면서도 텍스트(역사)를 생산할 수 없는, 스피박(G. Spivak)이 정의한 '토착정보원(native informant)'의 지위로 전락하지 않을 수 없다. 스피박에 따르면 토착정보원은 언어를 장악한 자들에게 "텍스트를 제공할 수 있을 뿐" 그러한 텍스트를 생산하지 못하며, 그들에 의해 "해석될 수 있을 뿐" 스스로 자신을 해석할 수 없는 불안정한 존재이다.[8] 그러므로 칼리반은, 적어도 식민지배자의 언어를 이해하기 전까지는, 혹은 식민지배자의 언어에 능통한 구원자가 등장하기 전까지는, 모욕과 멸시의 의미가 내재한 언어—예를 들어 호텐토트, 부시맨, 카피르 등과 같은—를 통해 탈식민주의적 해방—세제르의 경우 '초현실주의적 해체'—을 실현하는 것이 불가능한 현실에 놓이게 된다.

나이지리아 출신의 작가 아체베(C. Achebe)는 『사바나의 개미언덕(Anthills of the Savannah, 1987)』에서 이러한 현실을 문학적으로 재현한다. 이 작품은 나이지리아와 같이 명목상 독립을 쟁취한 피식민 국가의 사회적 모순을 드러낸다. 작품 속 등장인물 중 한 명인 베아트리스(Beatrice)는 서구(영국)에서 교육받았지만, 모순적인 국가 현실에 반발하며 저항의 상징이 된다. 베아트리스의 계급적 특수성은 하녀 아가타(Agatha)나 시장에서 일하는 엘르와(Elewa)와 구분되는 언어 구사력 차이를 통해 상징적으로 드러난다. 상류층인 베아트리스는 본토 영어를 사용하기 때문에 하층민이 사용하는 피진어(pidgin)를 부분적으로만 이해할 수 있다. 반면 아가타와 엘르와는 본토 영어를 이해하지 못하기 때문에, 베아트리스가 명령하는 간단한 피진어에 의존할 수밖에 없다. 이러한 현실은 식민주의가 공식적으로 종결되었음에도 언어적·계급적 단절이 여전히 압도하는 비서구에서 중요한 질문을 제기한다. 즉, 저항의 상징으로 추앙받는 베아트리스가 과연 아가타나 엘르와와 같은 저항의 주체를 진정으로 대변할 수 있는가? 혹은 식민지배자자의 언어—영어 혹은 불어—를 이해할 수 없는 아가타나 엘르와는 텍스트(역사)를 생산할 수 있는가?

베아트리스는 『사바나의 개미언덕』에서 모순적인 사회 현실에 의문을 제기하고 이에 맞서 투쟁하는 탈식민주의적 아이콘으로 묘사된다. 여기서 그녀는 하층민과의 언어적 소통 여부와 무관하게, 자신의 자각적 행동—세제르의 초현실주의적 해체 시도와 유사한—을 근거로 사회 개혁에 임한다. 그리고 그 배경에는 아프리카인이 아프리카의 언어가 아닌 식민지배자의 언어인 서구어(영어)를 활용하더라도 탈식민주의적 비평이 가능하다는 아체베의 철학적 확신이 자리한다. 물론 이러한 주장이 현실적으로 불가능하다고 단정 짓기는 어렵다. 오늘날 미국 내 흑인 저항 작가들—예를 들어 토니 모리슨(Toni Morrison) 등과 같은—의 시도는 서구어(영어)를 통한 자기표현은 물론 탈식민주의적 해방까지도 모색할 수 있음을 보여주는 대표적인 사례라 할 수 있다. 그러나 식민지배자의 언어에서 철저히 소외된 비서구 민중의 처지에서 보면, 설령 일부 상류층이 해당 언어를 이해하고 그 메시지를 전달할 수 있다 하더라도, 다수의 민중이 이해하지 못하는 언어에 기반한 탈식민주의적 해방 기획이 과연 어떠한 파급력을 가질 수 있는지를 재고할 필요가 있다. 내포독자인 피식민 민중에게 낯선 언어(영어 혹은 불어)를 당연시할 경우, 이들의 목소리가 배제되면서 오히려 이들에 대한 또 다른 형태의 소외가 초래될 수 있기 때문이다. 유사한 역사적 사례는 아메리카 원주민, 아프리카 원주민, 그리고 세제르가 활동했던 카리브 사회의 민중들 사이에서도 어렵지 않게 관찰된다.

이러한 문제의식에서 케냐 출신의 작가 응구기(Ngũgĩ wa Thiong'o)는 1986년 출간한 『탈식민주의와 아프리카 문학』에서 서구어(영어)가 아닌 자신의 민족어인 기쿠유(Gikuyu)로 작품 활동을 하겠노라고 공개 선언한 바 있다. 그는 다음과 같이 고백한다. "1884년 유럽의 자본주의 국가들은 베를린에 앉아 아프리카 전 대륙을 인종별, 문화별, 언어별, 그리고 식민지별로 나누어 무작위로 분할하였다. […] 과거 식민지 국가들은 이제 유럽 언어로 자신을 규정하게 되었으며, 소위 영어권 아프리카 국가, 불어권 아프리카 국가, 포르투갈어권 아프리카 국가라는 명명법이 그것이다. 심지어 언어적 예속 상태에서 벗어나려는 작가들마저 제국주의자들의 이식 언어를 답습하고 있다. […] 나 자신도 이를 진작 깨닫지 못한 것이 아쉽다."[9] 응구기는 탈식민주의 작가들이 영어, 불어 등 식민지배자의 언어를 통해 탈식민을 외치는 것이, 그 언어를 모르는 다수 원주민을 소외시키는 신식민주의적 상황을 초래하고 있음을 지적한다. 이는 언어가 단순한 의사소통 수단이 아니라 문화의 매개체이자 그 자체이기 때문에, 식민지배자의 언어를 강요하면 피식민 민중이 식민자의 역사와 문화를 무비판적으로 내면화하도록 종용할 수 있음을 비판한 것이다.

물론 세제르가 대변하고자 했던 마르티니크와 같은 카리브해 사회는 서구가 전파한 천연두로 인해 토착 원주민이 절멸하고, 그 결과 유럽인과 서로 다른 아프리카 디아스포라 부족어를 사용하는 이들로 재구성된 혼종사회이다. 이러한 상황에서 오랜 기간 다양한 화자들을 통합해온 언어적 표준인 식민지배자의 언어를 거부하는 것은 현실적으로 매우 어려울 것이다. 그러나 구성원의 대다수가 이해하지 못하는 식민지배자의 언어가 사회적 신분 상승의 상징으로 군림하고, 소수만 접근할 수 있는 교육체계를 통해 경외심을 조장하며, 토착 문화와 언어에 뿌리를 두지 않는 엘리트가 국가 권력을 장악하는 사회에서, 식민지배자의 언어를 기반으로 한 탈식민주의적 기획이 과연 피식민 민중을 움직이고 실천적·실질적 역량을 발휘할 수 있을지는 더욱 깊게 고민해야 할 문제이다. 오늘날 통합을 목표로 출범한 유럽연합이 경제적·정치적 통합에는 집중하면서도 유독 언어적 통합에 대해서는 유보적이라는 사실은, 이러한 문제성을 우회적으로 대변하는 상징적인 사례라 할 수 있다.

대항담론, 혹은 미래전망

세제르의 이력 가운데 가장 논란이 되는 부분은, 제2차 세계대전 이후 고향 마르티니크가 독립할 기회를 맞았음에도 불구하고, 독립을 대신하여 프랑스로의 동화주의적 통합, 즉 '1946년 3월 19일 도통합법(La Loi du 19 mars 1946)'에의 합류를 누구보다도 지지했다는 점이다. 세제르의 이러한 모순적인 행보는 그의 탈식민주의 비평에 내재한 '대항담론' 또는 '미래전망'의 맥락에서 이해해볼 수 있다.

1935년 파리 고등사범학교(École normale supérieure)에 합격한 그는 같은 해 여름 『귀향수첩』에 대한 집필을 시작하였다. 1939년 발간된 이 서사는 카리브해의 작은 나라 아이티(Haïti)를 1804년 흑인 최초의 독립국으로 만든 투셍 루베르튀르(Toussaint Louverture)를 기리는 기념시이자, 세제르가 초현실주의적 관점을 적용한 첫 탈식민주의 서사시였다. 이 시집 출간을 계기로 그는 본격적으로 탈식민주의 사상가로서의 길을 걷기 시작하였다.

고등사범학교를 졸업한 이후 고향 마르티니크의 한 고등학교에서 교편생활을 시작한 세제르는 프란츠 파농(Frantz Fanon), 에두아르 글리상(Édouard Glissant) 등 미래의 탈식민주의 사상가들을 길러내며 교육자로서의 삶을 시작했다. 그런데 이 시기 그의 탈식민주의 사상은 프랑스의 식민주의적 동화주의에 대한 저항으로서의 독립, 요컨대 아이티의 사례와 같은 마르티니크의 독립에 초점을 맞추고 있었던 것으로 보인다. 그의 가르침은 제자인 파농의 정치사상, 즉 탈식민주의적 해방을 쟁취하기 위한 폭력 이론에도 상당한 영향을 미쳤기 때문이다. 파농은 말한다. "민족해방, 민족부흥, 인민에의 국가반환, 연방 등 어떤 이름을 붙이든, 아니면 새로운 표현을 만들어 붙이든, 탈식민화는 언제나 폭력적인 현상일 수밖에 없다. [···] 식민지 세계를 무너뜨린다는 것은, 그 경계선이 철거된 뒤 두 지역을 연결하는 통로를 만든다는 의미가 아니다. 식민지 세계의 파괴는 바로 한 지역을 철거한다는 의미다. 그 지역을 땅속 깊이 파묻거나 이 나라에서 추방해버리는 것이다."[10]

그러나 파농에게 전수된 그의 초기 신념과 달리, 세제르는 1941년 자신이 찬양했던 아이티를 방문한 이후 태도를 바꾸게 된다. 그는 회고하며 말한다. "나는 아이티에서 특히 보지 말아야 할 것을 보았습니다. 내가 본 것은 자칭 자유가 획득된 나라, 독립이 쟁취된 나라였으나, 프랑스 식민지였던 마르티니크보다 더 비참한 나라였습니다."[11] 아이티의 현실을 목도한 세제르는 성급한 독립이 오히려 마르티니크를 총체적인 빈곤으로 몰아넣을 수 있다는 역설적 현실을 깨달았다. 그의 관점에서, 마르티니크 민중은 수세기 동안 경제적 자립 기반 없이 식민주의적 침탈에 종속된 채 마치 노예처럼 살았으며, 이 과정에서 식민주의자뿐만 아니라 식민주의 정책에 기생하는 내부의 적으로 인해 극심한 빈곤에 내몰렸다. 이러한 상황에서 독립은 진정한 해방이 아니라, 백인 식민주의자뿐만 아니라 그들과 계급적 이해를 공유한 유색인 프티부르주아에게 특권을 보장해주는 모순처럼 보였다. 세제르에게 이는 매우 암울한 현실이었다.

2004년의 한 대담에서 세제르는 자신이 왜 1946년 '도통합법'을 지지할 수밖에 없었는지를 세심하게 정리했다. 이에 따르면 그는 당시 마르티니크에서 가장 위협적인 요소로 식민지의 모든 기득권이 플렌테이션 농장주와 이에 협력한 흑인들의 손에 달려 있었다는 사실을 꼽았다. 이 때문에 그가 모색한 대안은 이들이 지속해서 특권을 누릴 수 있는 독립이 아니라, 프랑스 공권력을 통해 이들의 특권을 제한할 수 있는 대안적인 체제였다. 그러나 프랑스 정부는 이러한 과업을 떠안으려 하기보다는 경제적 이해타산 속에서 식민지 문제에 접근하려 했다. 따라서 프랑스로의 완전한 통합, 즉 동화는 식민지 문제를 연장하는 것일 뿐, 실질적인 해결책이 될 수 없다는 것이 세제르의 판단이었다. 대신 세제르는 프랑스로의 통합을 수용하면서도, 마르티니크의 고유성과 특수성을 보장받을 수 있고 프랑스가 이에 대한 책임을 질 수 있는 제3의 대안을 제시했다. 그것이 이른바 '자치'였다. 그는 다음과 같이 강조한다. "여기에 하나의 주장이 있습니다. 동화입니다. 그 반대편에 다른 하나의 주장이 있습니다. 독립입니다. […] 그런데 내가 보기에 필요한 것은 동화도 독립도 아닙니다. 정말로 필요한 것은 자치입니다. 다시 말해 자신의 특수성, 자신의 제도적 형식들, 자신의 고유한 이상을 갖는 것입니다. 이러한 모든 것들이 하나의 전체를 이루면서 말입니다."[12)]

세제르가 독립이 아닌 자치를 강조한 데에는 무엇보다도 마르티니크의 기득권을 장악한 백인 농장주, 그들과 이해관계를 공유하는 '베케(békés)'라고 불리는 백인계 혼혈층, 그리고 그 사이에 기생하는 유색인 프티부르주아에 대한 강한 반감이 깔려 있었다. 이들의 지배력이 해체되지 않고서는, 설사 식민정치가 종식된다고 하더라도, ‘지배자/피지배자’ 간 계급문화 혹은 하위문화가 ‘흑인/검둥이’ 사회에서 끊임없이 형성될 것이며, 농민이나 노동자와 같은 하층민들의 삶을 소외시키는 위계적 계급질서가 지속할 것처럼 보였기 때문이다. 이러한 현실에 맞서기 위해 세제르는 1946년 12월 프랑스공산당(PCF)에 가입하여, 공산당원이자 맑스주의 이론가로서의 활동을 본격적으로 전개했다. 이는 그가 부르주아 유럽이 저지른 일, 즉 “문명을 침해했고, 국가를 파괴했으며, 민족을 유린하고 ‘다양성의 뿌리’를 뽑아 버렸다”[13]는 식민주의의 모순을 이른바 ‘계급 모순’의 관점에서 분석할 것이라는 사실을 함축한다.

그런 이유로 세제르 정치사상의 정수라고 할 수 있는 『식민주의에 대한 담론』은 다른 어떤 사상보다도 맑스주의에 토대를 두고 해방을 모색한다. 세제르에게 마르티니크인은 역사상의 모든 오류와 지구상의 모든 행악을 온몸으로 견디어낸 계급, 즉 프롤레타리아로서 인식된다. 따라서 그는 맑스주의적 시각에서, 진정한 혁명은 계급 없는 사회가 도래할 때까지 비인간적인 부르주아의 왜소한 독재를 걷어 내고, 여전히 지구적 임무를 가진 유일한 계급에게 미래를 넘겨주는 혁명을 통해서만 가능하다고 주장한다.

그런데 여기서 한 가지 짚어볼 문제가 있다. 그것은 맑스주의가 서구 식민주의의 침탈과정에서 소외되었던 비서구의 ‘피식민 민중’을 혁명의 주체로, 혹은 프롤레타리아로 인정할 수 있는가 하는 문제이다.

맑스주의 혁명론과 관련하여 다양한 논쟁이 존재한다. 그러나 이론적인 차원에서 합의된 공리 가운데 하나는, 프롤레타리아 혁명이 자본주의가 최고 단계에 도달하고 계급 모순이 극대화된 사회에서 발생한다는 사실이다. 이러한 공리에는 식민주의에 맞서 투쟁하고자 했던 비서구 맑스주의자를 당혹스럽게 만드는 하나의 모순적 논리가 내재해 있다. 즉, 아프리카나 아시아와 같이 농업이나 수공업에 의존하는 저발전 비서구는, 서구 사회의 자본주의적 팽창이 이루어진 이후에야 비로소 자본주의가 성숙하고, 따라서 프롤레타리아 혁명이 가능해진다는 논리이다. 실제로 마르크스는 이러한 관점에서 영국 정부의 인도 식민정책을 일정 부분 긍정적으로 평가하기도 했다. 그는 영국의 식민주의가 인도를 근대화시키고 자본주의적 생산양식을 창출함으로써, 궁극적으로 혁명이 가능한 사회로 변화시킬 것이라고 보았다. 그런데도 마르크스는 식민주의가 피식민 사회를 직접 성숙된 자본주의로 이끌지 못할 것이며, 식민지를 통해 도입된 제도들이 제대로 작동할 것이라 기대하지 않았기 때문에, 피식민 사회에서의 해방운동은 궁극적으로 '소작제도 폐지'와 같은 제한적 수준에서 진행되리라 전망했다. 즉, 비서구 민중은 프롤레타리아 국제주의의 구호에도 불구하고 혁명의 주체가 되기 어렵다는 논리이다.

사실 세제르는 식민지 문제에 무관심한 프랑스 맑스주의자의 태도로 인해 이미 심각한 좌절을 경험하였다. 1956년, 헝가리 등 약소국을 짓밟는 소련의 모습을 목격한 세제르는, 프랑스공산당이 마르티니크의 식민지 문제를 해결할 수 없다는 결론에 도달하고, 같은 해 프랑스공산당을 탈당했다. 그가 보기에 프랑스 공산주의자는, 비록 피식민 민중의 열악한 환경에 관심을 두고 우려를 표명했을지라도, 프랑스 식민통치에 대한 근본적이고 급진적인 문제 제기는 하지 못했으며, 식민주의와 피식민 민중이 충돌하는 지점에서 언제나 피식민 민중을 외면했기 때문이다.

그렇지만 세제르의 정치사상은, 비록 그가 프랑스공산당을 탈당하고, 또한 맑스주의가 주목하지 못했던 마르티니크 사회의 '고유함'을 강조했을지라도, 맑스주의에 대한 호의적인 입장 속에서 구축된다. 이러한 태도는 그의 『식민주의에 대한 담론』 결론에서 명확히 드러난다. "진정한 혁명이 필요하다. 계급 없는 사회가 도래할 때까지 비인간적인 부르주아의 왜소한 독재를 걷어내고, 여전히 지구적인 임무를 가지고 있는 유일한 계급에게 미래를 넘겨주는 혁명 말이다. 왜냐하면 이 계급은 역사상의 모든 오류를 그리고 지구상의 모든 행악을 온몸으로 견디어 낸 계급이기 때문이다. 이름하여 프롤레타리아가 그들이다."[14)]

나가며

헤겔(G. Hegel)은 말한다. 아프리카에는 역사가 존재하지 않는다고. 그는 탐험가와 선교사들이 남긴 일부 보고서를 근거로, 아프리카의 역사와 문화를 지나치게 단순화하여 야만적이고 비윤리적이라고 평가하며, 결국 아프리카를 '역사 없는 대륙'으로 규정했다. 이러한 시각은 훗날 마르크스가 재해석한 '주인과 노예의 변증법'에도 영향을 미쳤다. 본래 이 논리에서 '주인/노예' 관계는 노동과 사회적 상호작용을 통해 해체될 수 있는 구조로 이해되지만, 아프리카의 경우 원주민의 역사가 부인됨으로 인해 '주인/노예'의 종속적 관계는 영속적이면서도 불가피한 것으로 남는다. 사르트르가 주장한 인간 이성의 진화, 즉 덜 숙련된 '분석적 이성'에서 보다 숙련된 '변증법적 이성'으로의 발전이나, 마르크스가 비서구사회를 후진적인 아시아적 생산양식(농업·수공업)에 머문다고 본 관점 역시 이러한 서구 중심적 편견의 연장선에서 이해할 수 있다. 이러한 서구 중심적 시각이 해소되지 않은 상황에서, 탈식민주의 비평이 '서구 학자', '서구 언어', '서구 담론' 등을 통해 마련되고 있는 것이 비서구에서 어떤 의미를 지니는지, 그 가능성과 한계를 면밀히 검토할 필요가 있다.

이 글은 '네그리튀드' 운동의 창시자라 불리는 에메 세제르의 탈식민주의 정치사상을 '화자', '언어', '대항담론'의 관점에서 재검토한다. 궁극적인 목표는, 헤겔이나 사르트르와 같은 서구 철학자들이 노골적으로 드러낸 서구 중심적 편견이 피식민 민중의 해방을 주장하는 탈식민주의 비평 속에도 은밀하게 내재해 있는 것은 아닌지, 이러한 서구 중심적 전통으로 인해 탈식민주의 비평의 실천적·이론적 가능성과 한계가 새롭게 정의되는 것은 아닌지를 서구 사회와 비서구(특히 아프리카) 사회라는 지정학적 맥락 속에서 재평가하는 것이었다. 이는 피식민 민중의 해방을 지향한 탈식민주의 비평조차도, 때로는 서구 중심 전통과 결별하지 못하거나 오히려 그들과 연대하며 자신들의 세력을 구축해온 것은 아닌지를 그 자체의 내재적 모순과 한계라는 관점에서 재검토하는 것을 의미한다.

주

1) 에메 세제르(Aimé Césaire) & 프랑수아즈 베르제(Françoise Vergès), 변광배·김용석 역, 『나는 흑인이다, 나는 흑인으로 남을 것이다: 에메 세제르와의 대담』, 서울: 그린비, 2016, 30쪽.
2) 그렉슨 데이비스, 『에메 세제르』, 캠브리지: 캠브리지대학출판부, 1997, 12쪽.
3) 에메 세제르, 이석호 역, 『식민주의에 대한 담론(1950)』, 서울: 그린비, 2011, p. 22.
4) 에메 세제르, 이석호 역, 『식민주의에 대한 담론(1950)』, 서울: 그린비, 2011, p. 35.
5) 에메 세제르, 「흑은 노예제: 인종의식과 사회혁명(1935)」, 『근대시대』 제5권, 파리: 갈리마르, 2013, 251쪽.
6) 에메 세제르, 이석호 역, 『어떤 태풍(1969)』, 서울: 그린비, 2011, 26~27쪽.
7) 에메 세제르, 이석호 역, 『어떤 태풍(1969)』, 서울: 그린비, 2011, 92~98쪽.
8) 가야트리 스피박, 『다른 세상에서』, 뉴욕: 루틀리지, 1998, 42쪽 & 95쪽.
9) 응구기 와 씨옹오(Ngugi wa Thiong'o), 이석호 역, 『탈식민주의와 아프리카 문학』, 서울: 인간사랑, 1999, 26~27쪽.
10) 프란츠 파농, 남경태 역, 『대지의 저주받은 사람들』, 서울: 그린비, 2004, 49쪽 & 54쪽.
11) 에메 세제르 & 프랑수아즈 베르제, 같은 책, 57~58쪽.
12) 에메 세제르 & 프랑수아즈 베르제, 같은 책, 44쪽.
13) 에메 세제르, 이석호 역, 『식민주의에 대한 담론(1950)』, 서울: 그린비, 2011, p. 66.
14) 에메 세제르, 이석호 역, 『식민주의에 대한 담론(1950)』, 서울: 그린비, 2011b, p. 66.

* 이 글은 경희대학교 『비교문화연구』 제51집(2018)에 「'비서구 저항담론'으로서의 세제르(A. Césaire)의 탈식민주의 비평, 그 가능성과 한계」라는 제목으로 실린 논문을 수정·보완한 것임.

제 3 부

외교

한국의 대아프리카 외교관계: 회고와 전망

조준화

서론

한국에서 아프리카에 대한 관심이 급격하게 높아지고 있다. 과거에 아프리카하면 떠오르는 것이 가난, 빈곤, 전쟁과 같은 부정적인 이미지가 전부였다면, 오늘날 아프리카 출신들이 대중매체에서도 흔하게 활약하면서 아프리카와의 심리적 거리도 많이 좁혀졌다. 최근에는 글로벌 사우스 국가들의 부상과 더불어 2024년 한 아프리카 정상회담 개최 이후 아프리카를 미래의 성장동력으로서 떠오르는 사람이 많아졌다. 실제 한국 대통령의 첫 아프리카 순방은 1982년 8월 아프리카 4개국(케냐, 나이지리아, 가봉, 세네갈)에 대하여 이루어졌다. 1991년 UN 남북 동시 가입과 탈냉전 후 아프리카 국가들의 내전과 더불어 한국의 탈이념적 외교정책이 시행되고, IMF를 겪으며 아프리카 관심이 줄어들었다. 하지만, 2000년대 초반 당시 반기문 외교부장관의 UN 사무총장 선거와 맞물려, 2006년 노무현 정부는 우리나라 대통령으로서는 두 번째로 아프리카를 방문하였고, '한-아프리카 이니셔티브'를 발표하며 한국과 아프리카 국가들과의 관계를 좀 더 긴밀한 관계로 높이겠다고 약속했다. 이후 이명박 정부, 박근혜 정부 등 지속적으로 아프리카 국가를 순방하면서 한국이 아프리카 국가들에게도 국제 사회의 일원으로서 책임을 다 할 것을 지속적으로 약속하였다. 이는 멀고 미지의 대륙으로 느껴진 아프리카가 점점 더 중요하게 생각되는 지역으로 확대되어가고 있음을 의미한다.

이처럼 한국이 아프리카 국가들에 관심을 갖게된 가장 가장 중요한 이유는 아프리카는 미래에 대한 투자이기 때문이다. 경제적 측면에서 아프리카는 가까운 미래 아시아를 넘는 신흥 시장으로서 평가받고 있다. 2023년 기준 아프리카 인구는 14.8억명으로 추산되며 세계인구의 약 18.7%를 차지하고 있으며, 2050년까지 약 24억 8,500만 명으로 약 74% 증가할 것으로 예상되며, 평균 연령 19세의 젊은 인구 구조를 바탕으로 2040년까지 노동력이 11억 명에 이를 전망이다. 특히 나이지리아는 인구가 2억 3천만명으로, 인도, 중국, 미국, 인도네시아, 파키스탄에 이은 세계 6위의 인구 대국이다. 이외에도 아프리카 국가들은 에티오피아 1억 2천만명, 이집트 1억 1,000만명, 콩고민주공화국 1억명, 탄자니아 7,000만명, 남아프리카공화국 6,000만명, 케냐 5,500만명, 수단 4,900만명, 우간다 4,900만명, 알제리 4,600만명 등 한국보다 인구가 많거나 비슷한 나라들이 많다.

이처럼 인구가 많다는 것은 상품과 서비스를 판매, 유통하는 시장의 규모가 커진 다는 것을 의미한다. 아프리카연합(AU)은 국가별 나눠져있는 시장을 아프리카 55개 회원국간 관세 및 비관세장벽을 철폐하고 서비스 및 인력 이동의 자유화를 실현하기 위해 2021년

1월 아프리카자유무역협정(AfCFTA)을 출범하였다.[1] 이를 통해 비회국에 대한 역외 관세를 통일해 관세동맹을 이루어 궁극적으로 단일시장을 형성하는 것을 목표로 세계무역기구(WTO) 출범 이래 가장 많은 국가가 참여하는 자유무역협정으로 아프리카 국가들의 경제적 결속 강화와 통합 발전을 가속화할 것으로 기대되고 있다. 또한 국제통화기금(IMF)은 2024년 아프리카의 국내총생산(GDP) 성장률을 약 3.8%로 전망하였는데, 이는 아시아 신흥국에 이어 세계에서 두 번째로 높은 수준이다. 아프리카연합(AU)의 '아젠다 2063'[2] 성장 전망이 실현될 경우 EMERiCs 아프리카 · 중동은 2040년까지 아프리카의 GDP가 약 11조 9,000억 달러에 도달할 것으로 예상하고 있다. 특히 2010년 이후 아프리카의 소비지출은 연평균 3.9%의 성장세를 보이고 있으며, 치도 무냐티(Chido Munyati)에 따르면 2030년까지 나이지리아, 이집트, 남아프리카공화국, 모로코, 알제리 등에서 약 6,800억 달러의 구매력을 보유한 5,600만 중산층 가구가 형성될 것으로 예측되고 있다. 이러한 상황 속에서 글로벌 투자은행 골드만삭스는 세계 15대 경제대국 중 2050년에는 나이지리아, 이집트, 사우디, 인도네시아, 멕시코, 브라질, 인도 등이 포함되는 전망을 발표하는 등 향후 높은 성장 가능성을 지닌 곳으로 평가하고 있다.

사하라이남 아프리카 국가 GDP성장률(2005-2024)

(단위: 연간 %)

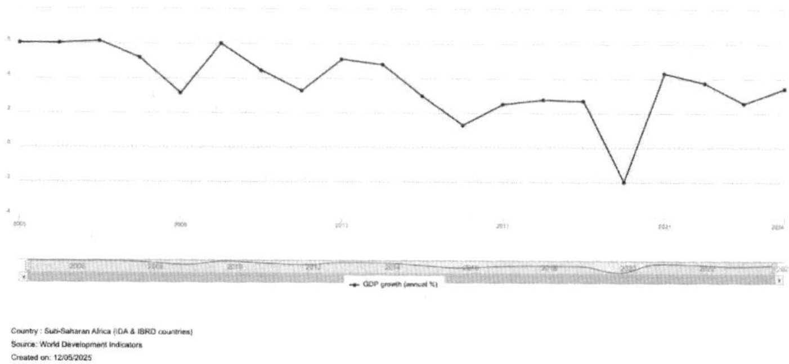

출처: World Development Indicators (2025)

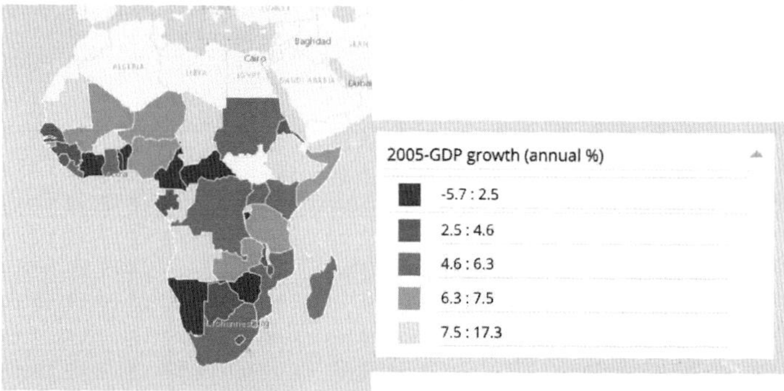

출처: 출처: World Development Indicators (2025)

가까운 미래에 예상되는 시장의 규모뿐만 아니라 아프리카는 세계에서 가장 젊은 대륙으로 인구가 급성장하고 있다. UN의 2024년 세계인구전망 보고서에 따르면, 전 세계가 저출산으로 인구 감소를 겪을 것으로 예상되지만, 아프리카는 금 세기 전 세계 인구 증가를 견인할 지역으로 예측하고 있다. 2022년 전 세계 인구 80억명 시대에 접어들면서 지역별로는 아시아가 47.8억명으로 59%를 차지하며, 아프리카, 유럽, 중남미, 북미, 오세아니아가 뒤를 잇고 있다. 아프리카는 14.8억명으로 18.3%를 현재 차지하고 있지만, 2100년 37.5%까지 높아질 것이라고 전망하고 있다. 또한, 2023년 세계 중위연령이 30.4세이지만, 아프리카 대륙은 19세로 세계에서 가장 젊은 대륙으로 생산가능인구가 가장 풍부한 대륙이라고 할 수 있다. 특히 현대경제연구원의 「세계 인구구조 분석」을 참고하였을 때, 생산가능인구 측면에서, 2040년 중반 아시아 생산가능인구 수의 감소가 본격화되며, 아프리카 생산가능인구의 꾸준한 유입이 이뤄지면서 점차 아프리카의 비중이 높아질 것으로 전망하고 있다.

전 세계 생산가능인구(15-64세) 중 지역별 비중

(단위: %)

구분	2023년	2050년	2100년
세계(억명)	52.6	61.2	60.6
아프리카	16.0	25.5	40.6
아시아	61.1	55.3	43.2
유럽	9.1	6.6	5.4
중남미	8.5	7.7	5.6
북미	4.7	4.3	4.5
오세아니아	0.6	0.6	0.7

자료: UN DESA, World Population Prospects 2024를 중심으로 재구성.

주: 2023년은 추계치, 2024~2100년은 중간 시나리오 전망치를 기준으로 재구성.

또한 아프리카는 세계 부존자원 매장량의 30%를 차지하는 대륙으로 주요 핵심광물의 매장량 및 생산량이 풍부하여 새로운 핵심광물 공급처로 각광받고 있다. 오늘날 핵심광물 확보를 위해 글로벌 경쟁이 치열해지며, 광물 수요의 상당수를 해외수입에 의존하고 있는 한국에게 아프리카 대륙은 매우 중요한 지역이다. 이러한 견지에서 한국 정부는 핵심광물 확보 전략 보고서를 발간하며 전기차, 이차전지, 반도체 분야 공급망 안정화에 우선적으로 필요한 10대 전략 핵심 광물(리튬, 니켈, 코발트, 망간, 흑연, 희토류 5종)을 선정하고 수입을 다양화할 것을 목표로하였다. 특히 핵심광물은 특정국에 매장과 생산이 집중되어 있음을 감안하면 새로운 공급처로서의 아프리카 국가들에 대한 관심은 늘고 있다. 콩고민주공화국 및 남아공의 코발트 매장량은 전세계 매장량의 75%를 차지하며, 세계 코발트 생산량의 70%이상은 콩고민주공화국에서 생산되고 있다. 니켈의 경우 남아공, 짐바브웨, 보츠와나, 잠비아, 모로코, 코트디부아르 등이 전 세계 니켈 생산량의 4%를 담당하고 있다. 더욱이 부룬디와 탄자니아 서부 지역의 동아프리카 니켈 벨트(EANB)는 고품질의 니켈을 생산할 수 있다. 또한 짐바브웨와 나미비아는 주요 리튬 생산이며, 향후 전 세계 공급량의 12%를 차지할 것이라 전망되고 있다. 흑연의 경우 마다가스카르, 모잠비크, 탄자니아가 주요 생산국이며, 특히 모잠비크는 세계 최대의 천연흑연 광산을 보유하고 있다.

아프리카 핵심광물 매장량(2022년)

광물	국가 (매장량 순)
리튬	DR콩고(300만 톤), 말리(70만 톤), 짐바브웨(31만 톤), 가나(9만 톤), 나미비아(5만 톤)
니켈	남아공(370만 톤), 마다가스카르(143만 톤), 짐바브웨(38만 톤)
코발트	DR콩고(400만 톤), 마다가스카르(10만 톤), 모로코(1만 톤)
망간	남아공(64만 톤), 가봉(6만 톤), 가나(1만 톤)
흑연	마다가스카르(2,600만 톤), 모잠비크(2,500만 톤), 탄자니아(1,800만 톤)
희토류	탄자니아(89만 톤), 남아공(79만 톤)

자료: 「Africa Group 이슈리포트 - 한국의 핵심광물 공급망 다변화 현황」, 법무법인(유한) 대륙아주(2024. 2. 20.) 내용을 바탕으로 재구성.

앞서 언급하였듯이, 경제적 측면에서 아프리카는 지난 높은 경제성장력과 인구의 증가는 향후 소비시장으로서도 기대받고 있다. 특히 풍부한 젊은 노동층은 향후 아프리카 대륙이 세계 신제조업 기지로서의 역할을 할 것이라는 점에서 주목받고 있다. 최근 갈수록 심각해지는 공급망 리스크 속에서 세계 부존자원 매장량의 30%를 차지하고 핵심광물을 보유한 아프리카 국가들은 한국과 같이 공급처의 다양화를 위해서도 중요한 지역이지만, 아프리카 국가들도 향후 글로벌 공급망의 리스크를 줄이면서도 제조업을 할 수 있는 지역으로도 기대받고 있다.

이처럼 빠르게 성장하는 인구, 천연자원, 그리고 부상하는 경제력 등을 바탕으로 아프리카 국가들은 국제정치에서도 자신들의 입지를 넓히고 있다. 과거 제3세계, 신흥개도국으로 불리던 글로벌 사우스 국가들은 우크라이나전쟁, 이스라엘-하마스 전쟁 등의 주요 국제문제에서 미국과 서방에 대해 균형외교를 추구하며 자신들의 정치적 영향력을 넓히면서 중요한 변수로 등장하고 있다. 20세기 후반 냉전 구조 속에서 미국을 중심으로한 서방세계와 소련을 중심으로한 공산진영의 원조와 영향력에 좌우되며 최근까지도 서구 중심의 강대국 정치의 대상으로서 여겨진 소위 경제적으로 뒤처진 개발도상국을 지칭하던 용어인 글로벌 사우스에 속하는 일부 국가가 세계화 속에 풍부한 자원과 노동력을 바탕으로 빠른 경제 성장을 보이며 자신들의 목소리를 높이기 시작하였으며, 아프리카 국가들은 글로벌 사우스의 주요 축을 담당하고 있다.

특히 2023년은 글로벌 사우스가 국제정치의 새로운 주역으로 등장한 해였다. 8월에 남아프리카공화국 수도 요하네스버그에서 브라질, 러시아, 인도, 중국, 남아공 주도의 브릭스 회의가 개최되었고, 9월에는 인도 수도 뉴델리에서 G20 정상회담이 열렸다. 모디 인도 총리는 주최국 인도를 "글로벌 사우스이 목소리"라고 언급하였으며, 미국 바이든 대통령도 베트남 방문에서 글로벌 사우스 용어를 사용하였다. 특히 2023년 G20회의에서 아프리카 국가들의 정부 연합체인 아프리카연합(AU)은 G20에 합류하는 영구적인 정회원

지위권을 얻으며 유럽연합(EU)에 이어 두 번째 지역 연합 회원국이 되었다. G20의 아프리카 연합의 참여와 2023년 1월 이스라엘-하마스 전쟁은 서구가 주창해온 규칙 기반의 세계 질서와 상반된 이중잣대의 사례로 비난하며, 글로벌 사우스의 부상은 브릭스로 상징되는 새로운 국제정치 주도세력의 등장은 글로벌 거버넌스의 대표성의 변화와 함께 21세기 국제정치의 새로운 변화를 암시하고 있다고할 수 있다.

대 아프리카관계의 역사적 변천

한국정부가 수립된 이후 처음 아프리카 국가와 관계를 맺게 된 것은 1950년 에티오피아와 남아프리카공화국이 유엔군으로 한국전쟁에 참전한 일이라 할 수 있다. 하지만, 이러한 지원국들과 외교관계를 맺기까지는 상당한 시간이 걸렸는데, 남아프리카공화국의 경우 인종차별정책인 아파르트헤이트(Apartheid)로 인해 국제사회의 비난과 경제제재 때문에 수교가 지연되었으며, 에티오피아와는 친북 성향의 사회주의 국가가 되면서 늦어지게 되었다. 한편, 이집트와는 1961년 영사관계로 시작했지만, 이집트 지도부의 친북한 성향으로 1995년이 되어서야 대사급 관계로 발전할 수 있었다. 한국정부가 아프리카 국가와 최초로 수교를 한 국가는 1961년 코트디부아르이다. 하지만, 한국 정부가 아프리카 대륙 국가들과 맺어온 외교관계는 시대에 따라 서로 다른 양상을 보여왔는데, 관계가 어떻게 변화하고 발전해 왔는지를 냉전 시기와 냉전 이후 시기로 나누어 살펴보고자한다. 한국과 아프리카 관계는 냉전시기 북한과의 경쟁 속에서 급속도로 발전하였는데, 냉전 이후 아프리카 국가들과의 관계는 소원해졌으나 2000년대 들어 한국이 국제개발협력 사업을 지원하면서와 관계가 다시 깊어지고 있는 상황이라고 할 수 있다.

1. 냉전시기: 이념중심 중심외교 (1960년대-1970년대 초반)

제2차 세계대전 이후 한반도와 아프리카 국가들의 국제 정세는 긴밀하게 연결되어있다. 미국 중심의 반공 진영과 소련 중심의 공산 진영이 대결을 벌이던 냉전시기 양 진영이 처음으로 대규모 전투를 벌인 것은 1950년 발발한 한국전쟁에서였다. 이때 아프리카 지역에서는 에티오피아가 황신근위대 소속의 6,037명의 장병을 한국에 파병하였고, 당시 백인정부의 남아프리카공화국은 전투비행대대에서 826명을 보내어 한국을 지원하였다. 라이베리아와 이집트는 직접 군대를 보내지는 않았지만 전쟁 물자 지원하였다.

냉전 시기 한국뿐만 아니라 아프리카 국가들 역시 이념 갈등으로부터 자유로울 수 없었다. 거의 모든 국가에서 공산 세력이 권력을 장악하거나 장악하기 위한 시도가 진행되었고, 코트디부아르, 케냐 등 몇 나라는 반공 세력이 공산 세력의 공세를 막아내면서 권력을 유지하고 있었다. 이러한 상황 속에서 1953년 정전협정 체결 이후 국제사회에서 한반도의 합법적 정부가 남한인지 북한인지에 대한 소위 '한반도 문제'는 매년 유엔총회의 주요 안건으로 매년 다뤄졌다. 유엔총회는 유엔한국통일부흥위원단(UNCURK)이 제출한 보고서를 검토한 뒤 관련 결의안을 의결하였는데, 이 과정에서 남한과 북한 정부는 각각 자신들에게 유리한 결의안이 통과되도록 치열한 외교전을 펼쳤다. 1960년대 이전까지는 서구 중심의 우호국들이 유엔총회에서 수적 우위를 점하고 있었으나, 1960년대 들어 많은 아프리카 국가들이 독립하면서 이러한 구도가 급변하였다. 1957년 가나 독립을 시작으로, 1960년에는 다수의 프랑스 식민지(세네갈, 차드, 말리, 가봉 등)와 영국 식민지였던 나이지리아, 벨기에 식민지였던 콩고민주공화국이 잇따라 독립하면서 아프리카 대륙의 거의 모든 식민지가 해방을 이뤘는데, 이는 유엔총회에서 아프리카 국가들들이 표를 행사할 수 있는 것이 늘어남을 뜻하였다.

이러한 상황 속에서 당시 남한 정부는 유엔총회에서 아프리카 각국의 지지를 확보하기 위해 청원형 성격의 친설사전단을 주기적으로 파견함과 동시에 정상 초청 외교를 펼쳤다. 유엔총회가 열리기 전 한국 정부는 동부/서부 각각의 지역 아프리카 국가들에 친설사절단을 파견하여 농업기술자, 의사 파견을 중심으로 하는 단기적인 외교적 거래에 기반한 외교를 실시하였다. 이러한 견지에서 남한 정부는 1968년부터 아프리카 국가들에 의료진을 파견하며 니제르, 중앙아프리카공화국, 부르키나파소 등 약 20여 개국에 이르게 되었다. 이는 남한 정부가 최초로 시행한 개발협력적 사업이라 할 수 있다. 이와 동시에 아프리카 정상들을 한국으로 초청하여 이들을 극진히 접대하였다.[3] 사회적으로 큰 주목을 받은 방한한 아프리카 대통령은 가봉의 오마르 봉고 온딤바 대통령으로 1975년, 1984년, 1996년, 2007년 네 차례 한국을 공식 방문하였으며, 특히 박정희 대통령 재임 시절인 1975년에 방한으로 기념 우표을 발행하는 등 큰 환대를 받았다.

남한의 이러한 노력에도 불구하고 1970년대 초반까지 유엔에서 벌어진 남북한 간 외교 경쟁은 북한이 우세한 상황이었다. 이런 결과가 나온 배경에는 서구 열강의 식민 지배를 경험했던 다수의 아프리카 국가들은 자본주의를 제국주의와 같은 것으로 받아들였고, 이는 북한과 아프리카 여러 나라들 사이의 이데올로기적 유대감을 공유할 수 있었기 때문이다. 특히 해방 후 독자적인 노선을 추구하였던 초대 아프리카 지도자 - 가나의 은쿠루마(Nkrumah), 기니의 투레(Toure), 잠비아의 카운다(Kaunda), 탄자니아의 니에레레(Nyerere) 등 -들은 아프리카 현실에 부합하는 아프리카식 사회주의 노선을 택하게되는데 북한의 주체 사상에 대하여 깊게 고무되기도 하였다. 이처럼 사회주의적 성향을 보인 아프리카 지도자들은 비슷한 이념을 가진 북한과의 협력을 적극 추진했다. 북한은 아프리카 각국과 폭넓은 경제·군사 교류를 바탕으로 유엔 총회에서 한반도 관련 결의안 표결 시 이들의 지지표를 확보하려고 노력하였다.

이러한 상황 속에서 남한은 북한에 비해 아프리카 외교에서 상당한 어려움에 직면하였다. 수교국 수와 교류의 폭과 깊이 모든 면에서 북한보다 뒤처진 상황었다. 남한은 1961년 카메룬, 차드, 코트디부아르, 니제르, 베냉, 콩고공화국과 외교관계를 시작으로 아프리카 국가들과 점진적으로 수교국을 늘려갔다. 특히 서방 우호국들과의 관계를 공고히한 아프리카 국가들(가봉, 코트디부아르, 세네갈, 케냐, 구 자이르(현 콩고민주공화국))을 중심으로 아프리카 외교를 펼쳤다.

그러나 비동맹과 사회주의 노선을 추구했던 탄자니아, 잠비아, 가나, 앙골라 등은 남한과 수교를 거부하며 유엔총회에서 북한을 지지하였다. 이들 국가는 남한이 미국의 동맹국이라는 점을 부각시키며 신식민주의(neo-colonialism)에 가담하는 나라로 규정하였다. 특히 남한의 베트남전 파병은 이런 부정적 인식을 더욱 굳혔다. 식민지배를 당했던 아프리카 국가들은 미국의 베트남 개입을 제국주의적 침략전쟁으로 규정하고 베트콩의 무력투쟁을 민족해방운동으로 바라보았기 때문이다. 따라서 한국의 베트남전 참전은 비동맹국들을 포함한 아프리카 각국에서 남한에 대한 인식을 크게 악화시켰고, 결국 아프리카 외교에 걸림돌이 되었다. 여기에 더하여 북한과 수교하는 나라와는 단교한다는 할슈타인 원칙(Hallstein Doctrine)에 기반한 외교 정책은 남한 정부의 아프리카 외교 선택 폭을 더욱 좁힐 수 밖에 없었다. 예를 들면 외교부 문서를 참고하였을 때, 1960년대 초 수교했던 콩고공화국, 마다가스카르, 모리타니, 베냉, 토고가 북한과 외교관계를 맺자 남한 정부는 이들과 단교했으며, 이후 모리타니와는 1978년에, 콩고공화국, 마다가스카르, 베냉, 토고와는 1990년대 초반에 외교관계를 회복하였다. 요컨대 1960년대 북한과의 경쟁 속에서 남한 정부가 한반도의 유일 합법정부로 국제사회로부터 인정받기위해 아프리카 국가들과의 친교 관계를 지속하며 수교국을 넓히려 노력하였으나 이념 중심의 외교 정책으로 말미암아 서방 우호국 중심의 아프리카 국가들과 수교를 맺음으로써 북한과 외교 경쟁에서 뒤쳐졌다고 할 수 있다.

2. 관계 형성기: 탈이념 외교(1970년대 중반-1990년대 초반)

1970년대에 접어들면서 남한의 대아프리카 외교는 탈이념적이고 실용주의 중심의 외교로 바뀌게 된다. 이런 전환에는 1971년 중국이 유엔에 가입하고 동서 진영간 대립이 평화공존의 분위기로 개선되면서 북한과의 외교적 대립도 완화되었기 때문이다. 이러한 국제환경 변화에 따라 남한도 북한과의 무조건적 대립 구도를 벗어나 1972년 7·4 남북공동성명과 1973년 6·23 평화통일 외교정책 선언 등 남북 간 대화를 통한 관계 개선을 모색했기 때문이다. 이러한 상황에서 남한도 할슈타인 원칙을 폐기하여 남북한이 동시에 수교를 받아들였다. 그 결과 북한 단독수교국이었던 수단, 가나, 나이지리아, 기니비사우 등과 수교를 맺었다.[4] 더욱이 1976년 제31차 유엔총회부터 '한국 문제'가 의제에서 제외되며, 유엔에서 남북한 간 표심 경쟁이 사라지자 아프리카 국가들을 상대로 청원 중심의 외교를 펼칠 동인도 크게 줄게 되었다. 따라서 남한 정부의 대 아프리카 외교는 이념 중심적 외교에서 실익 중심의 외교로 전환될 수 있었다.

이러한 탈이념적이고 실익추구의 외교는 1982년 전두환 정부때 남한 대통령으로서는 처음 아프리카 4개국(케냐, 나이지리아, 가봉, 세네갈)을 순방하면서 정점에 달했다. 본 순방을 통해 남한 정부는 순방국들과의 우호협력 관계를 강화하고자하였다. 이러한 협력을 위한 사례로써 남한 정부는 1987년 대외협력기금을 설립하고 나이지리아에 철도 현대화사업을 위한 80억원 규모의 차관을 처음으로 제공하였다. 1980년대말 냉전체제가 막을 내리면서 친북한 사회주의 성향을 보였던 아프리카 국가들도 외교 방침을 바꿔 남한과 수교하거나 관계를 복원하였다. 외교부가 2014년 공개한 정보에 의하면, 1980년대 말부터 1990년대 중반까지 소말리아(1987년), 상투메프린시페·카보베르데(1988년), 말리·베냉·알제리·잠비아·콩고공화국(1990년), 부룬디·토고(1991년), 앙골라·탄자니아(1992년), 모잠비크·마다가스카르(1993년), 짐바브웨(1994년), 세이셸·이집트(1995년)와 대사급 외교관계를 맺었다. 1990년 남아프리카공화국으로부터 해방된 신생국 나미비아, 미수교 상태로 남아있던 남아프리카공화국과 1992년 외교 관계를 맺으며 1990년대 중반까지 기니를 빼고는 아프리카 대륙 전체 국가와 외교관계를 구축할 수 있었다.5)

3. 정체기: 1990년대

1990년대 아프리카 국가들과의 수교는 증가하였지만, 한국 정부의 대 아프리카 외교의 내실 있는 발전은 되지 못하였다. 안타깝게도 이 시기 대 아프리카 외교는 침체기에 빠졌고, 아프리카는 한국이 외교적으로 도외시되는 지역이 되었다. 아프리카 외교 정체에는 세 가지 요소가 작용하였다. 첫째, 북한과의 외교적 대결이 아프리카 외교의 주요 동인이였는데, 탈냉전 시대가 시작되면서 그 동인이 약해졌기 때문이다. 특히 1991년 남북한이 동시에 유엔에 가입하면서 유엔 무대에서 남북 간 대립 구도가 사라졌기 때문이다. 둘째, 탈냉전 시대 한반도를 둘러싼 급격한 국제정세의 변화로 남북관계와 한반도 주변 4대 강국과의 외교에 모든 역량을 집중되며 아프리카 각국과의 외교관계에 관심을 갖기 어려웠다. 더욱이 1990년대 IMF 사태는 한국 정부가 새로운 지역에 대한 장기적 투자를 하기 어렵게 만들었다. 셋째, 아프리카 국가들 내부의 정치·경제적 문제들이 한국의 아프리카 외교 의지를 약화시켰다. 1990년대 냉전의 해체로 많은 아프리카 국가들이 내전을 겪게되며 정치적 혼란이 지속하게 되었다. 더욱이 다수의 아프리카 국가들이 경제성장에 실패해 대부분의 국민이 극심한 빈곤에 허덕이고, 시장으로서의 매력을 잃게되며 아프리카는 절망의 대륙으로 인식되며 외교적 관심에 멀어지게 되었다. 이러한 상황에서 아프리카 지역 상주 대사관들은 폐쇄 및 통폐합하게 되었고 1999년 당시 한국과 수교한 51개 아프리카 국가 중 상주 대사관을 둔 곳은 고작 14개국에 그쳤다.[6]

4. 관계 재형성기: 자원 및 기여외교 시기(2000년대-현재)

2000년대 들어 국제적으로 아프리카에 관심이 커지며 한국 정부도 아프리카 외교에 다시 관심을 갖기 시작했다. 아프리카 라이징(Africa Rising)으로 대표되는 아프리카의 정치·경제 상황이 긍정적으로 바뀌기 시작하며 아프리카가 새롭게 주목 받기 시작하였다. 2000년대 에티오피아, 가나, 앙골라, 나이지리아 등을 비롯한 아프리카지역 경제성장률은 5% 이상의 경제성장률을 달성하였다. 경제 성장과 함께 정치적 안정화도 아프리카를 긍정적인 대륙으로 만드는 데 기여하였다. 1980~1990년대 격렬하게 벌어졌던 앙골라, 르완다, 수단, 우간다 등의 내전 갈등 감소가 정치적 안정을 가져오며, 2000년대 들어 과거 정치 불안정의 주원인이었던 쿠데타에 의한 정권 교체가 크게 줄게되었다. 또한 오늘날 소말리아, 말리, 남수단 등을 제외한 대부분의 아프리카 국가들이 정치적 안정을 누리면서 미국, 중국, 영국, 프랑스, 일본 등 주요 강대국들이 아프리카를 마지막 블루오션으로 바라보며 이 지역 진출 확대에 나서며 한국의 아프리카 관심을 높여 아프리카 외교 강화를 촉진되었다.

한편, 한국은 개발도상국에서 선진국으로 발돋움하면서 국제 사회 일원으로서 개발도상국들에 대한 책임에 대한 역할의 관심이 증가했고, 이는 아프리카 외교 발전으로 이어졌다. 1996년 OECD 가입 이후 한국은 저개발국 원조를 대폭 확대해야 할 의무를 갖게 되었는데, 빈곤에 시달리는 아프리카 지역에 자연스럽게 책임을 느껴야하는 지역이 되었다. 또한 한국의 경제발전이 국제사회의 도움으로 이뤄졌기 때문에 가난한 나라들을 도와 국제사회에 보답해야 한다는 인식이 확산되는 등 인도주의적·도덕적 의무에 대한 인식 확산은 아프리카 국가들에 대한 관심 증가와 아프리카 외교 강화를 가져왔다. 더욱이 한국이 반기문 유엔 사무총장을 배출하게되면서 이러한 한국의 국제사회에 대한 책임의 담론이 더욱 빨리 확산되고 국내적으로도 정책화될 수 있었다. 2000년 한국 정부는 2억 9천달러의 공적원조 예산을 분배하였으며, 2024년도 39억 4천만 달러로 13배가량 증가하였다.

2000년대 이후 한국의 아프리카 지역에 대한 관심 증가는 2006년 3월 노무현 대통령의 이집트, 알제리, 나이지리아 순방으로 이어졌다. 지리적으로 북아프리카 중심이고 방문국 수도 3개에 그쳤지만, 1982년 전두환 대통령의 아프리카 4개국 방문 이후 24년 만의 아프리카 순방이라는 점에서 큰 의미가 있었다. 특히 나이지리아 방문 중 '아프리카 개발을 위한 한국 이니셔티브'를 발표함으로써 아프리카의 빈곤 탈피와 경제성장을 위해 한국이 적극 나설 것을 공식 선언하였고, 한국과 아프리카간의 주요 소통 채널로서의 역할을 명시하였다. 이는 과거 한국과 아프리카 국가간 수동적인 외교에서 벗어나 적극적이고 능동적인 외교로 전환을 의미하였다고 할 수 있다.

한-아프리카 협력 관련 협의체

한국	관련 장관급 포럼	아프리카
외교부	한-아프리카포럼 (3년주기에서 2년주기)	아프리카연합(AU) 집행위와 공동주최 (참석국, 의제, 개최방식, 결과문서 등 협의)
기획재정부	한-아프리카 경제협력회의(2년주기)	아프리카 개발은행(AfDB)와 공동주최
산업통상자원부	한-아프리카	-

	산업협력포럼(1년주기)	

자료: 관련자료 기반 저자 작성

이명박 정부(2008~2013)의 아프리카 외교는 자원외교와 기여외교라는 두 축으로 진행되었다. 자원외교 활성화를 위해 석유와 광물자원이 풍부한 나이지리아, 앙골라, 남아공, 콩고민주공화국 등과의 외교를 강화했다. 2015년 외교부에 의하면 앙골라, 모잠비크에 대사관이 새로 설치되었고, 1990년대 폐쇄되었던 카메룬, 콩고민주공화국 주재 대사관이 다시 문을 열었다. 2011년과 2012년의 외교통상부 자료를 살펴보았을 때 취임 후 남아공, 가봉 등의 정상들뿐 아니라 적도기니, 기니, 잠비아 등 한국과 관계가 소원했던 자원 부국 정상들과도 회담을 가졌다. 2014년 외교부를 통해 확인할 수 있듯 자원 외교 정책 아래 한국 기업들은 나이지리아, 마다가스카르, 모잠비크, 적도기니 등에서 석유와 가스 탐사 프로젝트를 추진했으며, 광물 사업 분야에서는 남아공의 잔드콥스 드리프트 희토류 사업, 마다가스카르의 암바토비 니켈광 개발 사업, 니제르의 테리다/이로라렝 우라늄 사업에 참여하였다.

한편, 한국 정부는 자원외교와 함께 아프리카에 대한 기여외교도 적극 전개했다. 글로벌 코리아라는 국정 기조에 맞춰 한국의 대 아프리카 공적개발원조(ODA) 제공 규모도 함께 늘어났다. 유상과 무상 원조를 합쳐 전체 ODA의 약 20%가 아프리카 대륙에 지원되었다. 아래 그림에 나타난 바와 같이 2008년도 8억 9천달러에서 26억

4천만달러로 약 3배 이상 증가하였다. 공적개발원조의 예산도 늘어났지만, 2009년도 한국은 OECD 개발원조위원회(DAC) 회원으로 가입되었고, 2011년 아시아 최초로 세계 최대 개발 원조 분야 회의인 국제원조회의 부산총회를 유치하는 등 과거 원조를 받던 나라에서 핵심 공여국으로서 국제사회의 위상을 높여나갔다.

한국의 공적개발원조 추이(1960-2024년)

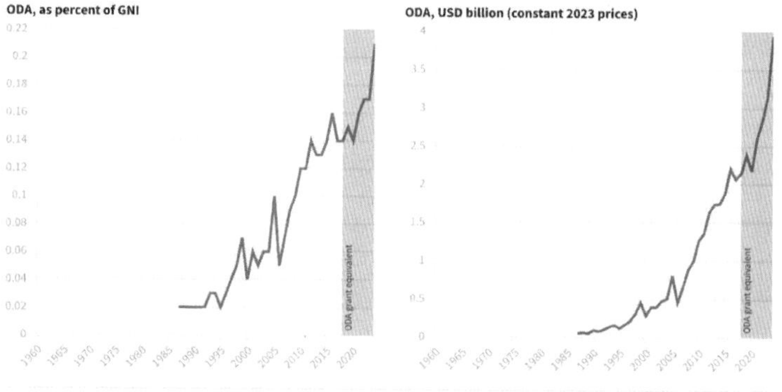

출처: OECD (2025)

자원외교와 기여외교가 한국의 아프리카 진출을 활성화시켰지만, 이에 대한 비판의 소리도 있었다. 자원외교라는 실익적 이익에 치중하게되면 식민지 경험을 한 아프리카 국가들에게 경제적 이익만 추구하는 신식민주의라는 비난을 받을 수 있기 때문이다. 한편, 기여외교 측면에서도 한국이 제공하는 ODA가 효과적으로 활용되어 현지인들의 삶의 질 향상에 실질적으로 도움이 되는지에 대해서는 의문이 제기되고 있는 상황이기 때문이다.

박근혜 정부(2013~2017)의 아프리카 외교는 한국의 개발협력의 글로벌화라는 측면에서 진행되었다. 박근혜 정부는 '국민과 함께하는 신뢰외교'를 주요 국정전략으로 설정하였으나 공적원조와 관련한 구체적 정책을 미비했다. 하지만, 국내적으로 새마을 운동의 세계화가 구체화되어 개발협력 프로젝트의 형태로 경상북도 지자체와 행정안전부를 중심으로 진행되었다. 2016년 박근혜 정부는 아프리카를 순방 – 에티오피아, 우간다, 케냐 –를 순방하고, 에티오피아에 소재한 아프리카연합에서 한국의 대통령으로서는 최초로 연설하며 아프리카에 맞는 개발협력을 할 것을 약속하였다. '코리아 에이드(Korea aid)'는 한국형 개발협력 모델로 푸트 트럭, 의료 트럭을 이용하여 아프리카 오지 시골마을까지 찾아가서 도움을 주는 형태의 개발협력 모델이다. 하지만, 개발협력에서 프로그램에서 가장 중요시하는 지속가능성에 미치지 못하고 일회성 이벤트성의 개발협력 모델이라는 비판을 받았다.

한편, 문재인 정부(2017~2022)는 신남방·신북방정책을 통해서 연계성을 강화하여, 무역의 다변화를 이루고 역내 국가, 사람 중심의 평화와 번영의 공동체를 만드는 것이였다. 문재인 정부는 아프리카 지역외교는 다자외교의 시각에서 아프리카 경제개발의 측면에서 바라보았다. 더욱이 한국 외교부 네 번째 산하기관으로 한국와 아프리카의 교류를 촉진하기위한 한·아프리카 재단이 설립되었다. 하지만, 2020년 1월 세계보건기구가 공식선언한 코로나19 팬데믹은 문재인 정부가 아프리카 지역 외교를 양자적 측면으로 적극 시행하기에 큰 걸림돌이 되었다.

윤석열 정부(2022~2025)는 자유, 평화, 번영에 기여하는 글로벌 중추국가를 목표로하였다. 이를 위해 한국이 국제사회에 기여할 수 있도록 공적기여, ODA 규모를 크게 확대하는데 큰 노력을 기울였다. 특히 미중 간 경쟁이 치열해지면서 자원확보와 안정적인 공급망 확보를 외교 및 경제 전략의 핵심 축으로 설정하였다. 이러한 견지에서 윤석열 정부는 2024년 첫 한·아프리카 정상회의를 개최하였다.

요컨대 지난 20년동안 한국과 아프리카의 관계는 양적으로 크게 성장했다. 2006년 한국 정부가 '아프리카 개발을 위한 한국 이니셔티브'를 발표한 이후 외교부·기획재정부·산업통상자원부 등 정부 부처가 아프리카 국가들과 정례 협력 채널을 구축했으며 2024년에는 첫 한-아프리카정상회의도 개최하였다. 한국의 아프리카 관련 정책은 각 정부의 외교 안보 아젠다 속에서 공적개발원조(ODA)에 대한 활용 방안을 설정하고, 대통령의 유엔 총회를 통해 한국의 개발도상국에 대한 협력에 대해 발표하고, 임기 말에 아프리카 순방을 통해 아프리카에 대한 지원방안을 구체적으로 공약하는 형식으로 패턴화 되어왔다. 특히, 각 정부가 추진하는 외교 정책 속에서 개발협력의 아젠다가 아프리카 관련 외교 정책과 통합되어 진행되어왔다고 할 수 있다. 이처럼, 한국의 대아프리카 공적개발원조액은 2006년 약 650억원에서 2023년 약 6천500억원으로 10배 가까이 늘었다.

한국국제협력단(KOICA) 봉사단원이 파견된 아프리카 국가는 44개국으로 확대됐다. 2021년까지 누적 9천543명이 봉사활동을 통해 한국과 아프리카의 물리적·문화적 거리를 좁혀왔다.

한국과 아프리카관계 주요 역사적 사건(1950-2024년)

1950년	·에티오피아 한국전쟁 참전 ·남아프리카공화국 한국전쟁 참전
1963년	·5월, 아프리카단결기구(OAU) 창설, 32개국 참여
1964년	·9월, 한국 베트남전쟁 참전 ·7월, 아프리카개발은행(AfDB) 설립
1975년	·5월, 서아프리카경제공동체(ECOWAS) 창설, 총15개국
1980년	·한국 정부 아프리카개발기금(ADF) 역외 회원국 가입
1982년	·한국 정부 아프리카개발은행(AfDB) 역외 회원국 가입
1983년	·10월, 중부아프리카경제공동체(ECCAS) 창설, 총11개국
1989년	·2월, 아랍마그레브연합(UMA) 설립, 총5개국 ·5월, 대외경제협력기금(EDCF) 첫 차관 나이지리아 철도 현대화사업 제공
1991년	·6월, 아프리카경제공동체(AEC) 창설
1992년	·8월, 남부아프리카개발공동체(SADC) 창설, 총16개국
1994년	·12월, 동남부아프리카공동시장(COMESA) 설립, 총21개국
1996년	·11월, 동아프리카정부간개발기구(IGAD), 설립, 총8개국
1998년	·2월, 사헬-사하라국가공동체(CEN-SAD) 설립
1999년	·9월, 리비아 제4차 OAU특별정상회의에서 AU로 개칭 및 창설 추진 합의
2000년	·7월, 동아프리카공동체(EAC) 설립, 총8개국
2002년	·7월, 아프리카연합(AU) 공식 출범, 아프리카 55개국(서사하라포함) 회원국
2005년	·4월, 한국 정부 AU로부터 옵저버 자격획득
2006년	·11월, 제1차 한-아프리카 포럼, 「한-아프리카포럼에 관한 서울 선

	언」 채택 ·4월, 제1차 한-아프리카 경제협력회의, 총 15개국 참석
2007년	·아프리카개발은행(AfDB)에 KOAFEC 양자 신탁 기금 설립
2008년	·10월, 제2차 한-아프리카 경제협력회의
2009년	·11월, 제2차 한-아프리카 포럼, 「서울선언 2009」 채택 - 상호 이해와 존중을 기반으로 하는 한-아프리카 파트너십 발전을 위한 협력 틀제시 - 빈곤감축, 군축 및 테러, 기후변화, UN 개혁 등 범세계적 이슈에 대한 공동대응노력
2010년	·9월, 제3차 한-아프리카 경제협력회의
2012년	·1월, 아프리카연합 아프리카자유무역협정(AfCFTA) 설립 결정 ·10월, 제4차 한-아프리카 경제협력회의
2012년	·10월, 제3차 한-아프리카포럼, 「서울 선언 2012」 채택 - 한국의 對아프리카 ODA 기여 노력 평가 - 아프리카연합(AU)의 통상·투자 관련 이니셔티브의 중요성 강조 - 한국-AU간 협의 기능 강화, 차기 포럼은 아프리카에서 개최 합의(2년주기)
2016년	·12월, 제4차 한-아프리카포럼, 「2016 아디스아바바 선언」 채택
2017년	·9월, 제1차 한-AU 정책협의회
2018년	·6월, 외교부 산하 한·아프리카재단 창립 ·10월, 제2차 한-AU 정책협의회
2019년	·5월, 아프리카자유무역협정(AfCFTA) 협정 효력 발휘
2021년	·1월, 아프리카자유무역협정(AfCFTA) 공식 시행 (향후 10-13년내 완전 철폐 목표)
2022년	·2월, 제3차 한-AU 정책협의회 ·3월, 제5차 한-아프리카포럼, 「2022 서울 선언」 채택
2023년	·7월, 제4차 한-AU 정책협의회
2024년	·6월, 한-아프리카 정상회의, 「한-아프리카 정상회의 공동선언문」 채택

	- 경제동반자협정(EPA), 무역투자촉진프레임워크(TIPF) 등 경제 협력을 위한 제도적 기반 강화 - 핵심광물, 신재생에너지, 제도 등 포괄적 경제협력 제시 등 ·12월, 제5차 한-AU 정책협의회

자료: 관련자료 기반 저자 작성

대아프리카 관계의 국내외적 환경

2000년대 이후 한국과 아프리카의 관계는 비교적 짧은 시간 내에 매우 급속한 관계 발전을 이룩하였는데, 여기에는 아프리카 국가들이 한국으로부터 얻고자한 경제개발의 노하우 뿐만 아니라 국내외환경도 큰 영향을 미쳤다. 특히 최근 미·중 간의 경쟁이 격화되면서 아프리카 국가와 중국 간의 협력이 긴밀해지고, 북한 핵과 미사일 문제가 심각해지면서 한국과 아프리카 국가 간의 정치적 새로운 협력의 필요성이 크게 촉진되고 있다.

1. 국제적 환경

오늘날 아프리카 대외관계를 둘러싼 국제적 환경은 복합적 지정학 변화, 글로벌 거버넌스의 재편, 글로벌 사우스의 부상이라는 세 가지 구조적 변동 속에서 형성되고 있다. 무엇보다 중국이 부상하면서 국제질서의 중심축이 미국 단극체제에서 경쟁적 다극체제로 이동하면서 아프리카는 미·중 전략경쟁의 무대로 부상하고 있다. 트럼프 2기 출범 이후 미국은 기존의 규범·민주주의·안보협력을 앞세웠던 전략에서 미국 우선주의를 바탕으로 거래주의에 입각한 대아프리카 전략을 강화하고 있다. 반면, 중국은 대규모 인프라 투자, 자원개발, 정책대화, 금융지원을 통한 영향력 확대를 지속하고 있으며 비간섭 원칙을 강조하는 외교 방식으로 다수의 아프리카 정부의 신뢰를 확보하고 있다. 이러한 상황에서 아프리카는 어느 한 국가의 편에 서기보다 다양한 파트너를 전략적으로 활용하여 외교적 자율성을 확대하려는 경향을 보이고 있으며, 이는 한국을 포함한 제3국에게 협력 공간을 제공하는 동시에 경쟁 압력도 강화하는 양가적 조건을 만들어내고 있다.

이러한 지정학적 균열은 글로벌 공급망 재편과도 맞물려 아프리카의 전략적 가치를 더욱 높이고 있다. 특히 탄소중립·에너지 전환 과정에서 필수적인 코발트, 리튬, 희토류 등 핵심광물의 상당 부분이 아프리카에 집중되어 있다는 점은 주요국 간 경제안보 경쟁을 심화시키고 있다. 미국과 유럽은 친환경·책임 있는 광물 공급망 구축을 강조하며 새로운 파트너십 전략을 제시하고 있으며, 중국은 기존의 자원 연계형 모델을 넘어 제조업·디지털 영역으로 협력을 확장하는 중이다.

또한 글로벌 거버넌스의 변화도 중요한 외생 변수로 작용한다. G20의 아프리카연합(AU) 정식 회원국 편입, UN 개혁 논의에서의 아프리카 대표성 강화 요구, 다자개발은행 개혁 논의 등 주요 국제무대에서 아프리카의 정치적 위상과 목소리가 강화되고 있다.

종합적으로 볼 때, 국제적 환경은 아프리카의 전략적 중요성을 크게 확대시키는 동시에, 주요국 경쟁이 심화되는 복잡한 지정학적 공간으로 변화하고 있다. 이는 기존에 주변부로 머물렀던 아프리카 국가들이 국제사회에서 역할을 늘려나고 있는 것으로 해석할 수 있다. 이러한 변화된 흐름에 한국도 아프리카 국가들이 추구하는 자율성과 전략적 균형감각을 존중하는 새로운 협력 패러다임을 모색해야한다는 점에서 한·아프리카 협력을 촉진하는 주요 요인이다.

2. 한반도 환경: 북한의 핵·미사일 문제

북한은 2006년 10월 1차 핵실험 이후 2017년 9월까지 총 6차례 핵실험을 하였다. 2017년 6차 핵실험 이후 미국이 주도하는 유엔의 대북 제재가 한층 강력해졌고, 아프리카 국가들도 이에 동참하면서 북한에 대한 압북 수위를 높이는데 기여하고 있다. 대부분의 아프리카 국가는 비동맹 전통을 바탕으로 강대국 경쟁에 대해 중립적 입장을 견지해 왔으나, 핵무기 비확산(NPT)을 포함한 국제규범 체제에는 비교적 충실한 참여를 유지하고 있다. 이러한 맥락속에서 북한의 핵실험과 탄도미사일 발사는 국제 핵질서의 안정성을 훼손하는 행위로 간주되며, 남아프리카공화국, 이집트, 세네갈 등 일부 국가는 UN 무대에서 북한의 행동을 직접적으로 비판하거나 제재 결의에 동참하였다. 특히, 2016년 아프리카연합(AU)에서의 북한 핵실험 및 무력도발에 대한 규탄입장의 표명도 주목할만한 외교적 성과라고 할 있다.

그럼에도 불구하고, 우간다, 앙골라, 나미비아 등 과거 북한과 군사협력 관계를 유지했던 국가들은 공식 규탄을 자제하며 신중한 태도를 보여 왔다. 이는 아프리카 국가들의 전략적 자율성을 반영할 뿐 아니라, 한국이 아프리카와의 협력에서 북한 관련 논의가 자동적으로 공감대를 형성하기 어렵다는 점을 시사한다고 할 수 있다.

이러한 점에서, 북한의 핵실험과 미사일 시험발사 문제로 긴장이 고조되는 것도 한·아프리카 협력을 촉진하는 요인이다. 아프리카 국가들을 통해 북한을 압박하면서도, 다른 한편으로는 북한과의 대화의 장을 제공하여 평화로운 해결을 모색할 수 있도록 해야한다. 왜냐하면, 아프리카 국가들은 북한과 가까운 사이기 때문에 북한에 대한 압박의 효과도 다른 나라들보다 더 클 수 있기 때문이다.

대아프리카관계의 목표와 추진 방향

냉전 시기 한국의 대아프리카 관계의 목표는 북한과의 체제 경쟁에서 승리하기 위한 우군을 확보하는 것이었다. 냉전 질서가 해체되고, 1991년 남북한이 유엔에 동시가입하게되고, 남북관계가 대화국면으로 들어서면서 대아프리카관계는 아프리카지역의 평화와 번영을 위한 협력 파트너십으로 변화하기 시작하였다. 2022년 한국판 인태전략에 명시된 '자유롭고 평화로우며 번영하는 인도·태평양'이 현재 한국의 대아프리카관계의 목표가 되고 있다.

1. 목표 및 전략

한국정부가 대아프리카 관계에서 추구하는 가장 중요한 목표는 한국과 아프리카 역내 지역의 평화와 번영을 위한 통합을 지지하고 협력을 강화하는 것이다. 이를 위해 한국 정부는 아프리카 자유무역지대 설립을 지지하고 한국과의 공동 번영을 위한 협력을 꾸준히 제안하였다.

가장 최근 한국 정부의 대 아프리카 관계 목표는 2024년 첫 한아프리카 정상회의로 잘 알려진 '함께 만드는 미래: 동반성장, 지속가능성, 그리고 연대' 주제로한 공동성명에 체계적으로 정리되어있다. 2024 한·아프리카 정상회의 공동선언문에서 먼저 아프리카 지역에 대한 다자외교 차원에서 볼 때 한국이 추구하는 '글로벌 중추 국가(Global Pivogtal State)' 비전과 아프리카 연합(AU)의 '아젠다 2063(Agenda 2063)'에 담겨 있는 아프리카의 '통합되고 번영하며 평화로운 아프리카(integrated, prosperous and peaceful Africa)' 비전 간 공통성(commonalities)과 상호 보완성(complementarity)에 주목하며 양측간의 관계를 발전시키겠다는 비전을 제시하였다. 이 비전은 동반성장(Shared Growth), 지속가능성(Sustainability) 그리고 연대(Solidarity)라는 3대 축으로 뒷받침되는데, 동반성장을 위하여 한국 정부는 한-아프리카 간 비즈니스 파트너십 강화를 제도적 기반을 강화하고 아프리카 연합의 개발청(AUDA-NEPAD)과의 협력도 강조하며 각 분야별로 구체적인 전략을 제시하였으며 아래와 같다.

「2024 한-아프리카 정상회의의 공동선언」 5항에서 10항을 참조하였을 때, 한국 정부는 아프리카대륙 자유무역지대(AfCFTA)를 통한 단일시장 구축과 역내 경제 통합 실현을 환영하며, 경제협력 제도적 기반 마련을 위해 경제동반자협정(EPA), 경제동반자협정

(EPA), 무역투자촉진프레임워크(TIPF), 이중과세방지 협정(DTAA), 투자보장협정(IPA) 등을 강화하고 촉진하기로 하였다. 이를 위해 한국 정부가 자유무역협정(FTA) 체결 경험에서 얻은 교훈과 도로, 철도, 교량, 항만, 공항, 댐 등과 같은 경제적 파급효과가 큰 인프라 프로젝트 추진을 위해 협력을 강화해나갈 필요성을 표명하며, 한국 기업들이 보유한 스마트 인프라 분야에서의 협력 의지를 강조하였다. 과학과 디지털 기술 분야에 있어서 아프리카 국가들의 지속가능한 발전을 위해 한국형 전자통관시스템(UNIPASS), 전자조달 시스템 (KONEPS) 및 통계시스템(KOSIS) 등 디지털 정부 분야에서의 한국 전문성을 활용하기로 하였다. 그리고, 이러한 과학기술 관련 양질의 프로그램을 제공하고, 직업기술교육훈련(TVET) 학교를 설립하고, 한국 정부 초청 장학프로그램(GKS)을 확대를 통해 교육 및 연구 인프라를 확대를 통해 미래세대 양성에 기여함을 강조하였다.

동 선언의 11항에서 14항에서는 지속가능성 부문에서는 오늘날의 복합적 그로벌 도전과제에 대응하기 위해 인도적 지원-개발-평화 넥서스(HDP Nexus)에 초점을 맞춘 통합적 접근방법을 강화하는 것이 중요하다는데 인식을 같이하였다. 기후변화가 인류의 생존을 위협하는 문제로 인식하며, 지속가능한 청정에너지를 아프리카 내 투자를 촉진하의 필요성을 강조하였으며, 기후변화로 인한 아프리카 내 산림 파괴, 토지 황폐화 및 생물다양성 손실 문제의 심각성에 대해서도 주목하며, 기후 금융 구조를 만들기 위한 국제적 연대를 강화해 나가기로하였다. 한국 정부는 농업 ODA와 그린 ODA 사업을 통하여 아프리카 국가들의 식량 자급과 기후변화 대응 역량 강화를 지원하고 있음을 평가하였다. 또한 글로벌 보건 위기에 대한 공동 대응을 위해 감염병 감시 강화, 기초 보건 인프라 구축, 필수 의약품 및 의료품 제조역량 증진을 위한 인적 자원 역량 개발, 의료품 안전 강화 및 공중보건 실험실 시스템 구축에 중점을 두고 협력을 강화해 나가야할 필요성을 강조하였다.

특히, 15항에서는 글로벌 공급망 불안정에 미래 산업 발전을 위한 광물 자원의 중요성이 증대되고 있음을 인식하고, 한국이 첨단 산업 분야 선도국이며 아프리카가 핵심 광물 보유 측면에서 중요한 지역임을 인식하면서, 우리는 핵심 광물 관련 산업 발전을 촉진하기 위해 소다자 차원을 포함, 호혜적 협력과 지식 공유를 확대해 나갈 필요성을 강조하였다. 이러한 맥락에서 양측은 금번 정상회의 계기 한국과 아프리카 간 협력을 강화하는 중요한 제도적 기반이 될 '한-아프리카 핵심광물 대화'를 출범시키기로 합의하였다. 더 나아가 우리는 일자리 창출과 지역 경제 활성화에 기여할 수 있도록 한국 기업이 아프리카에 투자하고 핵심 광물 자원 개발에 가치를 더할 수 있는 기회를 모색하는 것이 중요하다는 점을 인식하였다.

연대 부문에 있어서 한국과 아프리카는 지속 가능한 평화와 안정을 구축하는 것이 통합되고, 번영하며 평화로운 아프리카를 위한 아프리카 연합 비전에 필수적임을 재확인하고, 이러한 목표를 달성하기 위해 양측간 협력의 중요성을 강조하였다. 「2024 한-아프리카 정상회의의 공동선언」 16항에서 18항, 그리고 20항은 아프리카 정상들은 한국의 아프리카연합(AU) 평화·안보 활동에 대한 재정 기여, 유엔 평화유지요원 파견, 국제사회의 아프리카 내 해적 퇴치 활동에 대한 참여 등 아프리카 평화·안보 분야에 대한 한국의 기여에 주목하였다. 한국 정부는 아프리카와 국방·방산·치안 분야에서의 협력 사업들을 확대해 나가고자 하는 의지를 표명하였다. 한국 정부는 평화지원활동(PSO) 배치 및 분쟁 후 재건 및 개발을 위한 아프리카연합 센터(AUC-PCRD) 활동 지원을 통해 아프리카 평화 안보 구조(APSA)를 강화하기 위해 더 많은 노력을 기울이는 것이 중요하다는 점을 재확인하였다. 더불어 한국 정부는 아프리카연합(AU)이 G20에 가입한 것을 축하하고 G20 내에서 협력하고자 하는 의지를 표명하였으며, 유엔 안보리 비상임 이사국으로서 2024-25 임기 동안 아프리카 국가들, 특히 A3(유엔 안보리 내 아프리카 비상임 이사국)와 함께 가능한 선에서 긴밀한 협력을 지속해 나가겠다는 의지를 표명하였다.

특히 동 선언의 19항과 21항은 한국과 아프리카는 가자지구의 재앙적 인도적 상황에 깊은 우려를 표명하고, 모든 당사자들이 존중하는 즉각적인 휴전과 의료 및 기타 인도주의적 필요에 대응하기 위한 인도적 접근 보장 및 당사자의 국제법에 따른 의무 준수를 요구하는 유엔 안보리 결의 제2728호(2024)의 완전한 이행을 촉구하였다. 이와 마찬가지로 모든 관련 안보리 결의의 완전한 이행에 대한 약속을 재확인하면서, 완전하고, 검증 가능하며, 불가역적인 한반도 비핵화를 달성하기 위한 국제사회의 노력의 중요성을 강조함을 명기함으로써 의미 있는 성과를 거두었다고 할 수 있다.

해당 선언은 22항을 통해 한국과 아프리카는 활발한 교류가 상호 이해 증진 및 연대 강화에 기여함을 강조하며 정부 인사, 기업인, 시민사회 대표와 국회의원 등을 포함, 모든 분야에서의 고위인사 교류와 문화, 예술, 스포츠, 관광과 같은 분야에서의 교류를 활성화할 필요성에 대해 의견을 같이하였다. 아울러, 우리는 상호 항공 연결성을 증진하고 지자체, 대학 및 연구소 간의 상호 교류를 확대할 필요가 있음을 강조하며, 이러한 노력은 젊은 세대에게 고용 기회를 창출하고 한국과 아프리카 간 미래 교류와 시너지를 이끌 전문가 육성을 위한 기반을 마련하는데 목적이 있음을 분명히하였다.

나아가 한국과 아프리카는 이번 정상회의 성과의 이행을 지원하고 정기적으로 점검해 나가는 것이 중요하다는 점을 강조하며, 이를 위해 한국은 금번 정상회의에서 논의된 협력을 촉진하기 위해 아프리카와의 협력 사업의 마중물로서 유/무상원조를 포함한 대외원조(ODA) 규모를 2030년까지 100억불 수준으로 확대하기로하였다. 또한, 한국 기업들이 아프리카 내 활동을 도모하여 아프리카와의 무역 투자를 촉진하도록 2030년까지 약 140억 불 규모의 수출금융이 한국 기업들에게 제공하기로하였다. 이와 더불어 한-아프리카 경제협력 장관회의(KOAFEC)와 한-아프리카 농업 장관회의 활동을 강화하는 한편, 관세청장 회의, 통계청장 회의 등 신규 고위급 협의체를 구축해 나갈 필요가 있음을 강조하였다. 「2024 한-아프리카 정상회의의 공동선언」 23~25항을 참조하였을 때, 금번의 정상회의 결과 이행의 평가는 2026년 한-아프리카 외교장관 회의를 개최하여 종합 평가하여 차기 정상회의 개최 가능성 모색을 포함한 향후 계획을 논의하기로 결정하였다.

한·아프리카 정상회의를 통해 한국 정부는 아프리카와의 다자 협력을 위한 제도와 틀을 넓힌 것으로 평가되고 있다. 특히 아프리카 국가들과의 확대된 경제 협력을 위한 제도적 틀을 마련하고자 시도하였고, 이를 달성하기위한 지원도 대폭 약속했다. 즉, 기존의 아프리카 국가들을 도와줘야하는 수혜적 관점에서 아프리카 국가들의 민간 투자가 활성화되어 산업이 발전될 수 있도록 유도하는 정책을 마련했다는 점에서 의의가 있다고 할 수 있다. 그리고, 경제협력을 넘어 한반도의 문제, 가자지구의 문제 등에 대하여 원칙적으로 인식을 같이하였다는 점에서 한국의 아프리카 다자 협력외교가 점차 확대되어 가고 있다고 할 수 있다.

함께 만드는 미래: 동반성장, 지속가능성 그리고 연대			
동반성장	지속가능성	미래	향후계획
경제협력 제도기반 강화 – 경제동반자협정	1. 글로벌 도전과제에 지속가능성 증진의 중요성 강조	지속가능한 평화와 안정을 구축하는 것이 중요함을 강조	2030년까지 100억불까지 대외원조 규모 확대

– 무역투자촉진프레임워크 – 이중과세방지협정 – 투자보장협정 아프리카대륙 자유무역지대(AfCFTA) 지지 스마트 인프라분야 협력 강화 과학과 디지털 기술 강화 과학기술 교육 제공	2. 기후변화 대응에 따른 국제적 연대 강화 3. 기후적응 농업기술 적용 활성화 지원 강화 4. 글로벌 보건위기 협력 강조 5. 한-아프리카 핵심광물 대화 출범	국방, 방산, 치안분야에서 협력 활대 의지 표명 대테러 방지 대응 지원 필요성 강조 가자지구 인도주의적 보장을 위한 유엔 안보리 결의 이행 촉구 한국의 아프리카연합 G20과 협력 의지 표명 모든 분야에서 인적 교류 증진 노력 의지	2030년까지 약 140억불 규모의 수출금융을 한국 기업들에게 제공 한-아프리카 농업장관회의, 관세청장, 통계청장 회의 등 신규 고위급 협의체 구축 2026년 외교장관 회의를 거처 차기 정상회의 가능성 모색 후 향후 계획 논의

한·아프리카 정상회의를 통해 한국 정부는 아프리카와의 다자 협력을 위한 제도와 틀을 넓힌 것으로 평가되고 있다. 특히 아프리카 국가들과의 확대된 경제 협력을 위한 제도적 틀을 마련하고자 시도하였고, 이를 달성하기위한 지원도 대폭 약속했다. 즉, 기존의 아프리카 국가들을 도와줘야하는 수혜적 관점에서 아프리카 국가들의 민간 투자가 활성화되어 산업이 발전될 수 있도록 유도하는 정책을 마련했다는 점에서 의의가 있다고 할 수 있다. 그리고, 경제협력을 넘어 한반도의 문제, 가자지구의 문제 등에 대하여 원칙적으로 인식을 같이하였다는 점에서 한국의 아프리카 다자 협력외교가 점차 확대되어 가고 있다고 할 수 있다.

한-아프리카 정상회의의 참석국

구분	세부 구분	참석국
북부 아프리카	북부 (6)	알제리, 이집트, 리비아, 모리타니, 모로코, 튀니지
사하라이남 아프리카	서부 (11)	베냉, 카보베르데, 코트디부아르, 감비아, 가나, 기니비사우, 라이베리아, 나이지리아, 세네갈, 시에라리온, 토고
	중부 (8)	부룬디, 카메룬, 중앙아프리카공화국, 차드, 콩고, 콩고민주공화국, 적도기니, 상투메프린시페
	동부 (13)	코모로, 지부티, 에리트레아, 에티오피아, 케냐, 마다가스카르, 모리셔스, 르완다, 세이셸, 소말리아, 남수단, 탄자니아, 우간다
	남부 (10)	앙골라, 보츠와나, 에스와티니, 레소토, 말라위, 모잠비크, 나미비아, 남아프리카공화국, 잠비아, 짐바브웨

2. 추진방향

한국은 대 아프리카 관계에 있어서 아프리카연합과하는 다자적 측면과 각 개별국가를 중심으로하는 양자적 측면으로 나누어 협력을 추진하고 있다. 아프리카연합과 추진하는 다자적 측면이 앞서 언급한 공동선언문의 내용이였다면, 한국 정부는 선택과 집중을 위해 특정 아프리카 국가들들에 대해 ODA 중점협력국으로 5년마다 지정하고 있으며, 이러한 중점협력국에는 양자 ODA 예산의 약 70% 지원을 목표로 추진하고 있다.

개발협력 아프리카 중점협력국

구분	국가수	해당 국가
1기 중점협력국 (2011~2015)	8개국	가나, 에티오피아, 모잠비크, 르완다, 우간다, 콩고민주공화국, 나이지리아, 카메룬
2기 중점협력국 (2016~2020)	7개국	가나, 에티오피아, 모잠비크, 르완다, 우간다, 탄자니아, 세네갈
3기 중점협력국 (2021~2025)	7개국	가나, 에티오피아, 르완다, 우간다, 탄자니아, 세네갈, 이집트

윤석열 정부에서 아프리카 중점협력국에 해당되는 국가들 중 지난 한-아프리카 정상회의 때 양자회담을 가진 국가는 탄자니아, 에티오피아, 르완다이다. 먼저 한국 전쟁 참여에 따른 특별한 인연이 있고, 아프리카 연합 본부가 위치하고 식민지를 당하지 않은 유일한 아프리카 국가로서의 상징성이 있는 에티오피아는 한국 외교에 있어서 중요한 파트너로서 줄곧 중점협력국으로 선정되었다. 외교부에 따르면 지난 2024년 6월 진행된 만찬회담에서 윤석열 대통령은 아비 아머드 알리(Abiy Ahmed Ali) 에티오피아 총리와 2023년 10월에 체결한 무역촉진프레임워크가 양측의 경제발전을 추진할 것으로 기대하고 2024~2028년 10억달러 규모의 EDCF 기본약정을 체결하고, 광물개발, 방위 산업 분야 등 다양한 부문에서 협력 확

대에 대한 의견을 교환하였다. 르완다 역시 한국의 중점협력국으로 줄곧 선정된 국가인데, 무역,투자,인프라 분야에서 긴밀히 협력하기로하였으며 특히 스마트시티,인프라,모빌리티에 관한 협력을 활성화하기로하였다. 이외에도 르완다가 추진 중인 아프리카 내 금융,물류,정보통신기술(ICT)및 서비스 산업 허브 구축을 위해 긴밀히 협력해 나가기로 하였다.

이번 정상회담에서 가장 두드러진 성과를 낸 파트너는 탄자니아라 할 수 있다. 2024년 6월 4일 윤석열 대통령은 사미아 술루후 하산(Samia Suluhu Hassan) 탄자니아 대통령과 오찬 회담을 개최하였는데, 아프리카 국가 중에서 처음으로 경제동반자협정(EPA: Economic Partnership Agreement) 협상 개시를 선언하였다. 탄자니아는 리튬, 코발트, 니켈 등 핵심광물을 보유하고 있는 광물이 풍부한 나라로써 핵심광물 공급망 양해각서(MOU)를 통해 양국 관련 협력을 확대해 나가기로함으로써 정부가 추진하고 있는 공급망 다양화를 추진할 수 있는 협력을 제도화한 의미 있는 외교적 성과로 평가되고 있다. 더 나아가 양국은 2028년까지 25억달러 규모의 경제개발협력기금(EDCF) 기본 약정을 체결하여 더 많은 한국 기업들이 탄자니아 경제발전과 주민 생활 여건 개선을 위한 개발사업에 참여하기로 하였다. 한편, 외교부에 따르면 르완다와의 정상회담은 스마트시티,인프라,모빌리티 협력MOU를 체결하고, 르완다가 추진 중인 아프리카 내 금융,물류, 정보통신기술(ICT)및 서비스 산업 허브 구축을 위해 긴밀히 협력해 나가기로 하였다.

한-아프리카 정상회의 주요 성과

구분	협정 내용	협력국
경제분야	TIPF 체결	앙골라, 코트디부아르, 가나, 말라위, 모리타니, 르완다, 시에라리온, 짐바브웨
	EPA 체결	탄자니아(협상개시), 모로코(협상추진체계합의)
광물분야	핵심광물협력	마다가스카르, 탄자니아, 잠비아
개발협력	EDCF 기본약정 체결	코트디부아르, 에티오피아,가나, 모잠비크, 르완다, 탄자니아, 우간다
농업분야	K-라이스벨트	앙골라, 마다가스카르, 말라위, 짐바브웨
수산업분야	해양, 청색경제 등	세이셜, 케냐, 탄자니아
에너지분야	신재생에너지, 원전	앙골라, 르완다
인프라분야	송배전	모잠비크

자료: 외교부 정책홍보담당관실(2024), 「2024 한-아프리카 정상회의」; 한선이·황인정(2024), 「한-아프리카 정상회의의 성과와 향후 협력 과제」, 필자 재구성.

중점 협력국 이외 주요 정상회담 논의 내용에 있어서 주목할만한 점은 케냐이다. 한국 정부는 케냐 정부와 4억 8,500만 달러 규모의 양허성 개발차관 계약을 채결하였으며 인프라, 식량안보, 해양 등 다양한 분야로 협력의 폭과 깊이를 확대해 나가기로했다. 특히 경제동반자협정(EPA: Economic Partnership Agreements) 협상 논의와 무역투자촉진프레임워크(TIPF: Trade and Investment Promotion Frameworks) 를 통해 케냐산 농산품의 한국 시장 진출 확대하는 방안을 논의했다. 외교부에 의하면 케냐는 콘자 디지털미이어시티(Konza Digital Media City) 조성사업의 재원을 마련하기 위해 한국 수출입은행과 총 2억 3,800만 달러 규모의 계약을 체결하였다.

광물 자원을 많이 보유한 짐바브웨 국가 정상과도 무역투자촉진프레임워크(TIPF)를 토대로 핵심광물을 비롯한 다양한 분야에서 양국 간 경제 교류가 활성화되기를 기대하며 향후 관광, 문화 분야에서도의 교류도 확대해 나가기로 하였다. 한편, 농업분야에서 K-라이스벨트 사업 참여를 위한 업무협약을 맺고 한국산 농기자재 이용을 위한 협조와 항공협정 체결 등 다양한 분야에서 협력을 확대해 나가기로하였다. 2024년 안보리 비상임이사국인 모잠비크 대통령과는 천연가스전 개발 사업에 진출한 한국 기업들에 대한 지속적인 관심을 요청하며, 핵심 광물 분야에서도 긴밀히 협력해 나가기로하였으며, 한국 정부에 모잠비크 경찰의 치안 교육을 요청하였다.

한국의 아프리카 최초 수교국인 코트디부아르와는 양국 간 무역투자촉진 프레임워크, 이중과세방지협정, 투자보호협정, 방산협력

업무협약을 빠르시일 내 체결하여 실질 협력을 확대할 기반을 마련하기로하였으며, 이번 방한 계기로 2028년까지 대외경제협력기금(EDCF) 10억 불 기본 약정이 체결하였다. 윤 대통령은 아프리카 대륙자유무역지대(AfCFTA) 사무국 소재지인 가나 아쿠포아도 대통령과 양자회담을 통해 EDCF 약정을 올해부터 2028년까지 기존의 2배인 20억 불 규모로 확대하며, 가나의 인프라 구축 사업에 한국이 더욱 큰 역할을 할 것을 기대하고, 국제기구 진출 선거와 안보 현안 등 국제무대에서의 공조와 협력을 이어 나가기로 했다.

이상의 논의에서 알 수 있는 바와 같이 윤석열 정부의 아프리카 외교는 역대 어느 정부보다도 매우 적극적으로 추진하였다. 특히 경제적 문제를 중심으로한 공동의 관심사들을 양자적 차원 채널을 활용하였다는 점에서 그 특징이 있다. 경제, 교역, 투사를 위한 협성을 추진하였으며, 각 협력국들과 핵심광물 분야 협의체를 만드는 등 한국이 비교 우위에 있는 공동의 관심사를 중심으로 각 분야 걸쳐 협력 확대를 논의하고 제도화를 추진했다는 점에서 의의가 있다.

대아프리카관계의 현안과 쟁점

빠르게 발전을 거듭해 오고 있는 한국과 아프리카 관계에도 몇가지 쟁점이 존재하고 있다. 먼저 신시장 개척과 글로벌 공급망 협력이라는 지점에서 한국과 아프리카의 교역량 등이 급격히 증가하지 못하고 있는 것이다. 민간이 함께 움직이지 못하는 정부 주도의 협력관계는 지속가능성이 높지 못하기 때문에 신시장으로서의 무역협력을 증진시킬 필요가 있다. 또한, 아프리카 개발협력의 질적 향상도 큰 문제로 대두되고 있다. 마지막으로 급속히 발전하고 있고 협력이 필요성이 충분함에도 불구하고 한국에서 여전히 낮은 아프리카에 대한 인식은 아프리카 사람들이 한국에 대해 갖는 호감을 해칠 수 있고, 이로 인한 한국의 아프리카 전문가 부족 현상은 향후 한·아프리카관계 발전을 저해할 수 있다.

1. 아프리카 국가와의 무역 확대와 글로벌 공급망 안정

최근 미·중 경쟁관계가 격화되고 글로벌 무역질서가 흔들리는 가운데, 한국 역시 미국과 중국에 대한 높은 경제적 의존도를 줄이기 위해 신시장 개척의 필요성이 커지고 있다. 이 과정에서 아프리카는 풍부한 인구, 급성장하는 소비시장, 풍부한 천연자원과 전략광물(코발트, 리튬, 백금족 금속 등) 때문에 향후 중요한 대안적 파트너로 부상하고 있다. 실제로 지난 20년간 중국을 포함한 아시아 신흥국은 수출, 수입 모두 크게 증가하며 주요 교역 파트너국으로 자리매김하며 상호의존적 관계가 심화되었다. 하지만, 총수출에서 한국정부의 아프리카 비중은 약 1.4%에 불과하다. 따라서 2050년까지 세계 인구의 4분의 1을 차지할 것으로 예상되며, 젊은 인구구조와 도시화, 급속한 중산층 확대는 한국 기업들에게 잠재력이 큰 소비시장으로 다가오고 있는 아프리카 대륙의 진출에 대해서 준비를 하여야한다.

이러한 상황 속에서 이 과정에서 아프리카대륙자유무역지대(AfCFTA)의 출범은 중요한 계기가 될 수 있다. AfCFTA는 역내 무역장벽을 완화하고, 54개국 이상을 포괄하는 세계 최대 규모의 단일시장으로 발전할 가능성을 지닌다. 한국 정부도 이를 활용할 경우 개별국가 단위의 진출을 넘어 지역적 차원에서 통합된 전략을 마련할 수 있다. 지난 한아프리카 정상회의에서도 한국 정부가 AfCFTA를 돕고, 아프리카 국가들(탄자니아, 케냐, 모로코)과의 경제동반자협정(EPA) 협상을 개시 등을 을 약속하였듯이, 한국이 아프리카 대륙과 국가들과 포괄적 경제협력을을 추진하여 후발주가 되지 않도록 파트너십을 강화하는 노력을 기울여야한다.

글로벌 공급망 차원에서도 전기차, 배터리, 반도체와 같은 미래산업의 자원 공급지로서 아프리카의 중요성은 점차 커지고 있다. '한-아프리카 핵심광물 대화' 출범은 2024 한-아프리카 정상회의의 주요 성과로 알려지고 있는데, 한국 정부와 아프리카 정부가 상호호혜적인 프로젝트를 발굴하고 추진해야할 필요가 있다. 왜냐하면 자원 의존적 접근은 과거 서구 국가들의 전형적인 '자원 수탈형 협력'으로 비판받아 왔으며, 아프리카 내부에서도 주권과 개발 권리를 중시하는 담론이 강해지고 있기 때문이다. 따라서 한국이 단순히 광물 자원을 확보하는 것을 넘어, 아프리카의 산업화·가공 능력 강화, 인프라 개발, 인적 자원 양성과 같은 장기적 협력 모델을 설계하는 것이 필요하다. 이는 한국 기업에게도 안정적인 공급망을 확보하는 동시에 현지 사회의 지속가능한 발전에 기여할 수 있기 때문이다.

한국-아프리카 수출입

대륙별 수출(2004-2025년 1월)

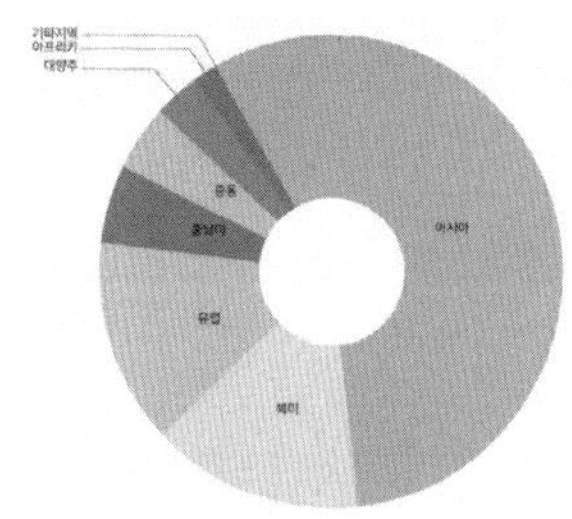

대륙별 수입(2004-2025년)

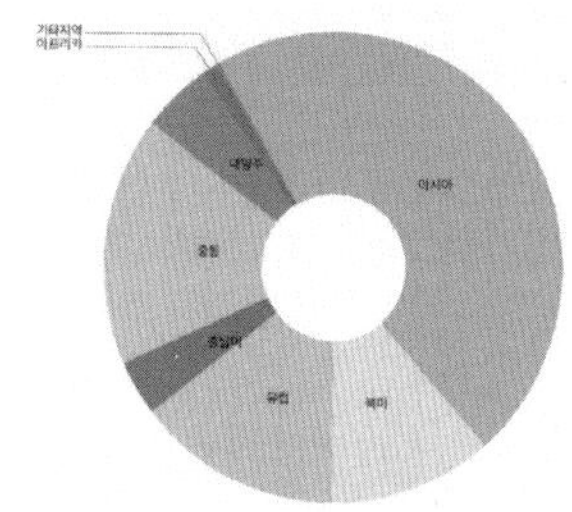

아프리카 수출국가 (2004년-2025년)

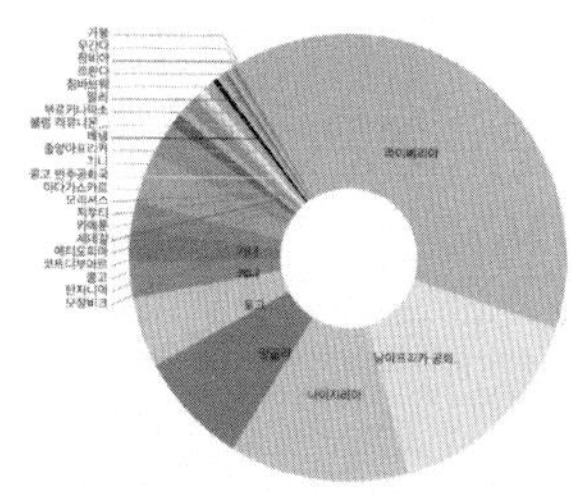

아프리카 수입국가 (2004년-2025년)

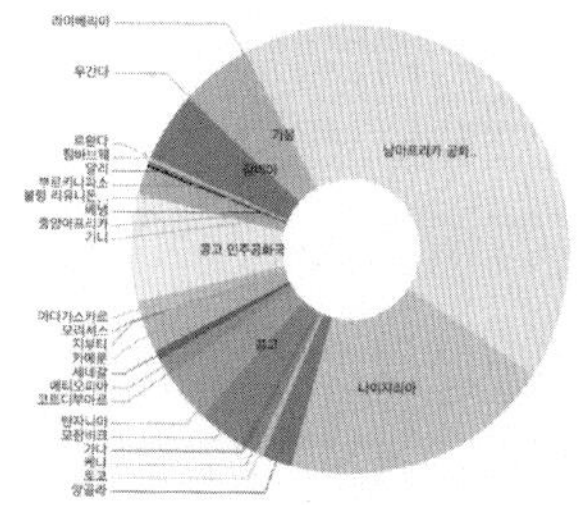

자료: 한국무역협회 통계자료 기반 저자 작성

대 아프리카 주요 수출국(2020~2025년)

순번	국가명	수출액	수입액
	총계	50,805,108,080	39,617,601,398
1	라이베리아	21,276,778,859	88,041,869
2	남아프리카 공화국	4,877,070,031	15,617,197,999
3	토고	4,860,480,310	240,323,290
4	나이지리아	3,965,614,167	6,565,362,892
5	모잠비크	3,034,019,898	2,978,856,765
6	앙골라	1,985,086,133	214,467,927
7	탄자니아	1,531,446,968	290,766,928
8	케냐	1,510,161,968	284,278,365
9	가나	1,276,058,283	282,887,363
10	코트디부이르	976,131,055	253,198,073
11	에티오피아	643,132,418	621,494,811
12	세네갈	620,225,336	248,464,966
13	카메룬	465,686,060	507,401,571
14	콩고 민주공화국	456,551,783	4,890,168,862
15	지부티	278,355,439	9,960,405
16	모리셔스	246,565,653	36,880,947
17	부르키나파소	217,905,129	29,256,505
18	마다가스카르	213,814,562	587,908,496
19	불령 리유니온,코모도 제도	210,984,190	591,249

20	기니	195,625,188	290,444,069

자료: 한국무역협회 통계자료 기반 저자 작성

2. 아프리카 개발협력과 책무성

아프리카, 특히 개발협력 분야의 후발주자로서 한국은 지난 20년 동안 꾸진히 양적 팽창과 함께 질적 향상을 추구해왔다. 오늘날 아프리카 개발협력은 다양한 층위의 글로벌 차원의 도전과 맞물려 복잡한 쟁점들을 낳고 있다. 특히 글로벌 불평등은 아프리카 주도형 개발모델의 중요성과 이에 맞춘 글로벌 거버넌스의 재구성을 요구하고 있다. 아프리카 주도의 발전모델이란 아프리카 국가들이 자신들의 개발 우선순위를 정하고 이에 따라 외부 파트너와 협력하는 모델로, 주인의식과 파트너십이 핵심 가치로서 과거 식민지 시대나 냉전기의 타자에 의한 개발과 대비되는 개념으로, 21세기 들어 아프리카 지도자들과 지식인들이 지속적으로 주장해온 방향이며, 아프리카 연합의 아젠다 2063에도 반영되어있다.

따라서, 한국이 향후 아프리카 개발협력의 방향은 크게 내부와 외부적 주요 요인을 주의하여야한다. 외부적 요인으로서는 아프리카 국가들에 대한 파트너십의 재정의이다. 왜냐하면 공여국과 수원국 간 수직적 관계가 아니라 수평적 동반자 관계를 구축해야 한다는 인식이 확산되고 있기 때문이다. 이는 단순한 수사가 아니라 협력 방식의 실제 변화를 요구하는 것으로 개발협력 프로젝트를 설계할 때 아프리카 측의 의견을 반영하고, 성과에 대한 상호 책무성

(mutual accountability)을 지는 구조가 실질적으로 정착되어야함을 의미한다고 할 수 있다. 따라서 공동기금이나 프로그램형 지원 방식을 직접 예산지원 등 조율된 협력이 효과적으로 이루어질 수 있도록 설계할 필요가 있다. 내부적 요인으로서는 한국 내 아프리카 개발협력에 대한 책무성과 투명성을 끌어 올리는 것이다. 박근혜, 윤석열 정부가 탄핵되면서 개발협력 사업의 부정과 비리가 발생한 사건은 한국의 개발협력 사업에 대한 책무성이 강화되어야함을 의미하고 이를 위한 제도록 개선이 필요하다. 이는 부패를 예방하고 국내와 수원국의 신뢰를 제고하여 궁극적으로 한국 개발협력 사업의 효과성과 정당성을 높이는 데 기여할 것이다.

3. 아프리카에 대한 낮은 인식과 전문가 부족

한류의 영향도 있겠지만, 한국과 아프리카 간에 교류와 협력관계가 심화됨에 따라 우리 나라사람들의 아프리카에 대한 인식은 긍정적이지만, 아직 한국인들의 아프리카에 대한 인식은 낮은 편이다. 2022년 한·아프리카재단에서 우리 국민 3,200명을 대상으로 실시한 '2022 대국민 아프리카 인식조사 및 재단 인지도 조사' 결과를 보면, 우리 국민 다수(68.9%)는 향후 한-아프리카 관계를 긍정적으로 평가한다고 응답하였으며, 아프리카를 경제협력의 대상으로 평가하는 응답자 수가 67.7%로 나타났다. 이러한 결과는 2006년 이래 한국 정부가 아프리카 국가들과의 제도적 소통 채널을 설립하고 지속적으로 공적개발원조를 늘리는 등 아프리카 국가들과 지속적인 교류를 심화해왔기 때문이다. 아프리카 주재 상주공관이 개설된 국가

중에서 우리 국민이 친밀하다고 평가한 국가는 남아프리카공화국(55.4%), 이집트(46.9%), 가나(38.5%), 케냐(26.4%), 모로코(22.9%), 나이지리아(21.6%) 순으로 나타났다. 하지만, 아프리카 사람들의 한국에 대한 인식 등 더 구체적인 인식조사가 지속적으로 이뤄져 이러한 현상에 대하여 추적 관찰 할 수 있어야한다. 한편, 한국 정부가 아프리카 국가들과 교류 활성화를 위해 추진해야 할 과제를 묻는 설문에 대해서는 민간기업의 현지 시장진출 지원(25.8%)을 최우선 과제로 뽑았고, 그 다음은 아프리카에 대한 국민의식 제고(24.0%), 공적개발원조(ODA) 규모 확대(20.4%), 한국 내 아프리카 전문가 양성(15.4%) 순으로 나타났다.

한편, 아프리카에 관한 추진 과제는 지역에 대한 전문가가 부족하기 때문에 비롯된 문제라 할 수 있다. 동시에 아프리카에 대한 구체적인 인식이 낮은 것이 역설적으로 지역 전문가 양성을 어렵게 하는 요소 중 하나이다. 전문가가 되기 위해서는 대학원에서 박사과정을 이수할 필요가 있다. 그러나 국내 대학원에서 아프리카를 전공하는 학생 대부분은 석사 과정에 머물고 있고, 박사과정 이수자는 다른 분야에 비해 적은 편이다. 이는 박사학위 취득 후 갈 수 있는 일자리가 많지 않기 때문일 것이다. 실제 한국외국어대학 아프리카학부, 전북대학교 프랑스·아프리카학과 외에는 아프리카 관련 학과를 가진 대학은 거의 없다.7) 프랑스, 독일 등 유럽 관련 학과는 거의 모든 대학에 설립되어있는데, 아프리카 국가 관련 학과가 설립된 대학이 몇 개 없다는 것은 설사 중요성이 크다 하더라도 아프리카 관련 학과 설립에 대한 수요가 충분히 크지 않기 때문이며, 이는 아프리카에 대한 낮은 인식과 무관하지 않을 것이다.

아프리카에 대한 낮은 인식과 전문가 부족 현상은 한·아프리카관계 발전을 저해할 수 있다. 자신들에 대해 잘 알지 못하고 부정적인 인식을 가진 사람들과 좋은 관계를 유지하는 것은 어려운 일이기 때문이다. 양측의 인적 교류를 확대하여 아프리카에 대한 인식을 개선하고, 학과나 교육 프로그램 설립을 통해 지역 전문가를 많이 양성하여 이 지역에 대한 보다 양질의 정보를 확산할 필요가 있다.

대아프리카관계의 전망

대아프리카관계의 전망은 밝다. 지금까지 급격하게 발전한 한국과 아프리카 관계는 앞으로도 더욱 발전할 것이다. 미중경쟁 속에서 균형을 유지해야하는 한국의 입장과 4차 산업혁명과 기후변화, 아프리카 경제 발전 등 한국이 아프리카 지역에 기여할 부분도 다양한 점에서 양측의 관계 발전을 추동하는 환경이 마련되어있다고 할 수 있다. 다만, 미중 경쟁이 심화되면서 한국을 포함한 아프리카 국가들이 특정한 편을 선택하도록 압력이 강해져 어느 한쪽으로 기우는 나라가 많아지면, 여러 국제 이슈에 대한 협력이 어려워질 수 있다.

1. 대아프리카관계 변화의 촉진요인과 장애요인

한국과 아프리카관계 발전을 촉진할 중요한 요인은 교역과 투자이다. 한국이 아프리카 이니셔티브를 발표한 2006년도에 아프리카 지역에 대한 공적개발원조가 650억이었던것에 반해 2023년 약 6천 600억원으로 10배 가까이 늘었으며, 아프리카는 한국의 대외원조 규모의 20%를 차지하며 아시아에 이은 두 번째로 많이 원조를 받고 있는 지역이다.

그러나, 여전히 한국과 아프리카간 무역 규모는 우리 나라 전체 교역의 1.9%정도인 200억 달러가 채 되지 않고 있으며 투자 또한 전체의 0.5%에 불과한 실정이다. 실제로 많은 아프리카 국가들은 경제발전을 위해 원조도 중요하지만, 투자를 통한 산업화를 이루고 싶어하는 실정인데, 이러한 점에서 한국은 아프리카 지역에 대외원조 뿐만 아니라 서로 경제적으로 매우 중요한 관계가 될 수 있어야 한다. 이러한 점에서 2024년 한-아프리카 정상회담 후속조치로 진행되고 있는 포괄적 경제협력이 뜻깊다고 할 수 있다. 한국 정부는 아프리카 최초로 탄자니아와 경제동반자협정(EPA) 협상개시를 선언하였으며, 모로코와도 EPA 협상을 추진을 합의함으로써 향후 시장개방을 넘어 공급망, 디지털, 청정경제 등 폭넓은 통상협정을 위한 논의를 본격화하였다. 한편, 협력관계가 초기단계인 가나, 말라위, 코트디부아르, 짐바브웨 등 8개국과도 무역투자촉진프레임워크(TIPF)를 체결하여 관세 양허 요소가 없는 맞춤형 경제협력 플렛폼을 구축함으로써 아프리카와의 협력 지평을 확대하는 초석도 마련하였다. 이러한 정부의 역할이 민 부분에서도 투자가 확대 될 수 있도록 해야할 것이다.

한편, 한국과 아프리카 관계의 장애요인으로 정권에 따른 일관되지 않은 정책을 꼽을 수 있다. 한국의 대 아프리카 외교 정책은 정부가 추진하는 외교 정책의 개발협력 정책 속에서의 지역 정책으로 진행되고 있다. 이는 한국의 아프리카 정책이 지역을 기반으로 정책이 일관되게 진행되지 않고 정권 교체에 따라 정책의 큰 변화가 초래될 수 있는 요소를 지니고 있다고 할 수 있다. 이러한 변화가 지속된다면 아프리카 국가들과 신뢰를 구축을 저해하는 요인이 되며, 이는 한국 정부가 아프리카 지지가 필요할 때 더 깊은 협력을 저해하는 요인이 될 수 있기 때문이다.

2. 대아프리카관계 변화의 내적 변수와 외부 영향

한국과 아프리카 관계 변화에 큰 영향을 미칠 수 있는 내적 변수는 아프리카 국가들이 친중, 친서방 진영으로 분열되는 것이라 할 수 있다. 특히 글로벌 공급망 재편과 전략광물 확보 경쟁역시 대아프리카 관계의 핵심 변수이다. 전기차 배터리, 반도체, 재생에너지 산업의 핵심 원료가 아프리카에 집중되어 있다는 점에서, 주요국들은 자원 확보를 외교의 우선순위로 두고 있다. 일찍부터 중국은 일대일로(BRI)를 통해 대규모 인프라 투자를 지속하며 아프리카에서의 영향력을 확대하고 있고, 미국도 트럼프 2기 정부들어 아프리카 국가를 선별하여 외교를 진행하고 있으며, 유럽연합(EU)과 일본 등 전통 공여국들도 아프리카 국가들과의 분야별 협력을 내세우벼 전략의 변화를 꾀하고 있다.

이러한 신냉전적 구도속에서 아프리카는 어느 한 진영에 치우치지 않으면서도 중견국형 균형외교를 통해 협력의 자율성을 확보해야 하는 도전에 직면해 있다. 한편, 글로벌 사우스 협력의 확산은 아프리카 대륙의 외교적 지평을 넓힐 기회로도 작용하고 있다. 브릭스(BRICS)의 확대, 남남협력 강화, 아프리카 국가들은 아프리카 연합(AU)의 G20 정회원 가입 등 변동하는 국제질서 속에 본인들이 목소리를 더욱 키울 것으로 예상된다.

결론

한국과 아프리카 간의 관계를 다룬 이 장에서는 한국과 아프리카 관계의 역사와 국내외적 환경을 먼저 소개하고, 역대 한국 정부의 대아프리카 정책의 변화와 당면한 한-아프리카관계의 현안 및 쟁점을 설명하였다.

냉전 시기 미소 진영 대립과 남북한 경쟁 속에서 한국은 아프리카 일부 국가들과 수교를 맺는 데 그쳤고, 아프리카 지역과 긴밀한 대화 관계를 갖지 못하였다. 냉전질서가 해체되던 1980년대말에 이르러서야 한국은 아프리카와 이념 중심의 외교에서 실리중심의 외교로 관계를 맺기시작하였다. 역설적으로 1991년 유엔 남북한 동시 가입은 한국의 아프리카 외교 추진의 동력을 크게 만들지 못하였다. 더욱이 1990년대 아프리카 지역의 내전과 한국 정부의 북방정책, 그리고 IMF 사태 등은 미래의 투자를 기반으로 한 아프리카 지역 외교에 큰 힘을 들일 수 없었다.

한·아프리카관계의 재형성과 발전은 2000년대 들어 아프리카 지역이 세계 주요국들로부터 새로운 신흥시작으로 주목받으며 발전하게 되었다. 특히 유엔 사무총장을 배출하고자했던 한국 정부의 입장에서 세계사적으로 소외되어있는 아프리카 지역에 대한 책임감있는 태도가 필요하였고, 이에 따라 한국 정부는 2006년 한국과 아프리카 국가들 간 소통할 수 있는 제도를 마련하였다. 이러한 제도를 통해 주기적으로 외교부, 기획재정부, 산업통상자원부에서 각각의 분야의 협력을 추구해왔으며, 한국 대통령의 아프리카 국가 방문을 통해 아프리카 국가에 대외원조를 늘릴 것을 약속해왔다. 더욱이 2024년에 열린 한아프리카 정상회의를 통해 아프리카 국가들과 더욱 포괄적 경제협력을 맺고 더 깊은 수준의 관계로 발전해가고 있다.

미중경쟁이 극심해지는 시기에 아프리카 지역은 한국에게 정치적으로도 중요한 지역으로 부상하고 있다. 한국의 경제 의존성이 높은 중국은 경제 보복이나 제재로 인한 심각한 손실을 초래하는 위험 요인으로 작용할 수 있다. 이러한 점에서 아프리카는 헤징(hedging, 위험회피) 전략으로서도 한아프리카 경제 협력 강화가 요구되는 것이다.

하지만, 한국와 아프리카 관계가 더 깊이 있고 지속적인 발전이 되기 위해서는 교역과 투자가 더욱 활발해져야 할 필요성이 있다. 특히 경제적으로 정부와 민간의 협력이 활발해지면 정치적 신뢰가 두터워지고 문화 등의 거리도 더욱 좁힐 수 있기 때문이다. 아울러, 지난 한국의 대아프리카 개발협력 프로젝트를 한국 중심에서 아프리카, 수요자 중심으로 정책을 바꿔야한다. 특히, 최근 정부들어 개발협력사업이 정권의 부정과 비리로 발생한 사례에서 말해주듯이 개발협력사업의 책무성 강화를 위한 노력과 제도적 개선이 필요하다.

한국과 아프리카의 관계는 이러한 몇 가지 위험 요소에도 불구하고 앞으로 더욱 발전할 가능성이 높다. 왜냐하면 아프리카는 한국의 새로운 협력 파트너로 주목받고 있기 때문이다. 아프리카 대륙은 2050년까지 세계 인구의 4분의 1을 차지하고 젊은 인구구조로 잠재력이 큰 소비시장으로 다가오고 있다. 더 나아가, 아프리카는 풍부한 천연자원과 전략광물의 보고로서, 한국의 첨단산업이 요구하는 핵심 원자재를 안정적으로 공급할 수 있는 협력의 수요도 높다. 또한, 아프리카 국가들은 한국의 성공 사례를 배우고 싶은 수요도 높다. 이러한 이해관계의 일치는 한국와 아프리카 협력을 촉진할 수 있는 동인으로 작용할 것이라 생각한다.

참고문헌

Chido Munyati, 「WEF 2025: Africa's $1.5 trillion tech opportunity」, African Business, 2025.1.21., https://african.business/2025/01/technology-information/wef-2025-africas-1-5-trillion-tech-opportunity, 2025.8.31. 접속.

C. Raja Mohan, 「Is There Such a Thing as a Global South?」, Foreign Policy, 2023.12.9., https://foreignpolicy.com/2023/12/09/global-south-definition-meaning-countries-development/, 2025.8.31. 접속.

Megha Bahree, 「G20 Summit: What India showed the world - and what it hid」, Al Jazeera, 2023.9.11., https://www.aljazeera.com/news/2023/9/11/g20-summit-what-india-showed-the-world-and-what-it, 2025.8.31. 접속.

OECD, 「ODA Trends and Statistics」, https://www.oecd.org/en/topics/oda-trends-and-statistics.html, 2025.8.31. 접속.

EMERiCs 아프리카·중동, 「아프리카 경제의 성장 동력과 미래 전망」, 2025.2.28., https://www.emerics.org, 2025.8.31. 접속.

Worldometer, 「Africa Population」, https://www.worldometers.info/world-population/africa-population/, 2025.8.31. 접속.

고웅석, 「[아프리카는] (74) 어쩐지 친숙한 가봉…'봉고' 전 대통령 부자 수차례 방한」, 연합뉴스, 2025.9.1., https://www.yna.co.kr/view/AKR20250825062600898,, 2025.8.31. 접속.

국가보훈처, 『남아프리카공화국군 6·25전쟁 참전사』, 휴먼컬처아리랑, 2015.12.

국가보훈처, 『에티오피아군 6·25전쟁 참전사』, 휴먼컬처아리랑, 2015.12.

곽선이·황인정, 「한-아프리카 정상회의의 성과와 향후 협력 과제」, 『오늘의 세계경제』 제24권 제11호, 대외경제정책연구원(KIEP), 2024.8, pp.1-28.

박원탁, 『아프리카 정치경제: 서구 열강들의 아프리카 식민정책과 그 영향』, 『한국외국어대학교 아프리카문제연구소 연구총서(2)』, 한국외국어대학교 아프리카연구소, 1989, pp.7-36.

법무법인(유한) 대륙아주 Africa Group, 「Africa Group 이슈리포트 - 한국의 핵심광물 공급망 다변화 현황」, LawTimes, https://www.lawtimes.co.kr/LawFirm-NewsLetter/196121, 2025.8.31. 접속.

산업통상자원부, 「첨단산업 글로벌 강국 도약을 위한 핵심광물 확보전략」, 2023.2.

심의섭 • 김호균, 「한국의 아프리카 정부파견의사정책의 성과에 대한 고찰」, 『한국아프리카학회지』 제34호, 2011, pp.3-23.

이호영, 「한국의 대 아프리카 외교 - 아프리카의 재평가와 발전방향」, 『한국정치학회보』 제33권 제3호, 1999, pp.371-390.

이한규,「한-아프리카 포럼의 의미와 이명박 정부의 대아프리카 정책에 대한 소고」,『한국프리카학회지』제33권 제1호, 2011, pp.43-77.

외교부,「외교부 공공데이터 (Open Data Portal)」, https://opendata.mofa.go.kr/lod/, 2025.8.31. 접속.

외교부 정책홍보담당관실,「2024 한-아프리카 정상회의 공동선언」, 외교부 웹사이트, 2024.6.5., https://www.mofa.go.kr, 2025.8.31. 접속.

외교부 정책홍보담당관실,「윤석열 대통령, 한-아프리카 정상회의 계기 4개 아프리카 국가 정상들과 양자회담 개최(6.3 오후)」, 외교부 웹사이트, 2024.6.4., https://www.mofa.go.kr/www/brd/m_27557/view.do?seq=8&page=1, 2025.8.31. 접속.

외교부 정책홍보담당관실,「윤석열 대통령, 한-아프리카 정상회의 계기 6개 아프리카 국가 정상들과 양자 회담 개최」, 외교부 웹사이트, 2024.6.4., https://www.mofa.go.kr/www/brd/m_26779/view.do?seq=558, 2025.8.31. 접속.

외교부 정책홍보담당관실,「윤석열 대통령, 한-아프리카 정상회의 계기 에티오피아 총리와 만찬 회담 개최(6.2)」, 외교부 웹사이트, 2024.6.4., https://www.mofa.go.kr/www/brd/m_26779/view.do?seq=557, 2025.8.31. 접속.

외교부 정책홍보담당관실,「윤석열 대통령, 한-아프리카 정상회의 계기 탄자니아 대통령과 오찬 회담 개최(6.2)」, 외교부 웹사이트, 2024.6.4., https://www.mofa.go.kr/www/brd/m_26779/view.do?seq=556, 2025.8.31. 접속.

조원빈, 「아프리카인들의 투표행태 분석: 종족투표 대 경제투표」, 『국제·지역연구』 제21권 제4호, 2012, pp.139-163.

한·아프리카재단, 「2022 대국민 아프리카 인식조사 및 재단 인지도 조사 결과 발표」, 보도자료, 2022.10.6.

한건수, 「한국의 아프리카 지역연구: 주제별 현황과 방법론적 성찰」, 『아시아리뷰』 제3권 제1호(통권 5호), 서울대학교 아시아연구소, 2013, pp.159-193.

현대경제연구원 통일경제센터, 「세계 인구구조 분석 - UN의 '2024년 세계인구전망 보고서'를 중심으로」, 2024.7.30., https://hri.co.kr, 2025.8.31. 접속.

주

1) UN은 아프리카 회원국을 54개국으로 인정하고 있는 반면, 아프리카 연합(AU)은 서사하라를 포함한 55개국을 회원국으로 인정하고 있다.
2) 아젠다 2063은 아프리카연합에서 제안하고 현재 시행 중인 이니셔티브로 향후 약 50년 동안의 아프리카대륙 성장과 개발을 위한 전략적 틀(framework)을 의미하는 것으로 2015년 1월 에티오피아 아디스아바바에서 열린 제24차 정기총회에서 채택되었다. 아프리카연합 창립 50주년이되는 2013년 제21차 정기총회에서 처음 발의되었으며, 향후 50년을 위한 계획을 마련하였다.
3) 1968년 에티오피아의 셀라시에 (Selassie) 황제가 아프리카 국가 원수로는 처음으로 한국을 방문하였고, 그 다음 해에 니제르의 하마니 디오리 (Hamani Diori) 대통령이 두 번째로 방한하였다.
4) 수단, 가나와는 1977년에, 나이지리아와는 1980년에, 기니비사우와는 1983년에 수교하였다.
5) 기니와는 2006년에 외교관계를 맺었다.
6) 니제르·중앙아프리카공화국·부르키나파소(1989년), 르완다(1990년), 모리셔스·시에라리온·라이베리아·말라위·소말리아(1992년), 모리타니·스와질랜드(1993년), 우간다·나미비아(1994년), 잠비아·카메룬(1998년), 콩고민주공화국(1999년) 주재 대사관을 차례로 문을 닫았다.
7) 경희대학교 아프리카연구소(2009년 설립), 고려대학교 아시아·아프리카 개발협력센터(2024년 설립), 서울대학교 아시아-아프리카센터(2021년 설립), 부산외국어대학교 아프리카연구센터(2021년 설립), 연세대학교 아프리카연구원(2023년 설립), 전북대학교 프랑스·아프리카연구소(2016년 설립), 한국외국어대학교 아프리카연구소(1977년 설립), 한양대학교 유럽·아프리카연구소(2004년 설립)

* 이 글은 『아프리카 문화연구』 제4집(2025)에 「한-아프리카 정상회의의 의미와 윤석열 정부의 아프리카 외교 : 성과와 과제」 라는 제목으로 실린 논문을 수정 보완한 것임.

저자소개

김용현

김용현은 프랑스 폴 발레리 대학교에서 앙리 미쇼 연구로 박사학위를 받았으며 현재 아주대학교 불어불문학과 교수로 재직하고 있다. 역서로 『세네감비아 민담집』2024), 공저로 『횡단하는 아프리카-아프리카 문화 세계를 넘나들다』(2023), 『뒤집어본 아프리카-아프리카에 대한 전복적 시각』(2023)이 있다.

김정은

김정은은 부산대학교 영어영문학과에서 영문학 전공으로 석사학위를 받았으며, 현재 동대학원 박사과정 중에 있다. 주요 연구 관심사는 증언 서사, 제3세계 문학, 글로벌 아프리카계 미국문학 및 글로벌 한국문학(한국계 미국문학), 세계문학과 소수성 이론 등이다. 논문으로 『증언의 서사를 통한 역사 캐내기: 제스민 워드의 『파헤쳐진 자들의 노래』와 콜슨 화이트헤드의 『니켈 보이즈』(2021, 석사논문), 「예외상태 속 공간의 기억—콜슨 화이트헤드의 『니켈 보이즈』」(2022), 「아프로폴리타니즘에서 글로벌 대화로: 치마만다 응고지 아디치에의 『아메리카나』에서 정체성과 저항의 세계 문학적 재구성」(2024)이 있다.

송홍진

송홍진은 프랑스 파리 낭테르 대학에서 보들레르 연구로 박사학위를 받았으며 경희대학교 아프리카연구센터 전임연구원을 거쳐 현재 경북대학교 불어불문학과 교수로 재직 중이다. 주요 논문으로 「보들레르 시학에서 미디어 예술의 역할과 매개 미학」, 「보들레르와 신문: 저널리스트 시인 보들레르」, 「보들레르의 풍자시집 『벨기에의 매력』 연구」, 「미셸 우엘벡의 초기 시에 나타난 보들레르의 영향」, 「보들레르의 음악미학 I, II」 등이 있다.

심지영

심지영은 프랑스 파리 7대학에서 텍스트와 이미지의 기호학으로 박사학위를 받았으며 현재 한국방송통신대학교 프랑스언어문화학과 교수로 재직하고 있다. 논문으로 「엑스포그래피를 통해 본 박물관과 식민주의」(2016), 「아프리카에서 수행되는 프랑스의 문화적 공적개발원조(ODA)에 대한 연구」(2020), 저서로 『프랑스어권 아프리카 바로보기』(2025) 등이 있다.

오정숙

오정숙은 프랑스 파리 10대학에서 프랑스 현대 문학 연구로 박사학위를 받았으며 현재 경희대학교 프랑스어학과 교수, 아프리카 연구소 소장으로 재직하고 있다. 논문으로 「한국과 프랑스의 대(對)아프리카 문화정책-비교와 전망」(2025), 「아프리카 여성 문학을 통해 본 일부다처제와 여성 인권 : 마리아마 바와 켄 부굴을 중심으로」

(2023), 공저로 『횡단하는 아프리카』(2023), 『뒤집어본 아프리카』(2023) 등이 있다.

윤유석

윤유석은 한국외국어대학교 글로벌문화콘텐츠학과에서 박사학위를 받았으며 현재 경희대학교 아프리카연구센터 학술연구교수로 재직하고 있다. 저서로 『역사이야기 스토리텔링』(2014) 등이 있다.

조준화

조준화는 서울대학교 아시아연구소 아시아-아프리카센터 선임연구원으로 아프리카 지역 연구를 담당하고 있다. 영국 런던대학교(SOAS)에서 정치학 박사학위를 취득했으며, 한국의 대아프리카 지역의 정치 및 개발협력 부문과 관련하여 다수의 논문 및 보고서를 집필하였다.

차지연

차지연은 프랑스 파리7대학에서 프랑스 문학 연구로 박사학위를 받았으며, 현재 충남대학교 불어불문학과 교수로 재직하고 있다. 논문으로 「프랑스어권 아프리카 출신 청소년의 어제와 오늘: : 『샤바의 소년』과 『내가 죽었다고 생각하면 좋겠어』」(2021), 공동저서로 『프랑스철학과 정신분석』(2022), 역서로 『라스코 혹은 예술의 탄생/마네』(2017) 등이 있다.

최일성

최일성은 프랑스 파리8대학에서 레비스트로스의 구조주의에 관한 연구로 박사학위를 받았으며 현재 한서대학교 자유전공학과 교수, 자유전공학부 학부장으로 재직하고 있다. 논문으로 「상고르(L.S. Senghor)의 '아프리카 사회주의'와 권위주의」(2021), 「역사 유물론과 유럽중심주의: 사미르 아민(Samir Amin)의 유럽중심주의 비판을 중심으로」(2019), 저서로 『세네갈의 역사』(2023), 『말리의 역사』(2019), 『남아프리카공화국의 역사』(2018) 등이 있다.

연결하는 아프리카

초판인쇄 2025년 12월 22일
초판발행 2025년 12월 25일

지 은 이 오정숙 외

펴 낸 이 홍명희

펴 낸 곳 도서출판 아딘크라
주 소 경기도 용인시 기흥구 탑실로 152
대주피오레 2단지 202-1602
전 화 031)201-5310
등록번호 2017.12. 제2017-000096호

ISBN 979-11-89453-38-1 93000

값 17,000원